# 123미니쌤의

# 초등
# 수학
# 로드맵

당신의 자녀도 수학을 잘할 수 있습니다

# 123미니쌤의 초등수학 로드맵

김민희 지음

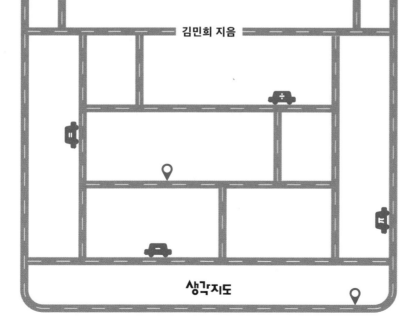

생각지도

일러두기

1. 이 책은 2015 개정 교육과정을 기본으로 구성되었습니다. 2022 개정 교육과 정에서 초등 수학의 경우 학년별 단원 변화는 없습니다.

2. 이 책에서 소개하는 교재 및 문제집은 저자와 아무런 관련이 없습니다.

3. 문제집명은 출판사명과 키워드 중심으로 소개하였습니다. 예를 들어 《최상위 초등수학》은 《디딤돌 최상위 수학》으로 표기하였습니다.

4. 본문 중 분수는 내용에 따라 가로쓰기와 세로쓰기를 혼용하였습니다. 세로쓰 기의 경우 행간의 제약으로 인해 작아 보일 수 있습니다.

# 큰 틀에서 바라보고 지도하면
# 당신의 아이도 수학을 잘할 수 있습니다

나는 세 아이의 엄마다. 15년 동안 초중고 학생들에게 수학을 가르쳐왔으며, 현재도 수학 학원을 운영하면서 '123미니쌤TV'라는 수학 관련 유튜버로 활동하고 있다. 수학 선생님으로 오랫동안 아이들을 가르치고 학부모들을 만나면서 가장 많이 받는 질문 중 하나는 "수학을 잘하려면 어떻게 해야 하나요?"이다.

사실 이 질문에 대한 대답은 실로 광범위하다. 하지만 많은 수학 관련 전문가들이 공통적으로 답하는 한 가지는 초등 시절 수학에 대한 인상과 그때의 공부 방식이 이후에도 계속 이어진다는 것이다. 초등 시절 대부분의 아이들은 단원평가에서 만족할 만한 성적을 받아오고 부모는 그 점수를 보며 안도해한다. 그러다가 초등 고학년이나 중학교에 들어가서 갑자기 아이가 수학을 포기하겠다고 하면 당황해하고 심지어 화를 낸다. 수학 선생님으로 지내면서 이런 상황들이 가장 안타까운데, 이런 일은 몇몇 아이들만의 이야기가 아니라는 게 가장 큰 문제다.

생각해보면 수학을 잘하기 위해 어떻게 해야 하느냐는 질문은 부모도 아이도 수학 공부에 대한 방향이나 로드맵이 없다는 뜻이다. 공부에 대한 방향이나 로드맵이 없으니 친구 따라 학원을 선택하고 진도만 나가는 식으로 공부하게 된다. 초등 교육과정쯤은 잘 가르칠 수 있다고 호언장담하던 부모도 방향과 로드맵 없이는 엄마표 학습에서 큰 어려움을 겪는다.

왜 아이는 (부모가 보기에는) 단순한 초등 수학 개념을 이해하지 못하는지 부모는 알지 못한다. 어떻게 가르쳐주어야 하는지도 잘 모른다. 하지만 초등 수학의 교육과정을 짚어보면서 초등 수학 로드맵을 알고, 초등 수학이 중고등 과정까지 어떻게 연결되는지의 방향을 알고 있는 부모라면 어떻게 공부해야 하는지, 왜 그렇게 해야 하는지 금방 알아챈다. 나는 많은 학부모들이 그랬으면 하는 마음에 이 책을 썼다.

'수포자'라고 하면 예전에는 중고등학교 때 주로 사용하던 말이다. 그런데 최근에는 수학을 배우면서 어렵다고 느끼는 최초의 시점이 초등 3학년 분수 단원을 배울 때라고 한다. 왜 그런지 곰곰 생각해보면 과거에 비해 아이들이 수학에 대한 중압감이 크기 때문이 아닌가 싶다. 예전에는 일상에서 자연스럽게 수를 배우는 경우가 많았다. 그런데 요즘에는 문제 풀이에만 연연하다 보니 개념 정립이 제대로 되지 않는 경향이 있다. 수학이 일상에 접목되지도 않은 채 왜 배워야 하는지, 문제를 어떻게 해결해야 하는지 생각해보지 않고 정답만 맞혀야 하는 상황인 것이다.

더 이상 초등 아이들에게서 수포자가 생기지 않았으면 좋겠다. 초등 때는 기본 개념만 잘 잡아주어도 수포자로 빠지지 않을 수 있다. 무엇보다 초등 시절에는 수학에 대한 불편함이나 거부감 대신 자신감을 심어주는 것이 가장 중요하다. 초등 시절에 수학을 일상에서 자연스럽게 익히고 쉽고 재미있다고 느끼면 이후에도 수학 과목을 쉽게 포기하지 않는다. 특히 혼자 고민하면서 문제를 풀어냈을 때의 희열을 느껴본 아이라면 어려운 문제를 만났을 때도 지레 겁먹거나 포기하지 않고 일단 도전해본다. 수학에 대한 이런 긍정적인 태도는 초등 수학을 익힐 때의 자신감에서 비롯된다.

초등 수학에 관한 책들은 다양하고도 많다. 어떤 책을 보더라도 부모들이 기억해야 할 것은 조급해지지 않아야 한다는 점이다. 나는 이 책에서 1학년부터 6학년까지 초등 수학 전 교육과정을 풀어내면서 초등 수학이 중고등까지 어떻게 이어지는지를 거시적 관점에서 보여주고 싶었다. 엄마표 학습으로 하든 사교육으로 하든, 수학 진도가 빠르든 늦든 아이의 수학 학습을 위해서는 로드맵을 그리는 게 우선시되어야 한다. 그러면 다른 아이들과의 진도 차이라는 단순 비교로 불안해하지 않을 수 있다.

또한 큰 흐름 속에서 맥락은 이해하는데 실제로 수학 공부의 방향을 잡을 때 세부적인 내용을 궁금해하는 이들이 많아서 그동안 학부모들이 가장 빈번하게 질문했던 내용들을 추려서 정리해보았다. 먼저 각 학년별 학기별 필수 개념을 체크하고, 학년별로 연산, 사고력, 교과 학습의 비중을 어디에 두어야 할지, 학년별 추천 문제집과 학원 종류, 현명하게 학원을 선택하는 방법까지 바로 적용할 수 있도록 가장 구체적이고 현실적인 정보들로 최대한 많이 담으려고 노력했다.

다른 책에서는 잘 다루지 않았던 영재원, 수학 경시대회 등 최상위권 아이들의 로드맵도 수록했다. 최상위권 로드맵에 대해 이야기하다 보니 선행학습에 대한 부분도 언급되어 있다. 책에서도 강조하고 있지만 선행학습을 필수라고 생각하지는 않는다. 다만 수학 학습이 빠른 아이들의 경우 예습을 넘어 선행학습을 하는 경우가 있고, 그 아이들의 로드맵도 하나의 참고자료로 활용하길 바라는 마음으로 책에 실었다.

예전에 강의를 들은 학부모님들 중 아이가 대치동 유명 학원이나 영재원 등에 합격했다는 소식을 보내오는 경우가 제법 많다. 그중에는 처음 강의를 들으면서 반신반의하던 학부모님들도 있다. 10여 년 전에도 지금도 나는 똑같은 마음과 똑같은 노력으로 아이들을 가르치고 학부모님들께 코칭 방법을 알려주고 있다. 내가 아니어도 어떻게 가르쳐야 할지 정확하게 이해하고, 아이를 믿고 배려하면서 기다려주면 결국 아이의 실력이 오른다는 것을 확인시켜 준 셈이다. 하지만 여기가 끝이 아니니 만족해하지도 말고 불안해하지도 말고 종착점까지 힘내라고 응원을 보낸다.

지금까지 수학을 잘하는 아이들도 만났지만, 수학에 대한 어려움을 호소하면서 도움을 요청한 이들도 많았다. 나의 도움이 비록 작을 수 있지만 그들의 무거운 마음에 힘이 될 수 있는 기회가 주어진 것도 감사한 일이라고 생각한다. 천천히 가고 있지만 방향을 알고 꾸준히 노력하는 아이들은 결국 수학을 잘할 수 있다. 큰 틀에서 아이를 바라보고 지도하고 지켜보면 분명 당신의 아이도 수학을 잘할 수 있다.

－123미니쌤 김민희

차 례

# 2장

# 큰 그림을 완성시켜 주는
# 완벽한 수학 뒤집기 플랜

**3장**

## 초등 1~2학년
## 수학 로드맵

**4장**

## 초등 3~4학년
## 수학 로드맵

**5장**

## 초등 5~6학년
## 수학 로드맵

**6장**

## 초등 수학 로드맵에서
## 놓치지 말아야 할 것들

# 큰 그림을 이해하면
# 조급하지 않아도 된다

1장

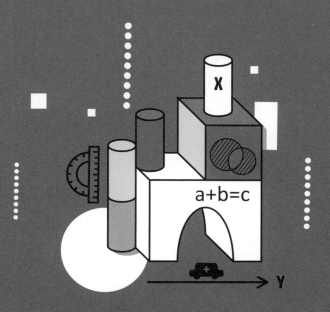

# 초등 수학 공부에 관한
# 3가지 오해

∧∧∧
⋮

　"아이가 풀이 과정 쓰는 것을 너무 힘들어하는데 어떻게 해야 할까요?" 초등 1~2학년 학부모님들이 가장 많이 하는 질문 중 하나다. 특히 초등 저학년 부모들의 경우 너무 쉬운 문제인데도 아이가 풀이 과정 쓰는 것을 힘들어하거나 싫어하는 모습을 보고 아이의 수학 실력이 부족한 게 아닌가 걱정한다.

　초등 수학 공부에 관해 부모들이 오해하고 있는 3가지 사항이 있다. ① 아이가 수학을 싫어한다면 그건 아이 탓만은 아니다. ② 문제집은 다 맞히기 위해 푸는 것이 아니다. ③ 문제집을 많이 푼다고 실력이 늘지 않는다. 3가지 내용을 보고 자신의 생각과 다르다면 이어지는 내용을 참고하여 이번 기회에 생각을 바꿔보는 계기가 되길 바란다.

# ① 아이가 수학을 싫어한다면 그건 아이 탓만은 아니다

수학 공부만 하면 인상이 굳어지거나 짜증을 내고 갑자기 배가 아프다며 집중력이 흐트러지는 아이들이 있다. 그런 아이를 보며 처음에는 어르고 달래던 엄마도 어느 순간 버럭 화가 난다. 분명 풀 수 있는 문제인데 하기 싫어하는 마음 때문에, 집중하지 않아서 계속 실수하는 아이 때문에 속상한 마음은 이해된다. 하지만 아이의 실수는 단순히 집중력이 흐트러졌기 때문일까?

아이를 잘 관찰해보라. 아이가 하는 공부는 자신이 편하게 풀 수 있는 난이도가 아닐 수 있다. 어려워서 풀기 싫고, 억지로 생각을 쥐어짜며 애를 써야 하기 때문에 힘들어서 집중이 안 되었을 수 있다. 그런데 답을 체크하던 부모는 아이의 실수를 용납하지 못하고 질책하는 상황까지 이어진다. 이런 경험이 반복되면 아이가 수학에 대한 흥미와 자신감을 잃는 건 당연하다.

이런 결과는 열심히 하지 않은 아이 탓이 아니다. 아이의 실력을 정확하게 확인하지 않고 부모의 기준에서 교재를 정하고 진행했기 때문이다. 부모 기준에서 쉽고 당연한 개념도 아이 입장에서는 어렵고 이해하기 힘든 개념일 수 있다. 또 수학 공부만 하면 평소와는 다른 엄마 아빠의 모습을 보게 되니 아이는 수학이 싫어지는 것이다. 아이가 공부를 하겠다고 하면 가장 먼저 아이 입장에서 생각해야 한다. 공부는 부모가 하는 게 아니다. 아이가 하는 것이다.

## ② 문제집은 다 맞히기 위해 푸는 게 아니다

초등 때는 수학을 잘하다가 중등 가서 무너지는 아이들이 많다는 이야기는 들어보았을 것이다. 초등 시기 단원평가 성적도 좋았고, 문제집을 보면 페이지마다 틀린 개수도 많지 않았는데 도대체 왜 그럴까?

초등 수학에서 배우는 내용은 문제집에 나오는 문제를 잘 맞힌 것으로 개념을 완전히 이해했다고 판단하기 어렵기 때문이다. 답은 맞혔지만 정확하게 알고 맞힌 게 아니라 답을 구하는 요령만으로 맞힌 경우가 많다는 뜻이다.

이런 상황을 감안하면 초등 아이들이 문제집을 풀면서 틀리는 것을 다행이라고 생각해야 한다. 실수는 자꾸 드러나야 고칠 수 있고, 정확하게 이해하지 못한 것은 오답을 통해 다시 다질 수 있는 기회가 된다. 심지어 어른들도 초등 수학 연산을 실수할 때가 있는데, 아이들의 실수에 너무 인색하게 반응하지 않아야 한다. 부모의 과민반응은 아이가 틀리는 것을 두려워하게 만들고, 그런 아이는 수학 실력을 최상위권으로 끌어올리기 힘들 수 있음을 명심하자.

## ③ 문제집을 많이 푼다고 실력이 늘지 않는다

초등 시기부터 한 학기마다 4~5권의 문제집을 풀어야 한다고 생각하는 부모들이 있다. 그들에게 "아이가 중학교 가서도 똑같은 양을 풀 수 있을까요?"라고 물어보면 침묵이 흐른다.

　사실 초등 수학 문제집은 중등 수학 문제집에 비하면 매우 쉽다. 한 학기에 4~5권을 푸는 게 어렵지 않을 수 있다. 하지만 양적으로 공부했던 아이들은 비슷한 학습량이 채워지지 않으면 불안해한다는 문제점이 있다. 문제를 많이 풀지 않아서 자신이 정확하게 이해하지 못했다고 느끼는 것이다.

　중등 수학 문제집은 내용도 어렵지만 문제양도 정말 많다. 시간을 내면 많이 풀 수 있다고 생각하겠지만, 다른 과목도 난이도가 올라가기 때문에 학습 시간이 많지 않다. 아이들이 중고등에 가서도 수학을 잘하길 원한다면 '깊이 있는' 수학 학습이 답이다. 문제를 많이 풀어서 실력을 쌓는 게 아니라 적정한 학습량으로도 풀어보지 않은 문제에 접근해보고 해결 가능하도록 깊이 있는 실력을 쌓아야 한다.

　수학은 사고력이 중요하기 때문에 충분히 생각하는 시간이 필요하다. 선생님에게 설명만 잘 듣는다고 실력이 느는 과목이 아니다. 문제집을 푼 양에 비례해 실력이 상향 곡선을 그리는 과목도 아니다. 따라서 수학을 잘하기 위해서는 아이가 깊이 있게 공부할 수 있는 습관을 만들어주는 것이 가장 중요하다.

# 중고등 가서 잘하기 위한
## 초등 수학 공부

∧∧∧
· · · · · · · · · ·

**문제** 보미와 준호가 2.3km 떨어진 지점에서 보미는 분속 55m, 준호는 분속 60m로 동시에 출발하여 마주 보며 걸었다. 이때 보미와 같은 지점에서 같은 방향으로 동시에 출발한 강아지가 분속 200m로 준호 쪽으로 뛰어갔다가 준호를 만나면 다시 보미 쪽으로 뛰어가기를 반복하였다. 두 사람이 만날 때까지 강아지가 뛴 거리는 모두 몇 km인지 구하여라.

**풀이** 보미와 준호가 x분 후에 만난다고 하면 두 사람이 x분 동안 걸은 거리의 합은 두 사람 사이의 거리와 같으므로

(55m × x분) + (60m × x분) = 2300m

115m × x분 = 2300m

x=20 이다. 따라서 두 사람은 20분 후에 만난다. 강아지는 두 사람이 만날 때까지 계속 뛰므로 강아지가 뛴 거리는 200m × 20분 = 4,000m = 4km 로, 답은 4km이다.

이 문제는 중등 1학년 1학기 일차방정식 활용에서 나오는 유형으로 난이도가 있는 편에 속한다. 이런 문제를 냈을 때 아이들이 문제를 해결하는 모습을 보면 정말 다양하다. 정확하게 식을 써서 해결하는 아이, 문제를 이해했지만 방정식은 세우지 않고 정답을 구하는 아이, 식을 어떻게 세워야 할지조차 몰라서 체크 표시하는 아이, 문제 상황이 전혀 이해되지 않는 아이 등 아이들이 문제를 해결하는 모습을 보면 초등 수학 학습이 어떠했는지 짐작할 수 있다.

그렇다면 과연 우리 아이는 어떤 아이와 가장 비슷할까? 각각의 아이들이 초등 시기에 어떻게 수학 공부를 해왔는지, 그리고 앞으로 어떻게 지도해야 할지 유형별로 한번 살펴보자.

## 1. 정확하게 식을 써서 해결하는 아이

짐작하겠지만 정확하게 식을 써서 해결하는 아이가 가장 수학을 잘 배웠고, 잘하고 있으며, 앞으로도 잘할 것이다. 이런 아이들은 문제를 읽으면서 문제 상황이 쉽게 이해되거나 이해되지 않아도 그림을 그려서 문제를 이해하려는 시도를 한다.

일차방정식을 처음 배우는 중학생들도 식을 적어가며 풀기가 만만치 않은 문제인데, 이런 유형을 정확하게 식을 써서 해결한다면 일차방정식 활용에서 나오는 유형에 대한 이해가 잘되었다고 판단할 수 있다. 즉 중등 1학년 1학기 문제집을 1권 풀었는데 유형 정리가 잘되었다면 중등 과정을 진행할 때 많은 복습을 하지 않아도 심화 문제집까지 연결해 학습할 수 있다.

이런 아이들의 경우 초등 수학 과정을 배울 때 식을 쓰는 데 익숙하고 잘한다. 그렇다고 서술형 풀이 연습을 저학년 때부터 시작한 것은 아닐 것이다. 초등 수학의 경우 3학년 심화부터 본격적으로 식을 쓰고 풀어야 하는 문제들이 나오는데 그때부터 차근차근 연습해온 것이다. 그리고 초등 심화 문제집뿐 아니라 경시 기출이나 사고력 수학 문제 등 깊이 있는 문제에 대한 경험도 많이 있는 편이다.

## 2. 문제를 이해했지만
## 식은 세우지 않고 정답을 구하는 아이

문제를 해결했지만 식을 써서 구하지 않은 아이의 경우 앞서의 아이와 비교해볼 때 어려운 문제를 많이 접했지만 주먹구구식으로 학습한 경우일 수 있다. 가장 좋은 수학 공부법은 어려운 문제를 오래 붙잡고 다양한 방법으로 풀어보면서 공부하는 것이다.

하지만 초등 고학년에서 중등으로 넘어갈 때는 오래 붙잡고 있는 것이 무조건 좋다고 할 수는 없다. 문제를 풀 때 더 효율적인 풀이 방법을 고민해보고, 모르면 더 배우고 익혀야 한다. 자신의 생각이 이끄는 대로 여기저기 과정을 쓰긴 했지만, 정확히 '풀이'라고 할 수 없는 끄적임 정도만 남기는 습관을 갖게 되면 식을 세우는 데 상당한 어려움을 겪게 된다. 따라서 미리 식을 쓰면서 문제를 풀 수 있도록 지도해주는 것이 필요하다. 이런 아이들의 경우 희망적이게도 식을 세우는 습관을 들이기까지가 힘들 뿐, 문제를 이해하지 못한 게 아니기 때문에 쉽게 극복할 수 있는 부분이다.

## 3. 문제를 이해했지만 어떻게 식을 세워야 할지 모르는 아이

문제를 이해했지만 식을 세우는 법을 모르는 아이는 대부분 개념이 정립되지 않은 경우가 많다. 많은 양의 문제를 풀고 유형에 익숙해져서 실력을 만든 경우라 할 수 있다. 이런 아이들은 자기가 알고 있는 문제는 잘 풀지만, 처음 접하는 문제에 대해서는 알고 있는 개념을 적용시키는 능력이 약하다.

이 유형의 아이들에게는 매 단원 새로운 개념이 나오면 확실히 정리하면서 공부하는 습관이 필요하다. 단원마다 중요 개념을 정리해보고 그 개념을 다른 사람에게 설명하게 하면 도움이 된다. 쉬운 문제를 틀렸다고 하면 단순 실수라고 여기지 말고 단원의 개념을 꼭 한 번 정리해보길 권한다.

## 4. 문제가 전혀 이해되지 않는 아이

문제를 전혀 이해하지 못하는 아이는 심화 학습 경험이 부족한 경우다. 중고등 과정으로 갈수록 심화 문제들은 초등 수학 과정의 기본과 심화의 난이도 차이보다 훨씬 크다. 수학 학원 원장님들 사이에도 "중등 에이급 수학 문제집에서 에이급 문제를 답지 하나 보지 않고 완벽하게 풀 수 있는 선생님이면 무조건 채용하겠다."라고 할 정도다. 아이들을 가르치는 학원 선생님의 실력을 가늠하는 기준으로 삼을 만큼 중등 심화 문제는 어렵다는 의미다. 그만큼 초등 수학 과정에서 깊이 있게 학습하지 않으면 중고등 과정에서는 힘들다는 소리가 저절로 나올 수밖에 없을 것이다.

### 수학, 기초가 없으면 결국 무너진다

**문제** 다음 중 계산 결과가 가장 작은 것은?

① $2 - (-1 + \frac{1}{3}) \times 9$

② $(\frac{3}{5} - \frac{1}{6})^2 \div \frac{2}{3} - 3$

③ $\frac{1}{7} \div \{ 1 - (\frac{1}{14} - \frac{2}{7}) \}$

④ $11 \div \{ 9 \times (\frac{2}{9} - \frac{5}{12}) - 1 \}$

⑤ $(-2)^2 \div \frac{1}{10} + (-5)^2 \div (-\frac{1}{2})$

정답은 ⑤번

중등 과정 내신에서 쉬운 문제로 자주 출제되는 유형이다. 쉬운 문제라고 하지만 정답을 찾으려면 5개의 식을 모두, 정확하게, 해결해야 한다. 한 군데서만 실수해도 쉬운 문제를 틀리게 된다. 무엇보다 중등 과정에서 내신 시험을 볼 때는 정해진 시간 내에 모든 문제를 풀어야 하고, 보통 마지막 부분에 나오는 심화 문제를 풀어야 하는 시간을 확보해두어야 한다. 정확성도 필요하지만 속도까지 챙겨야 한다는 뜻이다.

초등 수학 학습에서 부모들은 연산에 대해 많은 고민을 한다. 복습을 해야 할까요? 시간이 얼마나 더 빨라야 할까요? 아이가 단순 연산을 싫어하는데 어떻게 해야 할까요? 아이에게 필요한 연산 실력은 어느 정도일까요?

사실 연산은 수학 학습에서 기초 실력이라 할 수 있다. 기초라고는 하지만 단순하고 반복적인 연산 학습은 사실 아이에겐 지루한 과정이다. 부모 역시 그 마음을 너무 잘 알고 있을 것이다. 하지만 아이의 마음에 공감한다고 아이와의 밀당에서 밀려버리면 정확하고 빠른 연산 실력은 기를 수 없음을 냉정하게 인지해야 한다.

중고등 내신을 잘 받으려면 반복 학습은 분명 필요하다. 한번 배운 내용을 당시에 바로 이해하고, 빠르고 정확하게 해결하는 것은 쉬운 일이 아니다. 게다가 수학을 잘하려면 더 어려운 문제에 계속 도전하고 더 깊이 있는 학습을 해야 한다. 그러려면 기초 실력이라 할 수 있는 연산이 발목을 잡아서는 절대 불가능하다.

연산 실력은 어느 날 갑자기 늘지 않는다. 초등 수학을 공부할 때

안일하고 적당한 기준을 정해서는 안 되는 이유다. 중고등 가서도 잘할 수 있는 암산력과 속도, 정확성은 초등 수학을 학습할 때 반드시 갖출 수 있도록 해야 한다.

## 멀리 보며 지속적으로 잘해나가는 실력

우리는 초등 수학을 잘하기 위해 수학 공부를 하는 게 아니다. 부모가 학창 시절 수포자였거나 아이의 친구들 중에서 이미 수포자가 되었다는 이야기를 들으면 우리 아이는 수포자가 되지 않았으면 하는 마음에 수학 학습을 서두르게 되고 불안해하는 경우가 많다.

그런데 중요한 것은 '멀리 내다보는 안목'이다. 중요한 것과 중요하지 않은 것을 따져서 멀리 내다보고 끝까지 잘할 수 있는 실력을 키우는 데 목표를 두어야 한다. 틀려도 넘어갈 수 있는 부분이 있고, 맞아도 한 번 더 꼼꼼히 확인해야 하는 부분도 있다. 초등 수학 학습에서는 멀리 내다보고 지속적으로 잘해나갈 수 있는 실력을 키우는 데 주안점을 두어야 한다.

# 수학 학습의
# 분류

∧∧∧
·
·
·
·
·
·
·
·
·
·

    수학은 아이들이 배우는 많은 과목 중 하나일 뿐이다. 그런데 유아, 초등 학습 시장에서 바라보면 매우 다양한 것처럼 느껴져 혼란스럽다는 학부모들의 의견을 들을 때가 많다. 수학 하면 가장 먼저 떠올리는 것이 '덧셈, 뺄셈, 곱셈, 나눗셈' 정도의 사칙연산인데, 수학 관련 학습의 종류가 많다 보니 무엇부터 어떻게 해야 할지 우왕좌왕하게 된다. 아이를 위한 수학 학습 계획을 세운다면 무엇보다 수학 학습을 어떻게 분류하는지 정확하게 이해하는 것이 좋다.

    수학은 크게 연산, 사고력, 교과의 3가지 학습으로 분류할 수 있다. 하나씩 살펴보도록 하자.

## 연산

연산 학습은 자연수, 분수, 소수 등의 수 체계를 익히고 사칙연산의 원리를 배우는 학습을 의미한다. '수학' 하면 가장 먼저 연산 학습을 떠올리거나 첫 사교육으로 학습지를 선택하는 것도 연산을 수학학습에서 비중 있게 생각하기 때문이다. 연산을 잘해야 수학을 잘하는 것은 아니다. 하지만 수학을 잘하기 위해서는 기본 전제가 되는 연산을 놓치면 안 된다.

## 사고력

사고력 수학 학습은 부모 세대에게는 낯선 영역이다. 부모 세대에서 배운 적 없기 때문에 꼭 배워야 할까 하는 생각이 머릿속을 떠나지 않는다. 그럼에도 유아나 초등 저학년 시기에 많은 아이들이 엄마표로 문제집을 풀거나 사고력 수학 학원을 간다. 나름의 소신을 갖고 사고력 수학을 시키지 않다가 3~4학년에 미련을 버리지 못하는 경우도 있는데, 한번쯤은 경험해볼 만한 학습이라고 생각한다.

초등 교과서에서 수학의 영역은 ① 수와 연산 ② 도형 ③ 측정 ④ 확률과 통계 ⑤ 규칙성의 5가지 영역으로 나뉜다. 이에 반해 사고력 수학에서는 수, 연산, 기하, 공간, 측정, 퍼즐, 논리추론, 규칙, 문제해결력 등 더 다양한 영역으로 구성되어 있다(사고력 수학 문제집에 따라 기하나 공간 영역을 평면도형, 입체도형 영역으로 부르기도 한다). 이처럼 사고력 수학은 초, 중, 고 교과 과정에서 배우는 내용과 비슷한 부분을 담고 있으면서 훨씬 더 확장되고 깊이 있는 주제별 학습을 다룬다.

## 교과

교과 수학 학습은 초, 중, 고 교과 과정에서 배우는 학습을 의미한다. 초등 수학에서는 초등 교과서의 학년별, 학기별 배우는 내용을 학습하는 것이다.

현재 교과 수학은 2015 개정 교육과정을 따르고 있는데, 구성을 살펴보면 1학년 1학기를 제외한 모든 학기가 6단원으로 되어 있다. 이전 교육과정과 달라진 점은 한동안 실효성 논란이 있었던 아르와 헥타르, 분수와 소수의 혼합계산, 원기둥의 겉넓이와 부피가 삭제되었다. 또한 4학년 때 배웠던 자연수의 혼합계산과 수의 범위와 어림, 규칙과 대응이 5학년으로 올라가고, 5학년 때 배웠던 정비례, 반비례가 중학교 1학년으로 올라갔다.

교육과정에 따라 단원 삭제나 이동 등의 모습이 보이는데, 이에 따라 개정판 문제집의 선택이나 선행 진행에 대해서 고민하는 모습을 보게 된다. 하지만 표면적으로 삭제되거나 이동되었다 하더라도 결과적으로는 언젠가 배우게 되며, 또는 일부 다른 단원에 속해 있는 경우도 있으니 개정되는 부분에 대해 민감하게 고려하지 않아도 된다고 이야기해주고 싶다. 교과 문제집으로는 《디딤돌 수학》, 《우등생 해법》, 《큐브 수학》 등이 있는데, 이에 대해서는 뒤에서 상세히 설명하기로 한다.

초등 수학 학습을 연산, 사고력, 교과로 분류할 때 3가지를 모두 골고루 진행하는 데 시간 배분하는 것이 쉽지 않다. 3가지 종류의 수학 학습을 모두 하려면 기본적으로 문제집만 3권이다. 학습 습관이 잘된 아이도 쉽지 않겠지만 습관이 잡혀 있지 않은 아이라면 학습량에 상당한 부담을 느낄 것이다. 따라서 학년별로 중요한 학습에 좀 더 힘을 주거나 힘을 빼는 등의 강약 조절이 필요하다. 이 책에서는 3장부터 학년별 로드맵을 제시하고 있는데, 1~2학년군, 3~4학년군, 5~6학년군으로 구분해 설명하기로 한다.

# 학년별
# 집중해야 하는 영역

＾
＾
＾
．．．．．．．．．．
．
．
．

　사실 모든 아이들에게 주어진 시간은 똑같다. 그만큼 주어진 시간을 어떻게 효율적으로 활용하느냐가 중요하다는 뜻이다. 책도 읽어야 하고, 영어도 배워야 하며, 초등 저학년 때는 다양한 예체능 관련 학습도 해야 하니 아이들도 바쁜 시간을 보낸다. 거기에 초등 3학년부터는 교과목도 늘어나서 학교 수업과 숙제도 잘 챙겨야 한다.

　그렇다 보니 아무리 좋은 수학 학원이 집 근처에 있다고 해도 적절한 시기에 효율적인 선택을 하지 못한다면 큰 도움이 안 될 수도 있다. 오히려 아이만 더 힘들게 할 뿐이다. 그렇다면 학년별 수학 학습 중 우선순위를 어떻게 정하면 좋을지 살펴보기로 하자.

# 초등 1~2학년: 연산에 비중, 사고력 수학도 가능

초등 1~2학년 수학 교과서를 살펴보면 연산 영역 단원이 상당한 비중을 차지한다. 아이들 사이에서도 '연산 잘하는 친구=수학 잘하는 친구'로 생각한다. 학년이 올라가면서 수학 개념의 난이도가 높아지는 것을 감안할 때 이 시기에 수학 학습의 기본이 되는 연산 학습을 확실히 다지거나 진도 진행을 미리 하는 것이 유리하고 효율적이다. 이 시기에 학교에서 배우는 연산은 어렵지 않다. 하지만 연산 연습이 잘 진행되지 않았다면 아이가 수업 시간에 자신 없는 모습을 보일 수 있기에 초등 저학년의 경우 연산 학습에 많은 비중을 두어야 한다.

연산의 경우 엄마표로도 가능하다. 시중에 나온 연산 문제집을 비교해보고 아이의 성향에 맞는 교재를 골라 풀어보면 효과적으로 진행할 수 있다. 하지만 연산 학습을 너무 싫어하거나 수감이 약해 엄마표 노출만으로는 부족하거나 연산 학습을 하면서 엄마에게 혼나는 경우가 자주 발생했다면 연산 학원을 선택하는 것이 좋다.

무엇보다 초등 저학년 때는 구체적인 조작을 해보는 것이 수학 개념을 이해하는 데 도움된다. 그래서 이 시기에는 사고력 수학 학원을 추천하는 편이다. 교과 수학은 따분하다고 느낄 수 있지만, 사고력 수학은 주제에 흥미를 느끼고 유연하게 생각하면서 문제를 해결하는 경험을 해볼 수 있어서 수학을 쉽고 재미있게 접근할 수 있기 때문이다.

미리 수학 학습을 시작해 유아 시기에 연산 학습이 덧셈, 뺄셈까지 완전학습 되었다면 1~2학년 시기에는 사고력 수학 학습에 비중을 두는 것도 좋다. 정리하면 1~2학년 시기는 연산 〉사고력 〉교과 순으로 수학 학습 시간을 배분하는 것이 좋다.

## 초등 3~4학년: 사고력과 교과 중 선택하거나 병행

초등 3~4학년 교과에서 배우는 내용은 사고력 수학 과정에서 잘 다루지 않는 연산, 길이나 시간 계산, 도형의 개념 등이 포함되어 있다. 사고력 수학에서는 주제별로 탐구하다 보니 당장 교과와 직결되는 내용보다는 상위 학년 교과에서 배우는 내용이 많다. 따라서 이 시기에는 연산 학습의 완성도에 따라 ① 교과 수학 학습에만 비중을 두거나 ② 사고력 수학 학습과 교과 수학 학습에 골고루 비중을 두는 방법이 있다. 기본적으로 연산 진도가 느리다면 교과 수학 학습에 비중을 두고, 연산 진도가 빠르다면 사고력 수학 학습과 교과 수학 학습을 골고루 하는 방법으로 진행하면 된다.

이 시기가 되면 초등 저학년 때부터 사고력 수학을 지속해오던 부모들이 고민하기 시작한다. 그래서 가장 많이 질문하는 것 중 하나가 "사고력 수학 학원 계속해야 하나요, 그만둬야 하나요?"이다. 유아 시기부터 해오던 사고력 수학 학습을 계속 지속하고 싶은 마음도 있고, 아이가 좋아한다는 이유로 계속 유지하고 싶어 하는 경우도 있다. "사고력 수학이 나중에 정말 도움되나요?"라는 질문도 많이 한다. 내

### 초등 3~4학년 수학 집중 영역

| | |
|---|---|
| ① 교과 > 연산 > 사고력 | • 연산 학습의 진도가 자기 학년과 비슷하거나 조금 늦은 경우<br>• 연산 학습의 진도가 늦을 뿐만 아니라 정확성과 속도 측면에서 연산 학습량이 많이 필요한 경우 교과보다 연산에 비중을 두어야 하는 경우가 있음 |
| ② 교과 = 사고력 > 연산 | • 연산 학습의 진도가 자기 학년보다 한 학기 이상 빠른 경우<br>• 연산 학습의 정확성과 속도 측면에서 완전학습을 보이는 경우<br>• 단 1~2학년 때 사고력 수학 학습의 경험이 없다면 교과 > 연산 학습 순으로 진행해도 됨 |

대답은 "물론입니다."이다.

사고력 수학은 문제해결능력을 키워주어 수학 문제를 푸는 데 도움을 준다. 하지만 교과 수학에서 본격적으로 배우는 개념이 조금씩 어려워지고, 교과 수학 학습에 일정한 시간 배분이 필요하다고 느낀다면 결단이 필요하다. 교과나 연산이 완전학습 되지 않았다면 사고력 수학을 중단하고 교과와 연산 학습을 선택해야 한다. 교과와 연산에서 생기는 문제를 6개월 동안 해결할 수 있다면 사고력 수학은 잠시 쉬었다가 다시 시작해도 충분하다.

사고력 수학 학습에 대한 효과를 기대한다면 교과 수학 학습이 안정적으로 이루어진다는 것이 바탕이 되어야 한다. 사고력 수학에서 배우는 내용의 범주는 교과보다 넓고 깊을 수 있다. 하지만 사고력 수학은 플러스 알파의 의미로 생각하는 것이 좋다.

## 초등 5~6학년: 교과 학습에 더 많은 비중을 둘 것

5~6학년 시기에는 교과 학습에 많은 비중을 두라고 권한다. 이 시기에 중등 과정 예습 없이 중학교에 입학하면 아이들이 힘들어질 수 있기 때문이다. 아이가 수학을 포기하지 않기를 바란다면 중학교 가서도 공부해야겠다는 마음을 놓지 않게 해야 한다. 그러려면 난이도가 대폭 상승하는 중등 과정의 예습이나 선행을 진행해두면 막연한 불안감을 줄이는 데 어느 정도 도움이 된다.

예습과 선행의 표현을 혼용해서 쓴 이유는 수학 학습이 많이 늦어져서 6학년 1학기나 2학기에 중등 과정을 막 시작하는 경우 선행학습이라 보기는 어렵고 예습이라고 생각하는 것이 알맞다. 아무리 늦어도 초등 6학년 여름방학이나 가을에는 중등 과정을 시작하는 것을 추천한다.

그렇다고 모든 아이가 초등 5~6학년 즈음에 중등 과정을 진행해야 한다는 의미는 아니다. 여전히 초등 과정이 완전학습으로 마무리되지 않았다면 중등 과정과 연결되는 초등 개념들을 이 시기에 더 꼼꼼히 짚고 넘어가는 것이 맞다. 다른 아이가 예습이나 선행을 한다고 하니까 불안한 마음에 무조건 예습이나 선행을 시작하기보다는 내 아이의 진도와 성향이 가장 중요하다. 다만 중등 과정의 연산은 초등 연산을 처음 배울 때처럼 새로운 개념이라 익숙해지는 데 시간이 걸릴 수 있으니 미리 대비하는 것이 중등 수학을 쉽게 시작하는 방법이다.

한편 수학을 좋아하는 아이들의 경우 교과 선행을 하면서 사고력 수학도 마지막 단계까지 유지하기도 한다. 수학 학습을 빨리 끝내거나 오랜 시간 수학을 공부해도 힘들다고 느끼지 않기 때문이다. 이런 경우에만 사고력과 교과를 병행할 수 있다. 무엇보다 중등 심화를 하게 되면 시간적으로도 사고력 수학을 함께 유지하는 것은 쉽지 않다. 중등 심화는 초등 심화에 비해 난이도가 상당하기 때문에 사고력 수학을 하지 않아도 중등 심화 학습을 통해 보완되는 부분도 있다.

이 시기에 연산 학습이 부족하다고 느낀다면 무조건 수학 학습에 물리적인 시간을 많이 배분해두어야 한다. 그렇지 않으면 중고등 과정에서 버티기 힘들어진다. 그동안 수학 학습을 많이 하지 못했다면 남들보다 2배 이상의 시간 확보부터 해야 한다.

# 초등 수학 과정
# 전체적으로 꿰뚫어보기

^^^
........
........
........
........

    초등 수학을 가르칠 때 부모들이 저지르는 가장 큰 실수는 당장 눈앞에 보이는 실수에 너무 집착한다는 것이다. 같은 부모 입장에서 '이번에 또 실수했구나.' 하는 불안한 마음이 이해되지 않는 것은 아니다. 하지만 초등학생 아이들은 끊임없이 실수하고 오류를 반복한다. 충분히 그럴 수 있다. 그러면서 실력이 늘어난다.

    초등 수학에서 배우는 개념의 양이나 난이도는 중고등 과정에서 배우는 수학 개념에 비하면 쉽고 양도 적은 편이다. 오히려 너무 쉽고 당연해서 100% 전부 이해하지 못한 채 100점을 맞을 수도 있다. 이런 식으로 초등학교 내내 단원평가 100점을 맞다가 중학생이 되어 80점도 안 되는 점수에 충격받는 아이들이 많다.

    그제야 무엇이 문제인지 찾는다면 그 원인을 빠르게 찾고, 확실하게 해결할 수 있을까? 찾기도 어렵지만 실수를 고치는 데도 많은 시간과 노력이 필요할 것이다. 이미 오랜 기간 동안 그러한 실수가 습관처럼 길들여졌기 때문이다. 그러니 아이가 실수한다면 반겨주어라. 오히려 실수를 미리 고쳐나간다면 실수는 더 잘할 수 있는 기회가 될 수 있다.

수학은 위계가 뚜렷한 과목이다. 아이들이 갑자기 많이 틀리거나 어려워하는 데는 이유가 있다. 지금 공부하고 있는 단원이 특별히 어려워서가 아니라 이전 학년의 영역별로 연계된 단원에서 개념이 제대로 이해되지 않은 채 지나왔기 때문일 수 있다.

아이가 수학을 잘하기를 원한다면 초등 수학 전 학년, 학기 단원을 꼼꼼히 살펴봐야 한다. 초등 수학의 전체 흐름을 알아두면 특정 개념에서 아이가 힘들어할 때 어떻게 도와주어야 할지, 학년에 따라 집중해야 할 영역이 어디인지 파악할 수 있다. 다음의 표는 초등 수학 전 학년, 학기 단원을 정리한 것이다. 필요할 때마다 이 표를 보면서 큰 그림의 로드맵을 그리고, 나뭇가지 로드맵은 3장부터 학년별로 정리해두었으니 참고하기 바란다.

# 초등 수학 전 학년, 학기 단원 정리

| 1학년 1학기 | 1학년 2학기 | 2학년 1학기 | 2학년 2학기 |
|---|---|---|---|
| 1. 9까지의 수 | 1. 100까지의 수 | 1. 세 자리 수 | 1. 네 자리 수 |
| 2. 여러 가지 모양 | 2. 덧셈과 뺄셈 (1) | 2. 여러 가지 도형 | 2. 곱셈구구 |
| 3. 덧셈과 뺄셈 | 3. 여러 가지 모양 | 3. 덧셈과 뺄셈 | 3. 길이 재기 |
| 4. 비교하기 | 4. 덧셈과 뺄셈 (2) | 4. 길이 재기 | 4. 시각과 시간 |
| 5. 50까지의 수 | 5. 시계보기와 규칙 찾기 | 5. 분류하기 | 5. 표와 그래프 |
| | 6. 덧셈과 뺄셈 (3) | 6. 곱셈 | 6. 규칙 찾기 |

| 3학년 1학기 | 3학년 2학기 | 4학년 1학기 | 4학년 2학기 |
|---|---|---|---|
| 1. 덧셈과 뺄셈 | 1. 곱셈 | 1. 큰 수 | 1. 분수의 덧셈과 뺄셈 |
| 2. 평면도형 | 2. 나눗셈 | 2. 각도 | 2. 삼각형 |
| 3. 나눗셈 | 3. 원 | 3. 곱셈과 나눗셈 | 3. 소수의 덧셈과 뺄셈 |
| 4. 곱셈 | 4. 분수 | 4. 평면도형의 이동 | 4. 사각형 |
| 5. 길이와 시간 | 5. 들이와 무게 | 5. 막대그래프 | 5. 꺾은선그래프 |
| 6. 분수와 소수 | 6. 자료의 정리 | 6. 규칙 찾기 | 6. 다각형 |

| 5학년 1학기 | 5학년 2학기 | 6학년 1학기 | 6학년 2학기 |
|---|---|---|---|
| 1. 자연수의 혼합계산 | 1. 수의 범위와 어림하기 | 1. 분수의 나눗셈 | 1. 분수의 나눗셈 |
| 2. 약수와 배수 | 2. 분수의 곱셈 | 2. 각기둥과 각뿔 | 2. 소수의 나눗셈 |
| 3. 규칙과 대응 | 3. 합동과 대칭 | 3. 소수의 나눗셈 | 3. 공간과 입체 |
| 4. 약분과 통분 | 4. 소수의 곱셈 | 4. 비와 비율 | 4. 비례식과 비례배분 |
| 5. 분수의 덧셈과 뺄셈 | 5. 직육면체 | 5. 여러 가지 그래프 | 5. 원의 넓이 |
| 6. 다각형의 둘레와 넓이 | 6. 평균과 가능성 | 6. 직육면체의 겉넓이와 부피 | 6. 원기둥, 원뿔, 구 |

초등 교과에 나오는 수학을 영역별로 구분해보면 ① 수와 연산 ② 도형 ③ 측정 ④ 확률과 통계 ⑤ 규칙성의 5가지 영역으로 나뉜다. 각 영역별로 하나씩 살펴보자.

## 1. 수 영역

### 수 영역 연계: 자연수

초등 수학 교과 과정에서 '수와 연산'은 많은 부분을 차지한다. 그래서 수와 연산 영역을 잘하는 아이들은 수학에 대한 자신감이 생겨 수학 공부를 해나갈 때 동기부여가 된다. 반대로 수와 연산에서 막연한 어려움이 해소되지 않으면 수학이라는 과목에 굴복하게 된다. 수와 연산 영역은 내용이 많은 만큼 영역별로 연계 단원을 살펴봐야 한다.

다음 그림에서 보는 것과 같이 수와 연산 영역의 경우 1학년 1학기 9까지의 수를 시작으로 4학년 1학기 큰 수를 배우는 것으로 마친다.

수 영역 중 '자연수'는 유아 시기부터 초등 4학년까지 10년 가까

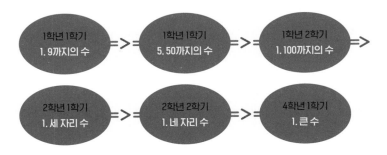

이 익히는 개념이다. 그만큼 개념이 완성되기까지 오랜 시간이 걸린다. 특히 1~2학년에 집중해서 배우므로 이 시기에는 다른 단원보다 자연수에 대해 더 집중적으로 학습해야 한다. 수 감각이 약한 아이들은 교구를 함께 활용하고, 단원을 거슬러 올라가 복습도 해야 한다.

엄마표로 진행하다가 처음으로 아이와 부딪히는 부분이 연산, 그중에서 '자연수의 덧셈과 뺄셈'을 할 때다. 어른이 된 부모 입장에서는 이렇게 쉬운 연산을 아이가 왜 그렇게 늦게 풀고, 많이 틀리는지 이해가 안 된다. 그런데 고대인들도 사과 2개와 사람 2명이 같은 '2'를 나타내는 개념이라는 것을 이해하기까지 3000년 넘는 시간이 걸렸다고 한다. 그만큼 수는 굉장히 추상적인 개념이다. 따라서 자연수가 정확히 이해되지 않는다면 자연수보다 더 추상적인 개념인 분수, 소수는 더 어렵다고 느끼게 된다.

자연수에 관한 마지막 단원은 4학년 때 배우는데, 1~2학년 때 자연수에 대한 이해가 부족했다면 4학년 '큰 수' 단원을 할 때는 대혼란이 올 수 있으니 미리 준비해야 한다.

### 수 영역 연계: 분수

분수는 처음 3학년 1학기에 등장해 4학년 2학기 분수의 덧셈과 뺄셈, 소수의 덧셈과 뺄셈으로 이어진다. 분수는 3학년에 바로 익히기엔 어려울 수 있으니 수학동화나 보드게임 등을 이용해 초등 1~2학년 때부터 조금씩 노출해주는 것이 좋다. 분수에서 중요한 개념은 '단위분수'와 '단위 환산'인데 4장에서 상세히 설명하겠다(234쪽 참조).

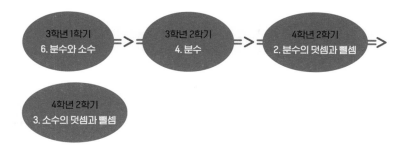

## 연산 영역 연계: 덧셈과 뺄셈

연산 영역 중 덧셈과 뺄셈을 할 때는 반드시 기억해야 할 사항이 있다. 한 학기 동안 해당 학기에서 배우는 덧셈과 뺄셈의 연산력은 짧은 기간 동안 다지기는 힘들다는 것이다. 예를 들어 1학년 2학기에는 덧셈과 뺄셈이 총 3개 단원으로 나온다. 이때 배우는 내용들은 2학년 1학기에 나오는 덧셈과 뺄셈을 잘하기 위해 연산력을 키우는 것인데, 단 몇 개월 만으로 완전학습이 되기는 어렵다. 다시 말해 연산 학습은 미리 연습하고, 적당한 반복을 통해 완전학습이 되도록 계획성 있게 진행해야 한다.

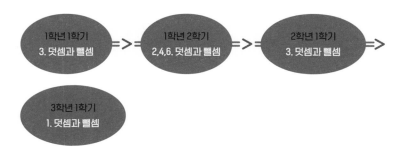

### 연산 영역 연계: 곱셈과 나눗셈

연산 영역 중 곱셈은 곱셈구구만 외우면 쉽게 할 수 있다고 생각하는 경우가 많다. 하지만 원리를 모른 채 무조건 외우는 것은 아무런 도움이 안 된다.

초등 2학년 때부터 배우는 곱셈의 원리는 중등의 곱셈 공식이나 인수분해까지 연결되는 개념으로 매우 중요하다. 따라서 초등 2학년 과정에서 곱셈의 원리를 묻는 문제를 틀렸을 때는 꼼꼼하게 살펴보면서 원리를 다시 한 번 정리해보아야 한다. 나눗셈의 원리 역시 아이가 잘 이해하고 있는지 체크해야 함은 물론이다.

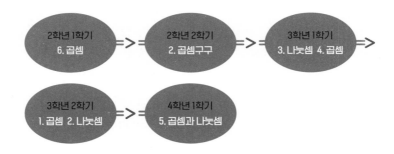

## 2. 도형 영역

도형 단원에 나오는 용어는 모두 중요하다. '선분'이라는 용어를 알게 되었을 때는 이 용어에 대해 반드시 설명할 수 있어야 한다. 초등 저학년 때는 퍼즐 등을 활용해 구체적 조작 활동을 많이 할 것을 추천한다. 도형 영역의 감각을 단순히 텍스트를 보고 문제를 풀어내는 것으로 해결하지 말라는 의미다. 직접 만져보고, 이후 교구 없이 머릿속으로 떠올리며 어디까지 문제를 해결할 수 있는지 확인해보는 것이 좋다. 도형 영역의 경우 사고력 수학 수업을 하면 많은 도움이 된다.

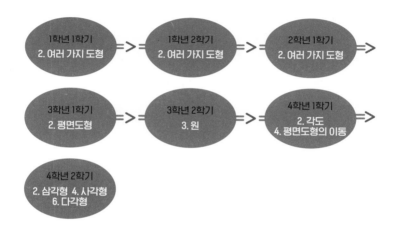

## 3. 측정 영역

측정 영역의 경우 연산 단원처럼 개념만 익히고 넘어가는 경우가 많다. 그러면 초등 고학년이 되어 단위의 관계가 바로 떠오르지 않거나 단위를 알맞게 사용하지 못하는 경우가 생긴다.

초등 수학 과정에서 배우는 측정 단위들에 대한 개념은 중고등 과정에서는 따로 설명이 나오지 않는다. 단지 수학 문제에서 언급만 되기 때문에 초등 과정에서 단위 개념을 정확히 이해하고 기억해두어야한다. 시간이 지나면 개념을 잊어버릴 수 있으니 일상생활에서 단위에 대한 노출 빈도를 높여주면서 계속 떠올릴 수 있도록 해주면 좋다.

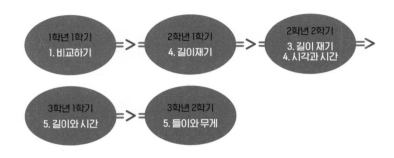

## 4. 규칙 영역

규칙 영역은 사고력 수학의 학습 경험이 어느 정도냐에 따라 성취도가 다르게 나타난다. 유아 때부터 사고력 수학 학습을 꾸준히 해온 아이들은 규칙에 대한 문제를 많이 접해보았기 때문에 초등 수학 교과 과정에서 나오는 규칙 문제는 상당히 쉽게 풀어낸다.

규칙 영역의 경우 아이가 수학적 사고에 대해 얼마나 유연하게 생각하는지 확인할 수 있는 부분이라 변별력을 가리는 문제로 많이 활용된다. 규칙 영역이 취약하다면 다양한 문제를 경험하게 해주는 것이 좋다.

## 5. 확률과 통계 영역

'확률과 통계'는 실생활과 밀접하게 연결해서 문제를 경험해볼 수 있는 영역이다. 예를 들어 윗옷 2가지, 아래옷 3가지가 있을 때 옷을 다양하게 입는 방법이 몇 가지인지 물어볼 수 있다.

그래프 역시 확률과 통계 영역에 포함되는데, 뉴스나 신문기사에서 그래프를 보면서 아이와 그래프에 대해 이야기를 나누어볼 수 있다. 단순히 수학 문제집을 푸는 데만 급급하기보다 여러 가지 그래프를 살펴보면서 어떤 정보를 얻을 수 있는지 이야기해보면 이후 자료를 해석하는 데 많은 도움이 된다.

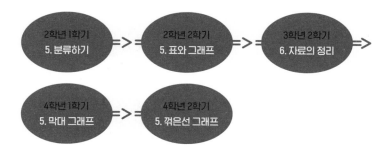

## 초등 수학에서
## 절대 놓쳐서는 안 되는 개념이 있다

초등 수학 과정에서 절대로 놓쳐서는 안 되는 개념이 있다. 중고등 과정에서 문제 조건으로 나오거나 기본 개념에서 확장된 개념을 배우기 위해 확실히 알아야 하는 것들이다.

이런 개념들 중에는 중고등 과정에서는 나오지 않지만 무리하게 복습하지 않아도 되는 단원도 있다. 예를 들면 소수의 곱셈이나 소수의 나눗셈 같은 단원이다. 초등 과정에서는 초등 6학년까지 소수 계산이 나오지만, 중등 과정이 되면 소수를 분수로 바꿔서 약분 처리하는 경우가 많다. 그리고 소수점이 들어간 네 자리 수 × 세 자리 수 등의 복합 연산은 나오지 않는다. 오히려 간단하게 고치기 위해 지수나 로그를 적용해서 나타낸다. 따라서 소수 연산 단원에서 실수가 많이 난다고 지나치게 복습할 필요는 없다. 정확하게 연산 처리하는 습관이 중요할 뿐 해당 단원이 문제되지는 않는다는 사실을 기억해두자.

초등 수학에서 절대 놓쳐서는 안 되는 개념을 하나의 표로 정리해보았다. 이 개념들은 앞으로 수학 학습을 진행하는 데 가장 기본이 되는 개념들로 해당 학년을 마무리하거나 초등 과정을 마무리할 때 정확히 이해했는지 반드시 체크해볼 필요가 있다.

| 초등 | 놓치면 안 되는 개념 |
|---|---|
| 2학년 | 삼각형과 사각형 / 곱셈의 개념 / 길이 단위 / 시간 단위 |
| 3학년 | 나눗셈의 개념 / 분수의 개념 / 선분, 직선, 반직선, 각 |
| 4학년 | 분수의 종류 / 삼각형, 사각형, 다각형 관련 정의 / 사각형의 포함 관계 / 소수의 개념 / 측정 단위 |
| 5학년 | 약수와 배수, 최대공약수와 최소공배수 / 약분, 통분 / 수 어림하기 / 수의 범위 / 평면도형의 둘레와 넓이 |
| 6학년 | 각기둥과 각뿔 / 분수와 나눗셈의 개념 / 원주, 원주율, 원의 넓이 / 비와 비율 / 비례식 / 비례배분 |

# 힘들어하지만
# 다시 활용되지 않는 단원도 있다

초등 수학에서 놓쳐서는 안 되는 개념도 있지만 특히 힘들어하는 단원도 있다. 아이들을 가르치다 보면 4학년 1학기 큰 수, 도형의 이동 단원을 힘들어하는 경우가 상당히 많다. 자연수 체계가 이해되지 않은 경우나 도형 감각이 약한 경우 특히 어려워한다.

이 단원에서 실수가 많은 경우 다 맞힐 때까지 계속 복습해야 할까? 이 단원의 경우 당장 문제를 반복해서 풀어본다고 완벽하게 이해되지 않는다. 문제를 많이 풀어서 맞힌다는 것은 단순히 문제와 풀이 과정을 외우는 것이다.

큰 수와 도형의 이동 단원의 경우 반복 학습에 집착하기보다 일단 진도를 진행하는 편을 추천한다. 큰 수를 이해하지 못했다고 곱셈과 나눗셈을 못하는 것은 아니다. 중고등 과정에서 큰 수를 이용한 문제가 나오는 것도 아니다. 도형의 이동 단원 역시 마찬가지다. 도형 감각이 없어서 이 단원을 어렵고 힘들어하는 아이들의 경우 돌리거나 뒤집기를 못한다고 도형 문제를 아예 포기할 정도로 심각한 문제가 발생하지 않는다. 당장 복습하기보다는 4학년 겨울방학 때 아쉬웠던 단원을 다시 진행하면 그사이에 이전보다 훨씬 향상되어 있는 경우도 있다.

중고등 과정까지 길게 볼 때 초등 과정에서만 배우고 다시 활용되지 않는 단원인지, 반대로 초등에서만 배우는데 앞으로 계속 활용하게 되는 단원인지 파악해두자. 전자의 경우 ① 큰 수 ② 도형의 이동 ③ 소수의 곱셈과 나눗셈(세 자리 수 이상) 단원이 해당되고, 후자의 경우 ① 수의 범위와 어림 ② 비와 비율 ③ 비례식과 비례배분 단원이 해당된다. 앞으로 수학 학습을 진행하는 데 각 단원의 활용도가 어느 정도인지만 알아도 아이와 실랑이하는 시간을 줄일 수 있을 것이다.

# 초등 수학,
# 절대 놓치면 안 되는 3가지

∧∧∧
∙∙∙∙∙∙∙∙∙∙

초등 때는 문제를 많이 풀면 수학을 잘하게 될까? 아니면 빨리 진도를 나가면 최상위권에 들어갈 수 있을까? 사실 이런 막연한 기대감은 아이의 진짜 수학 실력을 쌓는 데 오히려 방해 요소가 될 수 있다. 수학을 잘하는 또래 친구들의 진도나 학원 레벨에 현혹되지 말고 진짜 수학 실력을 키우기 위해 밑바탕이 되는 것이 무엇인지 생각해보아야 한다. 진짜 수학 실력을 키우기 위해 내가 강조하는 초등 수학을 공부할 때 절대 놓치면 안 되는 3가지를 소개해본다.

## 1. 전체 식을 쓰는 습관이 중요하다

문제집에서 풀이 과정을 쓰는 공란이 나오면 아이들은 물론 부모들도 반드시 채워야 한다는 부담감을 느낀다. 그런데 초등 저학년 때의 풀이 과정은 그리 중요하지 않다. 이때는 풀이 과정보다 정답을 맞히는 것이 더 중요하다.

그다음으로는 어떻게 생각해서 정답을 구할 수 있었는지 말로 설명할 수 있어야 한다. 풀이 과정을 말로 표현하는 것은 사실 어려운 일이다. 그런데 글로 쓰는 것은 그보다 더 어렵다.

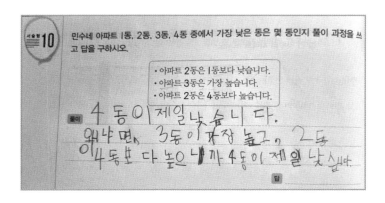

위의 그림은 초등 1학년 아이가 쓴 풀이 과정이다. 보통 초등 1~2학년의 문제 풀이는 등식의 나열이 아니라 문장을 써야 하는 경우가 많다. 수학 공부를 하는데 글짓기 같은 국어 공부를 하는 듯 주객이 전도되는 것은 효과적인 학습 방법이 아니다. 어떻게 글로 나타낼지 고민하느라 너무 애쓰지 않아도 된다. 대신에 틀린 문제는 왜 틀렸는지, 정답은 어떻게 구했는지를 설명하는 데 중점을 두어야 한다.

다음 그림은 초등 3학년 아이가 연산 문제에 대한 풀이 과정을 쓴 내용이다. 서술형이라면 수, 연산 기호, 문자 등을 이용해 자신의 논리적인 사고 과정을 표현해야 한다. 그런 점에서 볼 때 이 학생은 놓친 것이 있다. 바로 전체 식을 쓰면서 서술하지 않았다는 점이다.

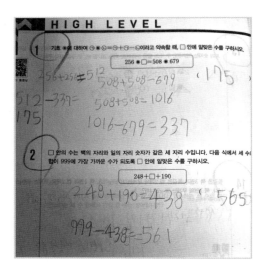

초등 고학년 아이들의 경우 전체 식을 잘 쓰지 않는 편이다. 초등 저학년 때 주어진 연산을 하나만 처리해 정답을 구했던 경험만 있기 때문이다. 그러다 보니 연산을 여러 번 처리해야 하는 식에서도 순서에 맞춰 부분식으로 하나씩만 계산한다. 하지만 전체 식을 쓰지 않고 이런 식으로 연산을 계속 진행하면 중등 과정의 '유리수의 혼합계산'에서 실수가 생길 수 있다. 또 서술형 풀이 문제에서는 답은 맞지만 자세한 풀이 과정이 생략되어 있어 부분 점수만 받게 될 수도 있으니

주의해야 한다.

그렇다면 전체 식은 어떤 식으로 풀이 과정을 써야 할까? 다음 그림은 문제를 전체 식을 써서 풀이한 아이의 풀이 과정이다. 이 아이의 경우 먼저 전체 식을 쓴 후 풀이 과정에서 먼저 처리해야 하는 연산부터 해결하고 다음 식으로 넘어가면서 정답을 도출해낸다.

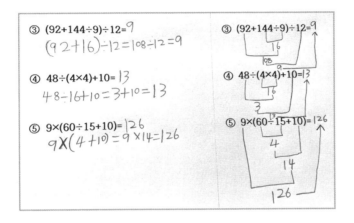

중고등 과정에서는 기본적으로 전체 식 서술이 가능해야 한다. 등식을 나열하면서 자신이 어떤 순서로 네모 값(중등 이후에는 x)을 구하기 위해 처리했는지를 보여주어야 한다. 초등 과정의 경우 3학년 1학기부터 식의 표현이 필요하다. 식의 표현은 기본 문제집보다 심화 문제집에서 두드러지게 많이 나타난다. 따라서 3학년이 되면 문제에 나오는 문장을 식으로 옮기는 연습부터 점차 모든 조건을 하나의 식으로 나타낼 수 있도록 훈련하는 것이 좋다.

## 2. 개념 문제를 맞혀도 다 알지 못할 수 있다

아이들이 문제집을 한 권 끝냈다고 모든 수학 개념을 이해했다고 볼 수는 없다. 초등 수학 문제집에서 가장 아쉬운 점은 기본 난이도 문제집의 경우 아이가 개념을 이해했는지 정확하게 판단하기 어렵다는 것이다. 사실 초등 과정에서 배우는 수학 개념은 다소 쉬운 편이라 기본 문제집에서는 개념을 직관적으로 물어보는 경우가 많다. 그러다 보니 답은 맞았지만 아이가 수학 개념을 제대로 이해했는지, 이해하지 못한 채 기억해서 풀어낸 것인지 알 수 없다.

그렇다면 개념을 제대로 이해했는지 파악하려면 어떻게 해야 할까? 내가 추천하는 방법은 해당 단원에서 배운 개념을 직접 쓰면서 정리해보는 것이다. 초등 1~2학년 과정에서는 개념을 정리할 부분이 많지 않아서 하지 않아도 되지만, 초등 3학년 과정에서는 도형 단원들 위주로 정리해보아야 한다. 수학 개념을 정리하는 순서는 아래와 같다.

① 자기가 알고 있는 개념을 문제집이나 교과서를 보지 않고 생각나는 대로 정리한다. (첫 번째 종이)
② 문제집의 개념 설명 부분을 보면서 정리한다. (두 번째 종이)
③ 1번 내용과 2번 내용을 서로 비교하면서 빠진 부분을 1번 내용에 빨간색 펜으로 추가한다.
④ 2~4주 정도 지난 후 다시 개념을 정리한다. (단, 해당 단원에서 전체 개

념의 70% 이상 스스로 정리 가능하다면 다시 개념 정리하는 과정은 안 해도 된다.)

다음은 초등 4학년 학생이 중등 과정을 공부하면서 개념 정리를 한 내용이다. 새로운 수학 개념을 처음 배우면 아이들은 '중요한 개념'과 '다소 덜 중요한 개념'을 잘 구분하지 못해 모든 개념을 쓰려고 한다. 하지만 개념 정리를 계속하다 보면 '중요한 개념'과 '다소 덜 중요한 개념'을 구분할 수 있는 판단력이 생기고, '자신이 자주 놓치는 개념'과 '완벽하게 이해한 개념' 구분도 가능해진다. 이는 중고등 과정에서 매우 유의미한 학습 방법으로, 초등 때부터 개념이 많이 나오는 단원이나 기본 난이도 문제를 많이 틀리는 단원에서는 꼭 한번 적용해볼 것을 추천한다.

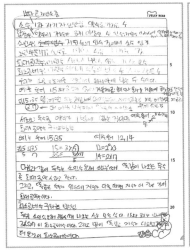
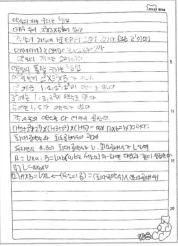

## 3. 문제 상황을 정확하게 이해했는지 확인한다

수학 문제집을 풀 때 아이들은 단원의 주제를 보고 그대로 문제에 적용하는 경우가 많다. 예를 들면 곱셈 단원을 진행하면 문제에 나오는 수를 무조건 곱하고, 나눗셈 단원을 할 때는 나누기를 선택하는 식이다. 사실 문제를 제대로 이해하지 못했어도 이런 식으로 풀면 대충 정답일 확률이 높다. 하지만 연산 원리를 정확하게 알고 문제 상황에 맞게 필요한 연산을 연결했는지는 판단하기 어렵다.

**문제** 정찬이네 집에는 $4\frac{2}{3}$L의 생수가 있었다. 정찬이가 어제 이 생수 중에서 $1\frac{1}{2}$L를 마시고, 오늘은 남은 생수의 $\frac{1}{3}$을 마셨다. 정찬이네 집에 남은 생수는 몇 L인지 풀이 과정을 쓰고, 답을 구하시오.

이 문제는 초등 5학년 기본 난이도 문제 유형이다. 이 문제에서 아이들이 주로 범하는 오류는 무엇일까? 정찬이네 집에 있는 생수의 양은 분수로 표현되어 있지만 실제의 정확한 양을 의미한다. 하지만 '오늘은 남은 생수의 3분의 1을 마셨다.'라는 부분은 '3분의 1'이라는 양을 의미하는 것이 아니라 전체에서 부분을 나타내는 '분수의 곱셈'이 적용되어야 하는 부분이다. 풀이 과정을 정리해보면 다음과 같다.

$$(4\frac{2}{3} - 1\frac{1}{2}) \times \frac{2}{3}$$
$$= 3\frac{1}{6} \times \frac{2}{3} = \frac{19}{9} = 2\frac{1}{9}$$

이 문제를 해결할 때 아이들은 '양을 나타내는 분수'와 '비율을 나타내는 분수'를 정확하게 구분하지 못해 남은 생수의 3분의 1을 빼기로 적용해서 푸는 경우가 많다. 분수의 개념이 정확하지 않다는 뜻이다. 이와 관련된 개념은 초등 3학년 1학기에 배우는데, 그때 제대로 이해하지 못했다는 뜻이고 이런 문제는 초등 5~6학년이 되어야 발견된다.

아이들이 자주 저지르는 이런 오류는 해당 학기를 배울 때 부모의 질문으로 바로잡아 줄 수 있다. 초등 1~4학년 과정을 진행할 때 아이에게 "왜 두 수를 곱한 거야?", "왜 두 수를 뺀 거야?" 식으로 왜 그렇게 풀었는지 질문해주면 된다. 아이가 풀이 과정에서 연산을 선택한 이유를 물어보는 것이다.

문제집을 풀다 보면 아이들은 비슷하게 반복되는 문제 유형을 접하고 풀이 방법을 외우는 경우가 제법 있다. 그럴 때 왜 그런 풀이 과정을 선택했는지를 물어보면 정답은 맞혔지만 어떻게 설명해야 할지 난감해하는 경우가 있다. 물론 처음에는 자신이 어떻게 풀었는지 설명하는 것이 힘들겠지만, 그런 질문을 자주 받으면 질문에 답하기 위해 문제 상황을 이해하려 하고 알맞은 풀이를 생각해내는 힘이 생긴다. 여러 권의 문제집을 풀고 다양한 문제를 많이 푸는 것보다 훨

썬 효과적인 방법이다.

## 중요도에도 순서가 있다

앞에서 초등 수학 학습 과정에서 놓치면 안 되는 3가지를 소개했지만 이것을 한꺼번에 적용하는 것은 추천하지 않는다. 우리 아이에게 가장 필요한 수학 학습 습관이 무엇일지부터 고민해보아야 한다. 손으로 직접 써보지 않고 머릿속으로 암산만 해서 실수가 생긴다면 전체 식을 쓰도록 해야 하고, 문제를 정확하게 읽지 않아서 틀린다면 문제 상황이 정확하게 이해되도록 설명해주는 것이 필요하다. 아이마다 적용해야 할 것은 분명 다르다는 의미다. 그리고 무엇을 적용시킬지 고민하기 전에 선행되어야 할 것이 2가지 있다.

첫째, 수학에 대한 거부감이 없어야 한다. 수학 공부를 싫어하거나 수학에 대한 불편한 감정을 갖고 있다면 생각을 전환할 수 있는 계기를 반드시 찾아야 한다. 수학을 좋아하면 수학을 잘하는 경우가 많다. 하지만 수학을 좋아한다고 모두 수학을 잘하는 것은 아니므로 수학을 좋아하게 만들어야겠다는 생각은 하지 않아도 된다. 다만 수학 공부가 할 만하고, 어렵지만 해볼 만하다는 생각이 들어야 한다. 그런 마음만 놓치지 않고 있다면 어느 순간의 계기로 더 잘하고 싶다는 욕심이 생기고 열심히 하게 된다.

둘째, 수학의 기본기를 갖춰야 한다. 자기 학년에 필요한 기본적인 학습 없이 습관만 고친다고 수학을 잘하는 것은 아니다. 연산 단원을 하고 있다면 연산을 풀어내는 기본기가 있어야 한다. 그 기본기를 바탕으로 고쳐야 할 습관이나 꼭 만들어야 할 습관을 찾아낼 수 있다. 습관보다 중요한 것은 학습의 정도임을 잊지 말아야 한다.

그렇다면 초등 수학에서 놓치지 말아야 하는 것들을 수정 보완하기 위해서는 어떤 방법으로 학습을 진행하면 좋을지 몇 가지 팁을 소개한다. 다음의 팁들을 통해 초등 수학의 기본기를 잘 다져서 중고등 때까지 수학 실력이 차근차근 쌓이길 바란다.

### 식 쓰는 연습을 하자

응용이나 심화 문제 중에서 쉬운 난이도부터 진행했다면 점차 어려워하는 문제가 늘어날 수 있다. 이때부터 아이가 부담스럽지 않은 선에서 어떻게 생각했는지를 기록해보라고 하자.

초등 저학년 때는 과정을 쓰지 않고도 답을 구할 수 있었기에 풀이 과정을 써야 한다는 필요성을 느끼지 못했을 것이다. 그런데 식이 점점 복잡해지면서 풀이 과정을 머릿속으로만 처리하려고 하면 아이가 너무 힘들 수 있다. 간단하게나마 조금씩 기록하는 습관을 들이면 자연스럽게 풀이 과정을 연습할 수 있다. 단, 문제도 어려운데 처음부터 풀이 과정과 식을 쓰라고 강요하는 것은 아이에게 부담될 수 있으니 조심해야 한다.

### 기본기가 되었다면 응용이나 심화 문제에 도전해보자

전체 식 쓰기나 오답 노트 등의 연습이 본격적으로 필요한 때는 응용이나 심화 문제를 풀기 시작할 때다. 기본 난이도 문제를 하고 있다면 식을 표현하지 않아도 정답을 금방 구할 수 있다. 또 기본기를 제대로 갖추었다면 오답 노트가 필요할지 고민될 정도로 오답률이 나오지 않는 것이 먼저다.

학년을 지나오면서 응용이나 심화 문제를 풀어보지 않았다면 자기 학년보다 이전 학년 혹은 자기 학년 학기 과정을 해보라고 추천한다. 어려운 문제일수록 쉬운 단계부터 차근차근 올라가는 것이 효과적이다. 급한 마음에 자기 학년 심화 문제집을 주었는데 아이가 너무 힘들어한다면 오히려 수학에 대한 자신감만 떨어지니 아이의 진도 상황 등을 잘 체크한 후 진행해야 한다.

### 반복적으로 틀리는 유형이 없는지 살펴보자

심화 문제에는 비슷한 유형이 학년마다 반복적으로 등장한다. 예를 들면 테이프를 겹치게 연결하는 문제는 초등 3학년 심화 문제집에도 나오고, 초등 5학년 분수의 덧셈 또는 뺄셈 단원에서도 볼 수 있다. 문제 상황은 같은데 문제에 주어진 수가 자연수냐 분수냐 하는 차이다. 학년마다 반복적으로 나오는 유형은 1년 이상 학습해야 완벽히 이해되었는지를 알 수 있다.

심화 문제를 1년 이상(초등 3학년 심화 과정부터) 학습한 후에 반복적으로 틀리는 유형이 있다면 오답 노트를 조금씩 활용해보자. 아이가 문제 옮겨 적기를 싫어하면 억지로 강요하지 않아도 된다. 대신 다 푼 교재를 보관해두었다가 4학년 심화 문제집을 푸는데 비슷한 유형을 틀렸다면 이전 교재에서 유사한 유형을 같이 찾아본다. 이전 학년 문제집에서 그 문제를 어떻게 풀었는지 질문을 통해 아이가 설명하게 하고, 다시 4학년 심화 문제집을 풀어보게 하는 것이다. 초등수학 과정에서는 학년마다 반복되는 유형이 나오기 때문에 적용해볼 만한 방법이다.

# Tip 3.

다음은 엄마표로 수업을 진행할 때 놓치면 안 되는 내용들이다.

| 학년 | 엄마표 수학에서 절대로 놓치면 안 되는 포인트 |
|---|---|
| 1학년 | 도형감각을 높일 수 있는 칠교, 펜토미노 등의 교구 활용을 적극적으로 하자.<br>수100판을 이용하여 수 체계에 대한 이해를 높이자.<br>시계의 원리에 익숙해지자. |
| 2학년 | 곱셈이 처음 등장하는 시기, 동수누가의 개념을 확실히 이해시키고 넘어가자.<br>구구단을 확실히 외우도록 하자.<br>단위 길이 개념을 꼭 이해시키자. (이후에는 다시 나오지 않는 과정이다.) |
| 3학년 | 사칙연산을 완성할 수 있는 시기, 모든 연산을 탄탄히 하자.<br>분수가 처음 등장하는 시기, 분수 개념을 놓치지 말자.<br>심화 문제가 본격적으로 어려워지는 시기, 심화 학습을 두려워하지 않도록 이전 학년 심화 교재를 이용하여 연습하고 진행하자. |
| 4학년 | 기본 개념을 완전히 다지고 응용 문제를 풀도록 하자.<br>도형 단원이 많이 나오는 시기, 도형의 정의를 정확하게 이해하는지 확인하자.<br>소수 개념을 놓치지 말고 정확하게 챙기자. |
| 5학년 | 혼합계산을 할 때 전체 식을 쓸 수 있도록 연습하자.<br>최대공약수, 최소공배수, 약분, 통분 개념을 확실히 알고 넘어가자.<br>평면도형의 둘레와 넓이 관련 문제를 깊이 있게 다루자. |
| 6학년 | 분수의 나눗셈에서 식을 정확하게 세울 수 있는지 체크하자.<br>비와 비율, 비례식, 비례배분은 다시는 안 나오는 개념이므로 확실히 알고 넘어가자.<br>충분한 학습량, 학습시간을 확보하자. 확보되지 않으면 중등 예습을 할 때 힘들어질 수 있다. |

## 1학년

엄마표 수학으로 진행하다 보면 문제집 풀이에 집중하고 교구 활용에 소홀해지는 경우가 많다. 1학년 때 배우는 내용이나 집중적으로 다뤄야 하는 부분은 문제집을 많이 푸는 것보다 교구를 활용해서 개념을 살펴보는 것이 훨씬 효과적이다. 도형 영역에서는 2학년 때 나오는 칠교 퍼즐을 많이 다뤄보는 것이 좋고, 수와 연산 영역에서는 수100판을 활용해서 수의 체계를 다지는 것이 좋다. 2학년 때 배우는 시간의 원리도 하루아침에 이해할 수 있는 부분이 아니기 때문에 1학년 때부터 시계 교구를 이용해서 시간의 원리를 이해하는 충분한 시간이 필요하다.

## 2학년

곱셈의 개념을 배우는 시기다. 곱셈을 구구단만 외우면 마무리했다고 생각하는 경우가 상당히 많은데, 구구단을 외우는 것보다 곱셈의 개념을 이해하는 것이 가장 중요하다. 개념을 말로 설명할 수 있을 정도로 잘 이해했다면 구구단을 외워야 한다. 구구단을 외울 때 앞에서부터 순서대로 말할 수 있다고 잘 외웠다고 판단해서는 안 된다. "36이 되는 두 수의 곱은?"이라고 물었을 때 망설임 없이 36이 되는 두 수의 곱을 말할 수 있을 정도로 외워야 한다.

## 3학년

덧셈, 뺄셈, 곱셈, 나눗셈을 모두 다루는 학년이다. 연산이 약한 아이들의 경우 사칙연산을 동시에 연습할 수 있도록 여러 권의 연산 문제집을 학습해야 할 수 있다. 이 시기에는 충분한 시간과 학습량을 갖고 사칙연산이 혼동되는 부분 없이 완성될 수 있도록 연습하는 것이 좋다. 또한 심화 문제 유형이 상당히 어려워지는 시기이므로 이전 심화 학습이 이뤄지지 않았다면 제 학년 심화 학습을 바로 들어가는 것보다 이전 학년 심화 학습을 먼저 경험해보는 것을 추천한다.

## 4학년

이 시기에는 도형 단원이 많은 비중을 차지한다. 따라서 수학 용어의 정의를 정확하게 배우고 익히는 연습과 학습 태도를 갖는 것이 중요하다. 개념을 소홀히 하는 습관이 형성되면 학년이 올라갈수록 열심히 공부해도 기대한 만큼의 성과로 연결되지 않을 수 있다. 4학년 2학기 때 배우는 소수의 덧셈과 뺄셈 단원에서 소수의 개념을 배우는데, 단원명만 보고 소홀하게 넘어가지 않도록 해야 한다. 10배, 100배 등을 하면 소수점이 어떻게 이동하는지 배우게 되므로 경우에 따라서 소수 내용만 수록되어 있는 문제집(예를 들어《초등 소수 개념이 먼저다》)을 활용하는 것도 좋다.

## 5학년

자연수의 혼합계산을 배우게 되는데, 이때부터 전체 식을 쓰고 풀이하는 습관을 확실하게 형성해야 한다. 전체 식을 안 쓰면서 문제를 풀면 결국 중등 과정의 방정식을 배울 때 상당한 어려움을 겪게 되므로 적어도 5학년 때부터는 전체 식 쓰는 연습을 해야 한다. 5학년 1학기 때 배우는 모든 단원은 중등 과정과 밀접한 관련이 있기 때문에 기본 개념 학습을 꼼꼼히 하고, 심화 학습까지 확실하게 하는 것이 좋다.

### 6학년

분수의 나눗셈에서 식을 잘못 세우는 모습을 보이는지 잘 살펴봐야 한다. 종종 실수로 식을 잘못 세웠다고 생각하는 경우가 있는데, 나눗셈의 개념, 분수의 개념이 정확하게 학습되어 있지 않아서일 때도 많다. 중등 과정 가기 전에 오류를 범하는 개념에 대해서 다시 복습하면서 확실하게 다지는 것이 좋다. 또한 소화할 수 있는 학습 시간이나 학습량을 점차 늘려갈 수 있도록 학습 계획을 세우는 것이 중요하다. 중등 과정은 물리적인 시간이나 학습량이 성취도에 영향을 미치기 때문에 미리 준비하는 것이 좋다.

# 큰 그림을 완성시켜 주는
# 완벽한 수학 뒤집기 플랜

2장

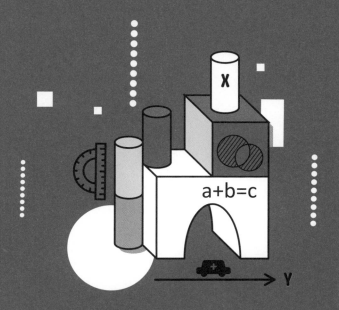

# 초등 수학 문제집
# 알아보기

∧∧
∧

아이가 수학 공부를 시작하게 되면 가장 먼저 해야 할 일은 '문제집 선택'이다. 그런데 막상 서점에 나가보면 너무 다양한 문제집들이 있어서 도대체 어떤 것을 골라야 할지 막막해진다. 나 역시 부모들에게 가장 많이 받는 질문 중 하나가 '문제집 추천'에 관한 것이다.

문제집 선택에 대해 이야기하기 전에 먼저 전하고 싶은 이야기가 있다. 아무리 훌륭한 문제집을 골랐다고 해도 아이의 수학 실력이 문제집 하나로 보장되거나 향상되는 것은 아니라는 사실이다. '맙소사!' 하며 벌써 머리가 지끈대는 분도 있을 것 같다.

아무리 주변에서 추천하는 문제집이라고 해도(심지어 학원도 마찬가지다) 아이에게 효과적이지 않은데 과연 수학 실력이 오를까? 너무나 잘 알고 있는 결과인데도 부모들이 간과하는 부분이다. 때문에 초등 과정에서는 추천 문제집을 무조건적으로 수렴하기보다 아이에게 맞는 문제집이 어떤 것인지 아이와 함께 살펴보고 선택할 것을 추천한다. 중고등 과정이 되면 아이가 스스로 자신의 실력과 취향에 맞는 문제집을 선택해야 하는데 미리 안목을 기르는 시간이라고 생각해도 좋다. 반면 애써 고민하고 선택한 문제집이 아이에게 맞지 않았다고 해도 괜찮다. 더 이상 그 문제집 유형은 아이에게 맞지 않았다는 경험을 얻은 것이다. 또 그 문제집을 풀어내느라 고생했지만 그동안 아이의 수학 실력이 걱정할 정도로 떨어지지는 않았을 것이다.

그렇다면 이제부터 초등 수학 문제집의 종류와 선택 요령에 대해 살펴보자.

초등 수학 문제집은 출판사별, 단계별로 매우 다양하다. 어떤 문제집부터 선택해야 할지 고민이라면 먼저 다음에 나오는 표를 참고하기 바란다. 판매 중인 모든 문제집을 분류한 것은 아니지만, 그동안 아이들이 가정이나 학원에서 주로 풀었던 문제집 위주로 정리해 보았다. 처음 들어본 문제집도 있을 수 있고, 알고 있던 문제집이 없을 수도 있다. 추천 문제집을 분류한 것은 아니다.

초등 수학 문제집은 크게 사고력, 교과, 연산 문제집으로 분류할 수 있다. 먼저 사고력 문제집은 사고력 기본, 사고력 문제해결, 사고력 도형으로 나눌 수 있고, 교과 문제집은 대부분 학년별 학기별로 되어 있으며, 연산 문제집은 과정별, 난이도별, 내용별로 구분할 수 있다. 연산 문제집 중 과정별로 나뉘는 것은 학년별, 학기별로 구성되어 있는데《기적의 계산법》,《디딤돌 최상위 연산》등이 대표적이

| 사고력 | | | 교과 | 연산 |
|---|---|---|---|---|
| 사고력 기본 | 사고력 문제해결 | 사고력 도형 | | |
| 창의사고력 팩토 | 기적의 문장제 | 플라토 | 디딤돌 수학 | 소마셈 |
| 영재사고력수학 | 나혼자푼다 문장 | 빨강도형(빨라지 | (기본/응용/최상 | 원리셈 |
| 1031 | 제 | 고 강해지는 이 | 위 등) | 사고셈 |
| 즐깨감 | 수학독해 | 것이 도형이다) | 우등생 수학 | 이젠연산왕 |
| 탑사고력 | 문제해결의 길잡 | 도형바로알기 | 해결의 법칙 | 상위권연산960 |
| 사고력노크 | 이 | 기적의 도형 계 | 큐브수학 | 기적의 계산법 |
| 상위권수학960 | 최강 TOT | 산법 | 쎈 수학 | 최상위 연산 수학 |
| 필즈수학 | | 도형박사 | 생각수학 | 빅터연산 |
| 최상위 사고력 | | | 백점수학 | 하루쏙셈 |
| 3% 올림피아드 | | | 왕수학 | |
| | | | 개념플러스유형 | |

며, 난이도별 문제집은《소마셈》,《원리셈 vs 사고셈》,《상위권연산 960》등이 있다. 내용별로 나누면《소마셈》,《원리셈》의 경우 학년 교 과 과정을 대체적으로 반영하고는 있지만 완벽하게 일치하지 않고 개념을 배우는 순서에 따라 내용이 구성되어 있다. 자세한 내용은 표 를 참고하기 바란다.

# 초등 수학 문제집을 고르는 3가지 기준

^^^

앞서도 이야기했지만 중고등 과정으로 갈수록 문제집은 아이들이 직접 선택하도록 해야 한다. 아이들은 문제집을 풀면서 '이 교재는 개념 설명이 이해하기 쉽게 되어 있네.' 또는 '이 교재는 답지 설명이 너무 어려워. 쉽게 이해가 안 돼.' 등 자신의 수학 학습 스타일에 맞는 교재를 찾아내고 알아볼 줄 아는 안목이 필요하다. 선생님이 추천하는 교재도 보편적으로 아웃풋이 좋았던 교재를 알려주는 것일 뿐 우리 아이에게는 효과적이지 않을 수 있다. 아이와 한 달에 한 번은 서점에 가서 문제집을 비교해보며 선택해보자. 아이의 문제집 고르는 안목을 기르는 가장 좋은 방법이다.

아이가 문제집을 고르는 안목을 기르기 위해 반드시 체크해야 하는 3가지 기준이 있다. ① 수학 개념이 쉽게 설명되어 있는가. ② 문제양이 적당한가. ③ 답지에 나온 설명을 잘 이해하는가. 문제집을 고르는 기준에 대해 하나씩 살펴보도록 하자.

## 1. 수학 개념이 쉽게 설명되어 있는가

초등 수학 문제집에서는 개념 설명이 어렵게 되어 있다고 그 단원 내용을 이해하는 데 어려움이 따르지는 않는다. 하지만 중고등 과정에서는 개념 설명 부분이 이해하기 쉽게 되어 있는지에 따라 아이의 학습에 영향을 미칠 수 있다. 따라서 초등 3학년 이후부터는 개념 설명 부분에 대해 꼼꼼히 따져보는 자세가 필요하다. 개념 설명 부분을 단순히 눈으로 읽는 것은 좋은 방법이 아니다. 아이가 이해하기 쉽게 개념 설명이 되어 있는지 확인하는 방법은 아래와 같다.

① 처음 배우는 개념의 경우 부모가 먼저 설명해준다.
② 문제를 풀고 답을 맞춰본 후 틀린 문제 중에서 풀리지 않거나 왜 틀렸는지 알 수 없는 문제를 찾아낸다.
③ 개념 설명 부분에서 틀린 문제에 관련된 설명을 찾아본다.
④ 해당 문제집을 진행하면서 아이가 틀린 문제에 대한 개념 설명 부분을 찾지 못한다면 다른 문제집의 개념 설명 부분을 함께 비교해본다.

다음은 초등 3학년 1학기 덧셈과 뺄셈 단원에서 같은 내용에 대해 각 문제집마다 설명한 부분이다. 문제집에 따라 다양한 예시를 보여주면서 설명하는 경우도 있고, 아주 간단한 예시만 보여주는 경우도 있다.

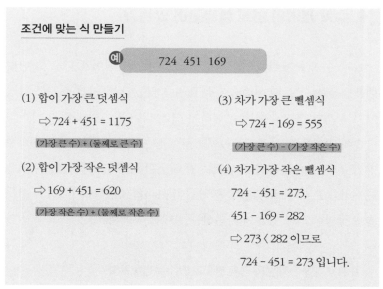

조건에 맞는 식 만들기

예  724  451  169

(1) 합이 가장 큰 덧셈식

⇨ 724 + 451 = 1175

(가장 큰 수) + (둘째로 큰 수)

(2) 합이 가장 작은 덧셈식

⇨ 169 + 451 = 620

(가장 작은 수) + (둘째로 작은 수)

(3) 차가 가장 큰 뺄셈식

⇨ 724 – 169 = 555

(가장 큰 수) – (가장 작은 수)

(4) 차가 가장 작은 뺄셈식

724 – 451 = 273,

451 – 169 = 282

⇨ 273 〈 282 이므로

724 – 451 = 273 입니다.

《해법 해결의 법칙 응용》 3학년 1학기 1단원 일부

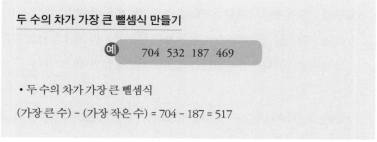

두 수의 차가 가장 큰 뺄셈식 만들기

예  704  532  187  469

• 두 수의 차가 가장 큰 뺄셈식

(가장 큰 수) – (가장 작은 수) = 704 – 187 = 517

《디딤돌 최상위 수학》 3학년 1학기 1단원 일부

**두 수의 합이 가장 큰 덧셈식, 가장 작은 덧셈식 만들기**

 126  809  732  340  592

합이 가장 큰 덧셈식 → (가장 큰 수)+(두 번째로 큰 수)= 809+732=1541

합이 가장 작은 덧셈식 → (가장 작은 수)+(두 번째로 작은 수)= 126+340=466

《디딤돌 최상위 수학 S》 3학년 1학기 1단원 일부

간단한 예시는 대부분의 아이들이 틀리지 않는다. 하지만 잘 틀리는 유형의 경우 세부적으로 짚어주면서 상세하게 설명해주어야 하는 아이가 있고, 예시 없이도 알아서 풀어내는 아이도 있다. 수학 학습 상황에 따라, 아이마다 다르다는 뜻이다. 그런 만큼 개념 설명이 어떻게 되어 있느냐에 영향을 받는 경우라면 앞서의 설명대로 현재 하고 있는 문제집의 개념이 아이가 이해하기 쉽게 되어 있는지 확인해보아야 한다. 이런 경험이 쌓이면 문제집을 선택하는 안목이 생길 것이다.

## 2. 문제양이 적당한가

모든 수학 문제집은 하나의 유형에 대한 문제가 딱 한 문제만 나오는 경우는 거의 없다. 한 단원의 문제들을 훑어보면 같은 유형의 문제가 최소 2~3회는 반복되고, 부록 문제까지 포함하면 3~4회 정도 나온다. 문제양이 적당한지 확인하는 방법은 아래와 같다.

① 아이가 틀렸던 문제 유형을 확인한다.
② 같은 유형을 여러 번 틀렸다면 처음 틀린 문제에 대해 도움을 준다.
③ 두 번째로 틀린 문제는 설명을 들은 날 바로 풀지 말고 며칠 간격을 둔 다음 고치게 한다.
④ 아이가 설명을 잘 기억하고 문제를 푸는지 확인한다.

아이가 계속 틀리는 문제 유형을 익히기 위해서 필요한 학습량은 아이마다 다르다. 한번 설명해주었는데 이후 비슷한 유형의 문제를 쉽게 해결할 수도 있고, 단원이 끝날 때까지 어려워할 수도 있으며, 지난번 고칠 때는 제대로 했는데 며칠 뒤에 또 틀리는 경우도 있다.

일반적으로 자신이 선택한 문제집에서 틀린 유형이 빠르게 보완되면 문제집의 문제양은 적당하다고 봐도 된다. 하지만 특정 단원이 아닌 수시로 틀리는 유형이 보완되지 않는다면 다음 학기 문제집을 선택할 때는 같은 난이도의 문제집 중 문제양이 좀 더 많은 것을 선택해야 한다. 한 권을 끝낸 후 다른 문제집을 풀면 되지 않을까 생각할 수 있다. 하지만 문제집을 거듭해서 푸는 것보다 한 권의 문제집에서 아이에게 적당한 학습량이 주어지는 것이 진도 진행이나 아이의 수학 자신감 측면에서 훨씬 효과적이다.

## 3. 답지에 나온 설명을 잘 이해하는가

초등학생들은 답지를 보며 공부하는 학습법에 대해 경험이 없거나 나쁜 행동이라고 생각한다. 하지만 자기주도학습 습관을 키우려면 잘 모르는 문제가 있을 때 스스로 이해하려고 노력하는 과정이 반드시 필요하다. 특히 문제에 적용된 개념은 찾았는데 어떻게 해결해야 할지 모르는 경우가 있다. 이때는 답지를 활용하는 방법이 있다.

잘 모르는 문제가 나오면 무조건 답지를 들춰보라는 의미는 아니다. 그래서도 안 된다. 부모나 선생님에게 설명을 듣기보다 자신이 답지를 보면서 풀이 과정을 스스로 터득해보라는 것이다. 하지만 단순히 눈으로 답지를 훑어보는 것만으로는 효과를 얻을 수 없다. 답지를 볼 때는 아래 순서와 같이 공부하는 습관을 알려주자.

① 틀린 문제를 처음 고칠 때는 스스로 고치게 한다.
② 고쳤는데 또 틀렸거나 아예 모르는 문제는 개념 설명을 참고하게 한다.
③ 개념을 보았지만 문제 접근이 어려운 경우 비슷한 문제 유형을 찾아보게 한다.
④ 비슷한 유형의 문제 풀이를 확인했는데도 해당 문제에 대한 접근이 어렵다면 답지의 일부를 보여준다. (답지 설명에서 1~2줄 정도)
⑤ 그래도 스스로 풀기 어렵다면 답지의 풀이 전체를 읽어본 뒤 풀이 방법을 부모에게 설명하게 한다. 정확하게 설명하지 못하는 경우 부모가 풀이 방법을 처음부터 끝까지 설명해준다.

⑥ 해당 문제는 따로 표시해두고 나중에 다시 풀도록 한다.

어려워하는 문제를 해결할 때마다 이런 식으로 할 수는 없다. 아이가 사용하는 문제집 5장 범위에서 어려운 문제가 1~2문제 정도 나오면 이 방법으로 습관 잡기를 해주면 좋다. 여기서 '어려운 문제'라는 것은 위의 방법으로 ⑥까지 적용하는 문제를 의미한다.

다만 어려운 문제가 너무 많은 경우 문제집 난이도를 조절하는 것이 먼저다. 문제집 난이도가 맞지 않으면 답지의 풀이 부분을 읽었을 때 너무 간결해서 이해하지 못할 수 있다. 반대로 너무 복잡해서 아이가 엄마에게 다시 설명하는데도 정리가 안 되는 상황이 계속 이어진다면 답지 풀이 방식이 아이와 맞지 않을 수도 있다. 문제집에 따라 부모가 보았는데도 이해하기 어렵다면 다음 학기 문제집 선택할 때는 해당 문제집을 변경해야 한다.

# 아이의 연산 학습
# 체크하기

1장에서 우리는 수학 학습은 연산, 사고력, 교과로 분류된다는 것을 배웠다. 그중 연산은 아이의 수학 공부 중 엄마표로 하기 가장 쉬워 보인다고 생각하는 영역이다. 하지만 연산만큼 엄마들을 고민하게 하는 영역도 없다. 그 이유는 아이들의 연산 실력을 가늠할 만한 기준이 없기 때문이다.

초등 1학년이 되었다고 모든 아이들이 초등 1학년 연산 문제집을 풀 수 있는 실력을 갖추고 있지는 않다. 초등 1학년 과정에서 배우는 연산 내용은 사실 유아 시기부터 시작해 몇 년 동안 형성해야 가능하기 때문이다. 그래서 유아 시기부터 꾸준히 연산 학습을 한 경우를 제외하고는 연산 문제집을 아이의 연령이나 학년에 가늠해 선택하면 실패할 확률이 높아진다.

아이들의 연산 단계는 수준별로 나뉘어 있고, 연산 문제집을 고를 때는 아이의 수준을 파악한 후 선택해야 한다. 하지만 그보다 중요한 것은 모든 단계에서 연산 속도가 느리거나 오답이 많다면 그 문제집은 아이의 수준과 맞지 않다는 점을 인정해야 한다. 그럴 경우 이전 학습 단계로 돌아가거나 현재 학습과 병행하면서 복습해야 한다.

| 학년 | 체크해야 할 부분 | 실력 판단 기준 |
|---|---|---|
| 초등 1학년 | 10 이내의 수 가르기<br>10의 보수<br>받아올림과 받아내림이 없는 두 자리 수의 덧셈과 뺄셈<br>덧셈구구 / 뺄셈구구 | 문제당 2~4초<br>오답률 0% |
| 초등 2학년 | 두 자리 수의 덧셈과 뺄셈<br>곱셈구구 | |
| 초등 3학년 | 세 자리 수의 덧셈과 뺄셈 | 문제당 3~5초<br>오답률 10% |
| | 두 자리 수 × 한 자리 수<br>두 자리 수 ÷ 한 자리 수 | 문제당 3~5초<br>오답률 0% |
| | 두 자리 수 × 두 자리 수 | 문제당 6~8초<br>오답률 10% |
| 초등 4학년 | 세 자리 수 × 두 자리 수<br>세 자리 수 ÷ 두 자리 수<br>분수와 소수 개념 | 문제당 10~15초<br>오답률 10% |
| 초등 5학년 | 최대공약수 & 최소공배수<br>분모가 다른 분수의 덧셈, 뺄셈, 곱셈 | |
| 초등 6학년 | 분모가 다른 분수의 나눗셈<br>소수의 나눗셈 | |

앞의 표는 아이 학년에 맞춰 연산에서 체크해야 하는 개념과 실력을 판단할 수 있는 기준을 정리한 것이다. 실력 판단 기준은 상위 학년의 연산 학습을 진행하기에 어려움이 없을 정도로 정했다. 다시 말해 최상위권의 잣대가 아니라 초등 과정에서 상위 학년의 수학 내용을 따라가기에 불편함이 없고, 중고등 때 연산에서 삐걱대지 않는 실력을 만들기 위한 수준이다.

표를 보면 알겠지만 초등 1~2학년의 경우 문제당 2~4초로 정답률 100%가 나와야 한다. 3학년의 경우 세 자리 수 덧셈과 뺄셈은 문제당 3~5초 정도이고, 정답률은 90% 정도가 기준이며 세 자리 수 이상부터는 문제당 소요 시간이 늘어난다. 이 기준을 보면서 아이의 연산 실력을 가늠해보고 아이에게 무리되지 않는 선에서 문제집을 선택해보자.

## 초등 1~2학년, 완벽한 정답률을 목표로

초등 1~2학년 연산 단계에서 체크해야 하는 부분은 중고등 때 수학 문제를 풀 때 치명적인 실수가 나올 수 있는 매우 중요한 부분이다. 많은 부모들이 아이가 학년이 올라가면서 복잡하고 어려운 연산에서 실수할 거라고 생각한다. 하지만 실수의 원인을 자세히 들여다보면 연산의 가장 기본이 되는 덧셈과 뺄셈에서 틀리는 경우가 대부분이다.

아쉽게도 초등 1~2학년 시기에는 덧셈과 뺄셈이 어렵지 않아 가볍게 학습하고 지나간다. 그런데 이때 완성되지 않고 불안한 연산 실력은 이후에도 수학 학습을 불편하고 어렵게 진행할 수밖에 없는 가장 큰 이유가 된다. 초등 1~2학년 때 연산에서 체크해야 하는 부분들이 실력 판단 기준에 도달하지 못하면 아래 내용을 시작하거나 보충해주어야 한다.

| 연산 단계 | 해당 단계가 부족한 경우 추천 교재 및 활동 |
|---|---|
| 10 이내의 수 가르기 | 《원리셈 5~6세》《원리셈 6~7세》《원리셈 7~8세》 |
| 10의 보수 | 《원리셈 7~8세》 |
| 받아올림, 받아내림이 없는<br>두 자리 수의 덧셈과 뺄셈 | 수 체계를 이해하는 활동<br>예) 슈필마테 A1 |
| 덧셈구구, 뺄셈구구 | 《원리셈 7~8세》 |
| 두 자리 수의 덧셈과 뺄셈 | 《원리셈 초등 1학년》 |
| 곱셈구구 | 문제집 풀지 말고 구구단을 다시 익힐 것 |

《원리셈》교재 단계를 제시했다고 이 교재만 하라는 의미는 아니다. 시중에 나와 있는 여러 연산 문제집에서 비슷한 문제 난이도에 맞춰 진행하면 된다. 실력 판단 기준에서 멀어질수록 낮은 단계를 선택해야 한다. 예를 들어 10 이내의 수 가르기는 시간이 많이 걸리거나 손가락을 사용해도 정답이 안 나오면 수 양감이 부족하기 때문에 다시 잡아나가야 한다.

두 자리 수 받아올림이 있는 덧셈과 뺄셈에서는 받아올림을 쓰지 않아야 하고, 가로셈도 비슷한 속도가 나와야 한다. 무엇보다 말로 물어볼 때도 암산으로 답할 수 있는 게 최상이다.

## 초등 3~4학년, 속도도 중요하지만 정확성이 먼저

초등 3~4학년 때는 사칙연산의 원리를 이해하고 자릿값을 확장하면서 응용해보는 학습이 진행되는 시기다. 초등 1~2학년에 연산 학습이 완전학습으로 이루어졌다면 초등 3~4학년 과정은 빠르고 쉽게 진행된다.

반대로 초등 1~2학년 연산 학습부터 다시 잡아야 하는 경우도 있다. 이런 아이들의 경우 자기 학년 연산 문제집을 진행하기가 버겁고, 교과 문제집에서도 오답이 많이 나와 수학 공부가 힘들다고 느끼거나 수학에 흥미를 잃을 수도 있다. 아이와 수학으로 마찰이 생기면 엄마는 학원으로 보내면 해결될 거라는 막연한 기대감을 갖는다. 하지만 수학에 대한 자신감 저하가 어디서부터 시작되었든지 간에 악순환의 고리를 끊고 다시 기본기부터 잡고 가는 것이 가장 빠른 해결책이다. 그 문제를 해결하지 않은 채 학원이나 과외를 선택하면 기대할 만한 효과를 얻기는 어렵다.

초등 3~4학년 연산은 곱셈이나 나눗셈이 느리거나 오답이 많은지를 체크하는데, 곱셈과 나눗셈이 문제가 아닌 경우가 많다. 오히려 덧셈과 뺄셈을 제대로 해결하지 못해 복잡한 연산에서 반복적으로 실수가 발생할 수 있다.

이때 실력 판단 기준에 도달하지 못해 복습해야 하는 부분은 비슷

| 연산 단계 | 해당 단계가 부족한 경우 추천 교재 및 활동 |
|---|---|
| 세 자리 수의 덧셈과 뺄셈 | 《원리셈 초등 1학년》《원리셈 초등 2학년》 |
| 두 자리 수 × 한 자리 수 | 《원리셈 초등 1학년》《원리셈 초등 2학년》, 곱셈구구 |
| 두 자리 수 ÷ 한 자리 수 | 곱셈구구, 《원리셈 초등 2학년》 |
| 두 자리 수 × 두 자리 수 | 《원리셈 초등 2학년》《원리셈 초등 3학년》 |
| 세 자리 수 × 두 자리 수 | 《원리셈 초등 2학년》《원리셈 초등 3학년》 |
| 세 자리 수 ÷ 두 자리 수 | 《원리셈 초등 3학년》 |
| 분수와 소수 | 《초등 분수, 개념이 먼저다》《초등 소수, 개념이 먼저다》 |

한 단계에서 결정된다. 복습을 진행할 때는 응용에 해당되는 부분이나 교재는 안 해도 된다. 예를 들어 두 자리 수 × 두 자리 수 부분에서 속도와 정확성이 만족스럽지 않은 상황에서 두 자리 수 × 두 자리 수를 이용한 벌레 먹은 셈이나 복면산, 연산 퍼즐 등의 응용 문제를 연습하는 것보다 단순 패턴의 연산 문제를 좀 더 연습하는 것이 좋다. 속도는 빠르지 않은데 정확한 계산을 한다면 무리하게 복습을 많이 할 필요는 없다. 이 시기에는 '속도'보다 '정확성'이 중요하다는 사실을 기억하자.

## 초등 5~6학년, 분수에 대한 개념 이해가 가장 중요

초등 5~6학년에는 자연수와 분수의 개념, 사칙연산의 원리가 정립되지 않았다면 반드시 해당 부분을 복습해두어야 한다. 예를 들어 분수의 덧셈에서 통분하고 분모가 같은 분수를 덧셈한 뒤 약분하는 과정에서 속도나 정확성이 안 나온다면 분수의 덧셈 부분을 복습하면 된다. 하지만 분모가 다른 분수의 경우 통분하지 않고 계산하거나 분모가 다른데도 그냥 더하는 식의 실수를 한다면 분수의 덧셈 복습이 필요한 것이 아니다. 이전 학년에서 배운 분수의 개념이 제대로 안 되어 있으므로 해당 부분의 복습이 필요하다. 이 시기에 이전 학년의 복습이 필요할 때는 진행 중인 내용을 중단하고 복습하기보다는 진행 중인 것과 이전 내용을 병행하면서 복습할 것을 추천한다.

이 시기의 연산 단계에서 부족한 부분은 이전 학년의 연산 단계에서 복습이 필요한 부분이라 교재를 추천하기보다 복습 내용을 정리해보았다. 해당 연산에 대한 개념이나 원리가 약하다고 판단되면 이전 학년의 추천 연산 단계를 복습하면 된다. 예를 들면 최대공약수와 최소공배수를 구하는 문제는 곱셈구구 범위의 두 수라면 과정을 쓰지 않고도 암산할 수 있어야 한다. 그게 힘들다면 두 자리 수 × 한 자리 수 연산 단계를 복습해야 한다. 또 다른 예로 분모가 다른 분수의

| 연산 단계 | 해당 단계가 부족한 경우 추천 교재 및 활동 |
|---|---|
| 최대공약수, 최소공배수 | 곱셈구구, 두 자리 수 × 한 자리 수 |
| 분모가 다른 분수의 덧셈, 뺄셈, 곱셈 | 두 자리 수 덧셈과 뺄셈, 약분과 통분, 《강미선의 분수비법》 |
| 분모가 다른 분수의 나눗셈 | 분수의 곱셈 |
| 소수의 나눗셈 | 두 자리 수 ÷ 한 자리 수, 세 자리 수 ÷ 두 자리 수 |

나눗셈은 답만 맞다고 완성되었다고 판단하기 어렵다. 식을 왜 그렇게 세워야 하는지에 대한 이유를 확인하고 분수의 곱셈과 비교해서 복습해야 한다.

## 엄마표 수학 진행 중 연산테스트가 필요할 때

엄마표 수학을 진행하다 보면 아이의 연산 실력을 테스트해야 할 때가 있다. 그럴 때는 무료로 연산 학습지를 이용할 수 있는 일일수학(11math.com)을 활용해보자.

일일수학은 학년별, 단원별 연산 학습지를 출력할 수 있고, 문제를 다양하게 바꿔 연습해볼 수 있다. 그렇다고 연산 문제집을 한 번도 풀지도 않은 아이에게 일일수학만 풀게 하는 것은 추천하지 않는다. 일일수학은 연산 문제집을 진행하다가 추가 복습이 필요하거나 연산이 어느 정도의 속도와 빠르기인지 테스트해보고 싶을 때 부분적으로 활용하면 효과적이다.

# 학년별
# 연산 실수를 줄이는 법

^^^
·
·
·
·
·
·

    아이가 엄마표로 연산 학습을 하거나 교과 문제집을 풀 때 연산 실수가 잦으면 부모들은 가장 화를 다스리지 못한다. 연산 실수를 하는 경우 엄마들이 제일 많이 하는 말은 이렇다.

    "실수 좀 하지 마!"

    "아는 문제를 왜 틀리니?"

    "문제를 똑바로 보면서 풀어야지."

    그런데 과연 아이는 실수를 한 것일까? 아는 문제인데 틀렸을까? 문제를 제대로 안 본 게 맞을까? 그렇다면 '아는 문제'를 '똑바로 보면서 풀면' '실수'를 하지 않을까?

    분명히 세 자리 수 덧셈을 풀어낸 것을 보면 속도와 정확성에서 뒤지지 않는데 이상하게 문제집을 풀면 오답이 나오는 경우가 종종 있다. 문제를 풀 때는 여러 가지의 수를 처리하면서 여러 사고 과정이 발생하기 때문에 어지간한 정확성이 아니라면 순간 집중력이 흐트러지거나 자기도 모르게 실수를 할 수 있다. 도대체 어떻게 하면 연산 실수를 줄일 수 있을까?

## 초등 1~2학년, 교구나 연산 보드게임 활용

덧셈과 뺄셈 부분에서 문제집을 아무리 많이 풀어도 속도가 안 나거나 정확성이 잡히지 않는다면 수 양감이나 수 체계가 약해서일 경우가 많다. 보통 '수감'이라고 표현하는데, 숫자나 수량에 대해 아이가 체감하는 느낌 또는 수를 자유롭게 가르거나 모으는 등 수를 헤아리는 감각이라 할 수 있다.

수감이 좋지 않은 아이들은 유아 때부터 초등 1~2학년 때까지 수감을 높이는 데 도움되는 교구를 활용하길 추천한다. 수 양감이 약하다면 '멀티큐브'를 활용해보자. 수 세기 연습이 가능하고 묶음이나 낱개로 조작해 수 양감을 익힐 수 있다. 멀티큐브 교구는 수나 연산 영역뿐만 아니라 도형, 측정 등에도 활용할 수 있어서 엄마표 수학 교구로 활용도가 높다.

수 체계에 대한 이해가 부족하다면 '수100판' 교구를 추천한다. 100까지의 수 체계는 눈 감고도 그릴 수 있을 만큼 확실하게 이해하고 있어야 한다. 예를 들어 "54에서 위로 2칸, 오른쪽으로 2칸 움직이면 어떤 수가 있지?"라고 물었을 때 바로 답하지 못한다면 수100

판 교구 활용이 시급하다. 활용 방법이 어렵다면《1~100 수 배열판》,《수학교구 활용지도서》,《러닝리소스》교재나《슈필마테 A1》교재를 보면 된다.《슈필마테 A1》교재는 수100판 교구가 함께 들어 있어서 따로 구매하지 않아도 된다. 연산 보드게임으로는〈로보77〉,〈셈셈 피자가게〉를 활용하면 좋다.

## 초등 3~4학년, 테스트에서 부족한 부분 연습하기

초등 3~4학년 과정에서 연산 실수가 나온다면 원인은 하나다. 이전 학년의 연산 학습 완성도가 부족하기 때문이다. 부족한 부분이 어느 영역인지 찾으려면 엄마표 테스트를 진행하고 오답 유형을 분류해보면 된다.

덧셈과 뺄셈에서 실수를 하거나 일의 자릿값이 틀리는 경우 보통 한 자리 수 덧셈구구와 뺄셈구구의 연습이 필요하다. 하지만 십의 자리나 백의 자리가 정답과 1 차이로 틀린 경우에는 받아올림이나 받아내림 때문에 틀렸기 때문에 두 자리 수 덧셈과 뺄셈 부분의 복습이 필요하다. 예를 들어 60 - 23 = 33이라고 푼 아이가 있다고 하자. 이 경우 일의 자리에서 오답이 난 이유는 뺄셈구구 때문이 아니라 수를 반대로(3 빼기 0) 뺐기 때문이다. 순간적으로 연산의 원리를 잘못 판단한 것이다. 소수의 뺄셈에서 3.4 - 1.37 = 2.07 이라고 쓰는 경우도 비슷하다.

이런 문제가 발생한다면 초등 1~2학년은 수 체계를 잡아주는 교구를 활용하고, 초등 3~4학년은 교과 문제집의 '1학년 2학기 1단원 100까지 수'부터 시작해 '2학년 1학기 1단원 세 자리 수', '3학년 1학기 1단원 네 자리 수'를 연결해서 심화 문제까지 풀어보는 것이 좋다.

두 자리 수×한 자리 수 문제 오답도 있다. $28 \times 93 = 2604$를 $28 \times 93 = 2594$로 쓴 아이가 있었는데, $28 \times 3$을 계산할 때 일의 자리끼리 곱한 값의 십의 자리를 받아올림하는 과정에서 실수하여 $28 \times 3 = 74$로 계산했다. 곱셈이 아니라 덧셈에서 실수가 나온 것이다. 이 경우 같은 실수가 지속적으로 반복되는지를 살펴본 후 덧셈 부분을 복습해야 한다. 하지만 두 자리 수×한 자리 수에서 일의 자릿값을 틀렸다면 곱셈 부분의 연습이 필요하다. 연산 문제를 볼 때는 어디에서 오답이 발생하는지를 꼼꼼히 살펴본 후 부족한 부분을 메워주어야 한다.

## 초등 5~6학년, 완벽하게 오답을 고칠 때까지

초등 5~6학년 아이들은 초등 수준의 연산이라면 모두 가능한 시기인데도 실수할 때가 있다. 문제는 이때의 실수는 쉽게 고쳐지지 않고 고치는 데도 시간이 오래 걸린다는 점이다.

이 시기에 연산 실수를 고치고 싶다면 아래의 방법을 적용해보자. 이 방법은 아이들의 입장에서 매우 힘들고 고통스럽기 때문에 1~2개월 동안 바짝 진행해야 한다. 따라서 연산 실수가 오랫동안 나아지지 않을 경우 마지막 방법으로 사용하는 것이 효과적이다.

① 하루 연산 학습량을 마무리한 뒤 채점 표시를 하지 않고 틀린 문제 개수를 아이에게 알려준다.
② 아이에게 틀린 문제를 다시 찾아서 고치게 한다.
③ 완벽하게 오답을 고칠 때까지 과정을 반복한다.

이때 하루 연산 학습량은 2장 범위로 적절히 조절해 진행한다. 이 방법은 어느 부분에서 연산 실수를 많이 하는지 아이 스스로 느끼게 하기 위함이다. 또 자신이 구한 값이 완전 오답일 때 어림하기로 바로 정정할 수 있음을 인지시키기에도 좋다. 만약 $34 \times 56$을 계산하면 어림잡아 $1500(30 \times 50) \sim 1800(30 \times 60)$에 가까운데 자기가 직접 푼 답이 그 값과 차이가 난다면 한 번 더 생각해보는 것이다. 이런 식으로 자신이 빈번하게 하는 실수 유형을 인지하다 보면, 다음번에는 틀리지 않겠다고 다짐하게 되고 처음부터 집중력을 발휘하게 된다.

# 사고력 수학 문제집
# 한눈에 들여다보기

기본적으로 수학 학습을 진행할 때 교과 학습에서 어려움이 있다면 무리하게 사고력 문제집은 하지 않는 것을 권한다. 사고력 수학 문제집은 교과 문제집에 비해 얇고, 페이지당 문제수도 적어서 빠르게 진행할 수 있다. 하지만 교과 수학이 힘들다면 사고력 수학을 진행하는 시간을 줄이는 게 맞다. 사고력 수학 문제집은 종류별로 진행할 필요도 없다. 그런 만큼 사고력 수학의 경우 문제집 선택이 중요하다. 문제집을 잘 선택해 엄마표로 1권만 잘 진행해도 충분한 효과를 기대할 수 있기 때문이다. 그러려면 먼저 다양한 사고력 수학 문제집의 종류와 난이도를 이해해야 한다. 다음은 사고력 수학 문제집을 난이도대로 비교하여 정리한 표이다.

사고력 수학 문제집은 기본적으로 《킨더팩토》→《키즈팩토》→

# 사고력 수학 문제집 기본형 난이도 비교

| 즐깨감 6세 | 즐깨감 7세 | 즐깨감 8세 | | | | |
|---|---|---|---|---|---|---|
| 킨더팩토 | | 키즈팩토 | 팩토 1레벨 | 팩토 2레벨 | 팩토 3레벨 | 팩토 4레벨 |
| | 탑사고력 K단계 | 탑사고력 P단계 | 탑사고력 A단계 | 탑사고력 B단계 | | |
| | | | 1031 pre | 1031 입문 | 1031 초급 | |
| | | 최상위 사고력 pre | 최상위 사고력 1단계 | 최상위 사고력 2단계 | 최상위 사고력 3단계 | 최상위 사고력 4단계 |
| | | 사고력 노크 A단계 | 사고력 노크 B단계 | 사고력 노크 C단계 | 사고력 노크 D단계 | |

# 사고력 수학 문제집 심화형 난이도 비교

| 1031 초급 | 1031 중급 | | 1031 고급 | |
|---|---|---|---|---|
| 필즈수학 초급 | 필즈수학 중급 | | 필즈수학 고급 | |
| | 3% 올림피아드 1과정 | 3% 올림피아드 2과정 | 3% 올림피아드 3과정 | 3% 올림피아드 4과정 |

《팩토1레벨》→《1031pre》→《팩토2레벨》→《1031입문》순서로 진행하면 된다. 이 순서에서 각 단계의 교재가 90% 정도 정답률이라면 《킨더팩토》→《키즈팩토》→《1031pre》→《1031입문》순으로 진행하기도 한다. 문제집을 어려워하거나 문제 이해도가 떨어진다면 난이도를 비교해 비슷한 단계의 다른 교재로 진행해보거나 속도를 늦추거나 잠시 멈추어도 된다.

　기본 난이도를 끝냈다면 이후 심화 난이도를 진행하면 된다. 사고력 수학 문제집의 난이도를 더 높여 진행을 할지 말지 판단할 수 있는 교재는《1031 초급》단계다. 사고력 수학 학습이 잘되었다면 《1031 초급》에서 어려움을 호소할 수 있지만 진도 진행이 어렵지는 않다. 하지만 틀린 문제를 이해하지 못하고, 스스로 고칠 수 있는 문제가 절반보다 적다면《1031 초급》을 진행하기는 어렵다.

　사고력 수학 문제집을 고를 때는 주의할 점이 있다. 사고력 수학 문제집의 표지에 나오는 연령 안내는 만 나이로 생각해야 한다. 예를 들어《키즈팩토》문제집은 6~7세용 문제집이라고 생각하는 경우가 많은데, 사실은 7세 후반이나 8세 초반에 풀기에 적당한 난이도다. 초등 1학년 1학기 교과 심화 문제집에 나오는 문제들이《키즈팩토》에 출제된 문제 유형과 겹치는 경우가 많기 때문이다. 그런 의미에서 《팩토1레벨》은 초등 1학년 과정을 마친 후 푸는 것이 적당하다.

　사고력 수학을 진행하는 데 가장 중요한 것은 '재미'와 '생각하는 힘'이다. 사고력 문제집을 통해 교과 문제집에서는 볼 수 없었던 퍼즐, 논리추론, 미로 등 다양한 영역의 문제들을 풀면서 아이는 수학에 대한 흥미를 가질 수 있다. 또 사고력 수학 문제집은 정답을 맞히는 데 초점을 두기보다 어떻게 문제를 해결했는지 과정을 살피는 것이 더 중요하다. 아이가 푼 문제가 틀렸다 해도 어떻게 생각해서 오답이 나왔는지를 설명하게 하면서 생각하는 힘을 키워주는 것이다. 따라서 진도가 나간다고 기대하는 효과를 얻기 어려울 수도 있으니 무리하게 진행하지 않아도 된다.

# 교과 문제집
# 한눈에 들여다보기

> ^
> ^
> ^
> :
> :
> :
> :
> :
> :

초등 수학 학습에서 아이들에게 중요한 것은 교과 수학이다. 학교에서 배우는 내용 중에서 잘 이해하지 못하는 부분이 있다면 이후 중고등 과정 또한 어려워할 것임은 충분히 예상 가능하다. 다양한 수학학습 중에서 선택과 집중을 해야 한다면 제일 중요한 교과 수학부터 시작하자. 교과 문제집을 정리하면 다음과 같다. (교과 문제집은 해마다 사라지거나 새롭게 출시되는 것도 많다. 변경 정보는 블로그나 유튜브 채널을 참고하길 바란다.)

교과 문제집은 난이도에 따라 1단계부터 5단계로 나누고, 드릴 문제집이 따로 있다. 문제의 난이도는 기본 → 응용 → 심화로 나눌 수 있고, 응용 난이도별로 상, 중, 하로 더 세분화할 수 있다. 교과 문제집 단계별로 문제 난이도의 비중에서 차이가 있다고 보면 된다. 하나

# 단계별 수학 교과 문제집

| 초등 | 1단계 | 2단계 | 3단계 | 4단계 | 5단계 | 드릴 |
|---|---|---|---|---|---|---|
| 천재교육 | • 개념클릭 해법수학<br>• 수학리더 개념<br>• 해결의법칙 개념 | • 우등생해법 수학<br>• 수학리더 기본 | • 해결의법칙 응용<br>• 수학의힘 알파 | • 수학의힘 베타 | • 최고수준<br>• 수학의힘 감마 | • 해결의법칙 유형 |
| 디딤돌 | • 디딤돌 수학 원리 | • 디딤돌 수학 기본 | • 디딤돌 수학 응용 | • 디딤돌 수학 최상위 S | • 디딤돌 최상위 | • 디딤돌 수학 문제유형 |
| 두산동아 | • 큐브수학 개념 | | • 큐브수학 실력 | | • 큐브수학 심화 | |
| 좋은책 신사고 | • 개념 쎈 | • 라이트 쎈<br>• 우공비 수학 | | | • 최상위 쎈 | • 쎈 수학 |
| 비상교육 | • 교과서 개념 잡기 | • 개념+유형 라이트 | • 개념+유형 파워 | | • 개념+유형 최상위 탑 | |
| 에듀왕 | • 원리 왕수학 | • 포인트 왕수학 | | | • 점프 왕수학<br>• 올림피아드 왕수학 | |

# 단계별 문제 난이도

| 1단계 | 2단계 | 3단계 | 4단계 | 5단계 | 드릴 |
|---|---|---|---|---|---|
| 기본 90<br>응용 10 | 기본 80<br>응용 20 | 기본 60<br>응용 30<br>심화 10 | 기본 20<br>응용 60<br>심화 20 | 기본 20<br>응용 40<br>심화 40 | 기본 30<br>응용 45<br>심화 25 |

의 난이도 문제들로만 구성되어 있는 교과 문제집은 없는 셈이다.

1단계 문제집은 수학 교과서 수준 난이도의 문제집이라고 생각하면 된다. 해당 학기에서 배워야 할 기초적인 개념을 익히고, 기본 문제와 응용 문제(난이도 하)를 다루고 있다. 학기별 예습을 나갈 때 혹은 연산력이 약하거나 기본 문제의 학습량이 필요한 아이들은 1단계 문제집을 선택하면 된다.

2단계 문제집은 1단계 문제집에 비해 응용 문제의 양이 좀 더 많거나 난이도가 높다. 그중에서《디딤돌 수학 기본》은 2단계 문제집 중에서도 어려운 응용 문제들이 수록되어 있다. 간혹 '디딤돌 수학' 교재를 고를 때《디딤돌 수학 기본+응용》을 고르는 경우가 있는데, 이 교재는 문제양이 많고 어려운 응용 문제들도 제법 나오기 때문에 자칫 아이가 힘들어할 수도 있다는 점을 참고해 선택해야 한다.

3~4단계 문제집은 기본 문제는 약간 있고, 응용 문제들이 많이 수록되어 있다. 심화 문제 유형들도 있기 때문에 이전 학년에 심화 문제 경험이 없거나 수학에 자신 없어 하는 아이들은 3~4단계 문제집을 학습하고 오답률을 살펴본 후에 심화 문제집 진행 계획을 세워야 한다. 4단계 문제집에 속하는《디딤돌 최상위 수학 S》를 심화 문제집으로 생각하는 경우가 많은데, 초등 1~2학년 교재는《디딤돌 최상위 수학》과 난이도 차이가 거의 없지만 학년이 올라갈수록 심화 문제 유형에서 난이도 차이가 있다. 결론적으로《디딤돌 최상위 수학 S》는 심화 문제집보다는 응용 문제집 중 가장 어려운 문제집으로 분류하는 것이 맞다.

5단계 문제집은 심화 문제집으로 언급하는 문제집이다. 아이에 따라 심화 문제 유형에 익숙한 정도 차이가 있어서 상대적으로 더 어렵고 더 쉬운 문제집이 다를 수 있다. 어떤 심화 문제집이 좋은지를 따지기 전에 기회가 된다면 심화 문제를 다양하게 풀어볼 것을 추천한다. 출판사별로 심화 문제 유형에서 겹치지 않는 문제들이 있는데, 이런 문제를 많이 경험하고 생각해보면 수학 실력이 높아지는 것은 당연하다. 물론 유형을 외우듯이 학습하면 중고등 과정에서는 더 이상 점수가 오르지 않을 수 있으니 조심해야 할 부분이다.

드릴 문제집은 비슷한 유형의 문제를 드릴로 파듯이 반복적으로 학습하도록 구성된 문제집이다. 드릴 문제집의 장점은 문제양이 많고 비슷한 유형을 집중적으로 학습할 수 있다는 점이다. 하지만 초등 수학에서는 유형 학습보다는 개념 이해에 좀 더 중점을 두고 학습하는 것을 추천한다.

초등 수학 과정은 중고등 과정에 비해 배우는 개념의 양이 많지 않고 쉽기 때문에 일찍부터 유형 학습에 길들여지면 중고등 과정에서 수학 실력을 꾸준히 유지하기 어려워진다. 따라서 드릴 문제집은 수학 학습량이 현저히 적어서 단기적으로 학습량을 늘릴 때 선택하는 것이 좋다. 기본 또는 응용 문제집에서 반복적으로 틀리는 유형에 관한 문제들만 부분적으로 학습하는 것도 효과적이다.

교과 수학 문제집 중에서 내가 많이 사용하고 추천하는 문제집을 정리해보았다.

## 123미니쌤의 단계별 추천 문제집

| 초등 | 1단계 | 2단계 | 3단계 | 4단계 | 5단계 | 드릴 |
|---|---|---|---|---|---|---|
| 미니쌤 추천 문제집 ★★★ | • 교과서 개념 잡기 | • 디딤돌 수학 기본<br>• 포인트 왕수학 | • 해결의 법칙 응용 | • 디딤돌 최상위 수학 S | • 디딤돌 최상위 수학<br>• 해법 최고 수준<br>• 점프 왕수학 | • 쎈 수학 |

　1단계 문제집은 분량이나 문제 수가 많은 것보다 간결하면서 빠르게 예습 가능한 교재가 좋다. 1단계 문제집만 풀고 심화 학습으로 넘어갈 수 없으므로 2단계 또는 3단계 문제집을 반드시 진행해야 하기 때문이다. 그런 면에서《교과서 개념 잡기》가 빠르고 쉽게 개념 예습을 하기에 좋다.

　2단계 문제집은 난이도가 있는 편을 추천한다. 어렵다는 것이 아니라 대체적으로 기본과 응용 문제들로 구성되어 있지만, 그중 심화 문제집에서 볼 수 있는 문제들도 간혹 포함되어 있다는 의미다. 2단계 문제집을 학습하면서 이런 문제들을 어려워할 수도 있지만 이후 심화 학습을 할 때 다시 한 번 복습하는 효과를 갖게 되므로 걱정할 필요는 없다.《디딤돌 수학 기본》과《포인트 왕수학》을 추천한다.

　3단계 문제집은 1단계나 2단계를 학습하고 복습하는 경우 주로 선택한다. 학기 첫 교재로 3단계 교재를 사용하는 경우는 드물고 저학년 때만 주로 사용한다. 복습용 교재로 진행하다 보니 1단계나 2단계 문제집과 전체적인 난이도 차이가 적은 교재보다 약간의 난이도 차이가 있는 문제들이 함께 구성되어 있는 교재가 좋다.《해결의 법칙 응용》을 추천한다.

4단계 문제집은 3단계 응용보다는 약간 어렵고, 5단계 심화보다는 약간 쉬운 교재다. 4단계 문제집을 풀고 5단계 문제집을 또 진행하기보다 4단계 문제집으로 심화 학습을 절반 이상 진행한 효과를 주는 문제집을 선호한다. 《디딤돌 최상위 수학 S》를 추천한다.

5단계 문제집은 심화 유형이 상위 학년 학습에 도움이 되거나 문제 표현이 깔끔한 것이 좋다. 또는 경시 기출 문제들을 경험하면서 심화 학습의 깊이를 주는 교재들이 좋다. 《디딤돌 최상위 수학》이나 《해법 최고수준》이 이러한 장점들을 가지고 있다.

드릴 문제집은 유형 학습을 하기 위해서 사용하는 교재이므로 유형 정리가 잘되어 있고, 유형에 따른 문제 수도 적절한 것이 좋다. 각 유형에 따라 사용된 개념이나 푸는 방법 등이 잘 정리되어 있어서 어려워하는 유형을 연습하기 좋은 교재를 추천한다. 많은 부모들이 알고 있는 《쎈 수학》을 추천한다.

단, 표에서 추천한 1~5단계와 드릴까지 모든 문제집을 풀 필요는 없다. 수학을 잘하는 친구들은 2단계 1권 → 5단계 중 1~2권 진행하는 것을 추천한다. 수학 중위권 친구들은 2단계 1권 → 3단계 1권 → 4~5단계 중 1권을, 수학 하위권 친구들은 1단계 → 드릴 → 3단계로 진행하고, 이전 학년의 5단계 문제집을 진행할 시기를 살펴본다.

## Tip 4.

# 아이 유형에 따른
# 초등 수학 문제집 고르기

고등 수학 문제집으로 누구나 선택하는 문제집이 있다. 바로 《수학의 정석》이다. 이 문제집은 아주 스테디한 문제집으로 초등 수학 문제집 중에서는 이런 스테디셀러 문제집이 없다. 문제집에 따라 개념을 설명하는 방식, 난이도가 적절한 문제 유형, 이해할 수 있도록 적당한 문제양이 대체적으로 비슷하기 때문이다. 아이들의 호감도나 선생님들의 호불호에 따라 선택이 달라질 수 있다는 의미다. 따라서 초등 수학 문제집으로 무엇을 선택하느냐에 따라 학원 선택이 달라질 필요는 없다.

수학 학습 스타일에 따라 어떤 교과 문제집을 선택하는 것이 효과적인지 3가지 유형별로 소개한다. 3가지 유형 아이들의 성향을 참고하면서 우리 아이에게 맞는 교재를 선택하자. 그전에 아이들의 수학 실력은 계속 변화하기 때문에 한번 선택한 문제집을 초등 6년 내내 고집할 필요는 없다는 점을 꼭 기억하기 바란다.

### 반복 학습을 해야 자신감을 갖는 아이

아이들에 따라 수학 개념을 쉽게 받아들이는 경우가 있고, '도대체 왜?' 하면서 다양한 예시를 경험한 뒤에야 확실하게 이해하는 경우도 있다. 보통 남자아이들은 전자와 같이 수학 개념을 단순하게 받아들이는 반면, 여자아이들은 여러 번 확인해야 개념을 이해하는 모습을 보인다. 이는 확률적인 통계일 뿐이고 모든 아이들에게 해당하는 것은 아니다. 어느 쪽이 수학 공부를 잘한다고 이야기하기도 어렵다. 수학 개념을 쉽게 받아들이는 아이들은 잦은 실수를 하는 반면, 다양한 예시를 경험한 후 이해한 아이들은 상대적으로 꼼꼼한 편이기 때문이다.

반복적인 학습량이 채워져야 자신이 확실히 이해했다고 느끼는 아이는 문제집을 선택할 때 진도와 복습으로 활용할 만한 부록 문제양이 50:50 정도로 이루어진 것을 선택하는 것이 효과적이다. 기본 문제집 중에서는 《개념 플러스 유형 라이트》또는《개념 플러스 유형 파워》교재가 대표적이다. 이 교재들은 최근 여러 수학 학원에서도 사용하는 것으로, 진도 교재로 먼저 개념을 익힌 다음 부록처럼 구성되어 있고 문제양이 많은 복습 교재로 다시 한 번 다지면서 학습하면 많은 도움이 된다.

### 문제가 너무 많으면 싫어하거나 겁내는 아이

아이들은 문제가 너무 빡빡하게 구성된 문제집은 별로 좋아하지 않는다. 대표적으로 《쎈 수학》교재가 있다. 이 교재는 부모들은 만족해하지만 대부분의 아이들은 좋아하지 않거나 굉장히 싫어하는 문제집으로, 나는 많이 추천하지 않는 편이다. 그런데 이 문제집이 필요할 때가 있다. 수학 학습을 늦게 시작해서 일정 기간 수학 학습량을 늘려주는 게 필요하다면 1년 정도 사용해보면 좋다.

평소 문제가 너무 많으면 싫어하거나 겁부터 내는 아이들에겐 개념 설명 부분이 간결하고 문제양이 많지 않은 교재가 좋다. 대표적으로 《만점왕》이나 《고매쓰》 등은 아이들이 쉽다고 느끼는 교재다. 다만 반드시 응용 문제를 풀어보는 것도 놓치면 안 된다. 수학 공부의 목표는 당장 초등 수학을 잘하는 데 있지 않다. 난이도가 높아지는 중고등 과정을 제대로 해내려면 너무 쉽게 학습하는 것은 결코 좋은 방법이 아니다.

### 막연히 심화 학습을 두려워하는 아이

초등 수학 심화 문제집을 시작하기 전에 아이가 너무 걱정하거나 진행하면서도 가르치기 힘들다고 토로하는 경우가 있다. 초등 수학 심화 문제집은 준비가 안 된 상황에서 무작정 들어가는 것은 지양해야 한다. 분명 심화 문제에 질려서 아이가 힘들어하거나 수학에 대한 흥미조차 잃어버릴 수 있기 때문이다.

심화 문제집을 시키다가 아이가 힘들어하면 이후 과정에서는 더 힘들어할 게 뻔하다. 그래서 개념 중심의 진도만 나가고 심화는 안 해도 되지 않느냐고 생각하는 부모들이 있다. 하지만 그런 생각은 절대 금물이며 심화에 대해서는 미리 걱정하지 않아도 된다. 아이가 심화 문제를 풀기 시작하면 물론 힘들어한다. 하지만 계속 진행하다 보면 점점 비슷한 유형이 반복된다는 것을 파악하게 되고, 그러면 학년이 올라갈수록 오히려 수월하게 심화 문제집을 진행할 수 있다.

심화 문제집을 시작하는 데 활용하기 좋은 교재는《디딤돌 최상위 수학 S》다. 이 교재의 경우 심화 문제집에서 자주 등장하는 유형에 대해 시각적으로 풀어서 쉽게 설명하고 있다. 다만 난이도 높은 응용 문제집이지 심화 문제집은 아니기 때문에 이 교재만으로 심화 학습을 충분히 했다고 보기는 어렵다. 심화 학습으로 넘어가기 위한 다리 역할로 1~2년 정도 활용해보면 심화 문제에 대한 거부감을 없애는 데는 충분한 교재다. 이렇게 응용 문제집까지 무난하게 진행했다면《디딤돌 최상위 수학》이나《해법 최고수준》등의 문제집으로 심화 학습을 진행하면 된다.

# 교과 수학에서
# 놓치지 말아야 할 것

∧∧∧
∙∙∙∙∙∙∙∙∙∙

　　교과 심화나 선행에 대해서는 부모들 사이에서도 각기 다른 의견을 보인다. 선행의 기준도 정부기관이나 학계에서는 6개월 정도가 적당하다고 하지만, 부모들은 1~2년가량의 선행은 해야 한다고 말한다. 선행 진도와 무관하지 않게 아이들의 실력에 따른 비중도 중위권은 점점 줄어들고, 상위권과 하위권으로 양극화되는 모습이기 때문이다. 교과 수학에 대해서는 다양한 의견이 있지만, 엄마들이 교과 심화나 선행에 대해 오해하고 있는 3가지 내용이 있다. 여기에서는 그 내용들을 짚어보면서 교과 수학에 대한 로드맵을 고민해보라고 이야기하고 싶다.

# 선행은 언제, 어디까지라는 의미가 없다

교과 선행은 물론 사고력, 연산의 경우 선행을 어느 정도까지 해야 하는지 물어보는 경우가 많다. 그런데 사실 선행은 '어디까지'라는 의미가 없다. '지금 초등 2학년이니까 4학년 과정까지 나갈 수 있다.'라는 식으로 제한된 학습 진도가 없다는 뜻이다.

수학을 잘하는 아이들은 차근차근 진도를 나가다 보면 어느 순간 자기 학년을 뛰어넘어 자연스럽게 선행이 진행된다. 선행을 하면서 연산과 심화 학습, 사고력 수학도 지속한다. 그런 아이들은 자기 학년 이상의 학습을 진행하지만 단계별로 이루어지는 과정 속에서 수학 개념과 이론을 배우다 보니 자연스럽게 받아들인다.

하지만 선행을 진행하는 아이가 수업을 이해하기보다 외우듯이 억지로 머릿속에 집어넣고 있는 것 같다면 교과 선행의 시점을 잘못 잡았다고 할 수 있다. 아직은 그 단계까지 아이가 소화하기에는 벅차다는 뜻이다. 또한 자꾸 오답이 필요 이상으로 많이 나온다면 어디선가 구멍이 생겼다는 뜻이다. 이해하지 않고 외우듯 진행하는 선행은 따라잡힐 수 있는 선행이다. 전혀 효과적이지도 않다. 그런데도 선행만 계속 진행하면 아이는 작은 실패감을 느끼고, 어느 부분이 부족한지 찾느라 나중에 오히려 시간만 더 허비하게 된다.

선행은 빠르게 진행할 수도 있다. 하지만 남들이 다 한다고 아무 시기에나 시작하면 안 된다. 서둘러 나갈 필요도 없다. 다른 아이들의 진도는 참고만 하고 내 아이에게 맞는 계획을 세우고 진행해야 한다.

## 심화 없는 선행은 선택하지 않아야 한다

초등 수학 과정에서 심화를 하지 않은 채 중등 수학을 시작했다고 하자. 중등 선행에서도 선행 진도가 늦다는 이유로 심화는 배제한 채 빠른 속도로 고등 과정에 들어갔다. 그렇다면 과연 이 아이는 고등 과정의 기본을 얼마나 이해할 수 있을까? 심화는 하지 않고 진도만 나간 아이는 수능시험을 잘 치를 수 있을까?

수학은 단계별로 과정이 이어지는 과목이다. 이는 개념뿐 아니라 심화 영역에서도 마찬가지다. 초등 심화를 못 하면 중등 심화도 풀지 못한다. 중등 심화가 안 된 아이가 고등 심화나 수능 문제를 보면 외계어를 읽는 기분일 것이다. 문제를 읽긴 했지만 어떻게 풀어야 할지 접근조차 하지 못한다.

초등 수학을 진행할 때 심화 학습이 과연 필요한가에 대해 고민하는 부모들이 있다. 선행을 나가야 하는데 심화 학습으로 진도가 나가지 않기 때문이다. 빠르게 진도를 나간 후 다시 복습하면 된다고 생각하기도 하고, 심화를 하지 않아도 그 학년 이상의 개념을 배우면 자연스럽게 해결되는 부분도 있다고 생각한다. 하지만 선행을 진행하면 할수록 시간은 더 부족해지고, 심화 문제를 접해보지 않고 지나친 부분들은 나중에 또다시 삐거덕거린다.

간혹 심화 학습을 하지 않고 기본으로 선행을 진행하는 경우가 있다. 아이가 심화 문제를 이해하지 못하거나 수학에 대한 자신감이 낮아져 성취감을 느끼게 해주기 위해서라고 한다. 하지만 추천하고 싶지는 않다. 아이의 수학 학습을 진행한다면 이런 상황이 생기지 않도록 해야 한다. 혹시라도 이런 선택을 했다면 나중에라도 심화 학습은 꼭 해야 한다는 사실을 잊지 말아야 한다.

## 선행은 절대 하지 않겠다는 무리수를 두지 마라

아이의 상황은 고려하지 않고 잘못된 시점에 선행을 시작하는 것은 반대한다. 하지만 아이에게 선행은 절대로 시키지 않겠다며 무리수도 두지 않길 바란다.

선행학습의 부정적인 부분에 대한 이야기는 많이 들어보았을 것이다. 하지만 이는 잘못된 시점에 선행을 진행했기 때문에 나타나는 현상이다. 수학 기본기를 잘 갖추고 무리하지 않는 선에서 조금씩 예습하다 보면 차츰 실력이 늘어 자연스럽게 선행학습으로 연결된다.

아이들의 실력은 항상 같은 속도로 늘어나지 않는다. 매일 똑같은 연산을 진행하고 있지만, 어느 순간 가속도가 붙으면서 실력이 급격하게 향상되는 경우가 많다. 이런 경우 현행만 고집하면서 선행학습을 차단할 필요는 없다. 중고등 과정으로 넘어가면 더 많은 과목을 공부해야 하기 때문에 시간이 절대적으로 부족한데, 과목 간의 학습 시간 배분 측면에서도 수학 선행은 효율적인 효과를 거둘 수 있다.

# 학원을 보내기 전에
# 고민해야 할 것들

∧∧
∧
∙∙∙∙∙∙∙∙∙∙∙∙∙

    초등학교 입학을 앞두고 혹은 초등 고학년으로 접어들면 부모들은 수학 학원에 대해 많이 고민한다. 초등학교 입학할 때만 해도 '아이가 학교생활에 잘 적응할 수 있을까?', '수업 시간에 선생님 말씀을 집중해서 잘 들을까?', '처음 만나는 친구들과 잘 지낼 수 있을까?' 등 단순히 학교생활 적응에 대한 걱정과 불안감만 있었다. 나 역시 첫째 아이의 초등학교 입학을 앞두고 아이보다 더 긴장했던 기억이 난다.

    그런데 학교를 보낸 후 다른 아이들의 수학 문제집 진도나 수학 사교육 이야기를 듣고 나면 또 다른 불안감을 느낀다. 그래서 학원을 알아보거나 다양한 문제집을 이것저것 풀리는 모습을 보이는 경우가 많다. 이때 엄마표로 계속 진행하더라도 초등 고학년이 되면 학원을 고려하는 경우가 훨씬 많아진다. 엄마표 수학을 진행하다가 아이와 트러블이 생기기도 하고, 어려운 내용을 좀 더 쉽게 설명해줄 필요성을 느끼게 되기 때문이다.

초등 저학년 시기에 수학 학원을 고민하는 부모들에게 말해주고 싶은 것은 딱 하나다. 초등학교 입학 후 불안한 마음 때문에 혹은 아이가 수학을 어려워하니까 학원에 보내야겠다면 굳이 학원을 추천하고 싶지는 않다. 학원을 보내면 부모 입장에서는 약간의 불안감을 해소할 수는 있지만, 아이 입장에서는 원하지도 않는 학원을 간다고 수학에 대한 막연한 두려움이나 어려움이 사라지지는 않는다. 수학 학원을 보내야겠다면 미리 준비해야 한다. 아이에게 맞는 학원, 아이가 수학을 편하게 받아들일 수 있는 학원을 알아두어야 한다.

## 학원, 1년 전에 미리 알아보자

최근 수학 학원들에 문의해보면 테스트를 보는 시기가 정해져 있거나 어느 정도의 실력과 진도를 요구하는 경우가 많다. 아이를 수학 학원에 보내야겠다고 해서 아무 때나 들어갈 수 있는 게 아니라는 뜻이다. 학원 종류도 워낙 다양해서 학원을 보내야겠다고 생각한다면 1년 전부터 미리 학원 종류나 관련 정보를 파악해두는 것이 좋다.

강의를 하다 보면 간혹 어떤 학원이 언제 다닐 수 있는지조차 모른 채 무턱대고 질문하는 경우가 많다. 예를 들면 "동네에 소마랑 시매쓰가 있는데, 둘 중 어느 곳에 보내야 할까요?" 하는 식이다. 만약 이 고민을 하는 시점이 아이가 초등 3학년 때라면 두 학원을 두고 고민하는 것은 적절하지 않다. 소마나 시매쓰의 경우 사고력 수학 학원으로, 이런 학원은 보통 7세나 초등 1학년 때부터 시작하는 경우가 많다. 심지어 6세에 이미 소마나 시매쓰를 시작하는 경우도 많다. 아이가 초등 3학년이라면 '사고력 수학 학원이냐, 교과 학원이냐?'부터 먼저 결정해야 한다. 수학 학원 선택지에 교과 학원이 포함되어 있어야 한다는 뜻이다. 정리하면 수학 학원을 보내겠다면 우리 아이에게 지금 필요한 학원이 어떤 과정의 학원인지, 학원의 종류나 특징 등을 미리 파악하고 있어야 한다.

간단하게 초등 수학 학원의 종류만 구분해보면 크게 연산 학원, 사고력 학원, 교과 학원으로 구분할 수 있다. 대표적인 학원은 다음의 표와 같다. (아래 표는 프랜차이즈형 학원 위주로 정리해 지역에 따라 없는 학원도 있을 수 있다.)

아이의 학년에 따라 선택해야 하는 학원은 다르다. 초등 1~2학년의 경우 사고력 학원과 연산(엄마표 가능)에 비중을 두고, 3~4학년은 교과와 사고력 학원 중심, 5~6학년은 교과 중심의 학원을 선택해야

| 연산 | 사고력 | 교과 |
|---|---|---|
| 다함<br>두뇌로 / 다비수 센터<br>눈높이 러닝센터<br>요리수 연산 교습소 (또는 공부방)<br>주산 교습소 (또는 공부방) | 소마 사고력수학<br>와이즈만<br>시매쓰<br>CMS 사고력<br>필즈 더 클래식<br>플레이팩토 교습소 (또는 공부방) | 하이스트<br>황소수학<br>시대인재<br>수학의 아침<br>짱솔수학<br>파인만<br>그 외 로컬형 학원 |

한다. 이에 대해서는 학년별 로드맵에서 상세히 설명하고 있으니 참고하면 된다.

## 내 아이만의 수학 로드맵을 세우는 게 최우선

교육열이 높은 지역의 경우 유아 때부터 수학 학원을 3곳이나 다니는 아이들이 제법 있다고 한다. 학원 스케줄을 맞추기 힘들면 개인과외라도 해서 수학 학습에 대한 노출량을 늘리고 있는 추세다. 그런데 이는 일부 지역의 이야기라 오히려 '어떻게 수학 학원을 3곳이나 보내지?' 하며 이해하기 어렵다는 부모들도 있고, '우리 아이는 그동안 하나도 안 시켰는데 어떻게 하지?'라며 더 불안해하는 부모들도 있다.

물론 그 어마어마한 양을 소화하면서 수학을 공부하고 어른이 놀랄 정도로 수학을 잘하는 아이들도 있다. 하지만 그것이 보편적이고 평균적이지는 않다. 수학 학원을 많이 다닌다고 우리 아이도 일단 보내야겠다는 생각이 앞서는 것은 절대 하지 말아야 할 행동이다. 그보다는 지금부터라도 어떻게 수학 과목을 다지면서 끌고 나갈지를 고민해봐야 한다. 그러려면 수학 학습량에 많이 노출된 아이들의 실력이 어느 정도인지 파악해야 하고, 어느 시기에 수학 학습량을 늘려 수학 실력을 이끌어줄지 로드맵을 세우는 것이 중요하다. 한마디로 내 아이에게 가장 적절한 수학 몰입 시기는 언제인지 아이와 상의하고 고민해보고 공부해야 한다.

# 엄마표 학습과
# 사교육의 균형

"엄마표는 언제까지 할 수 있나요?"

"언제 학원에 가야 할까요?"

이런 질문에 대해서는 항상 만족스러운 답변을 하기가 어렵다. 한 마디로 '언제'라는 정확한 시기에 대한 답을 원하겠지만 내 답변은 항상 "아이들마다 달라요."이다.

만약 누군가가 5학년에는 수학 학원을 보내야 한다거나 초등 과정은 엄마가 가르칠 수 있다고 답변해주었다고 하자. 그렇다면 그 답변이 내 아이에게 그대로 적용 가능한 것일까? 초등 5학년에 수학 학원을 보내려면 아이는 어떤 준비가 되어 있어야 하는지 혹은 초등 과정까지 엄마표로 할 수 있다면 부모가 어떤 노력을 해야 하는지를 고민해보아야 한다. 정확한 시기에 대한 답만을 머릿속에 염두에 두고 그 시기가 되었을 때 그대로 따라하다가는 실망감만 커질 수 있다.

아이들에게 수학을 싫어하는 이유를 물어보면 가장 많은 답변 중 하나가 '사람 때문'이라고 한다. 이는 수학을 가르치는 사람이 수학을 전달하는 방법이나 아이의 결과에 대한 부정적인 피드백 등을 하다 보니 수학이 싫어지게 된다는 의미다. 바꿔 말하면 엄마표로 수업을 하는 동안에는 부모가 그 원인이 될 수도 있다는 뜻이다.

일반적인 기준에서 보면 우리 아이는 잘할 수도, 못할 수도 있다. 그런데 부모는 자신이 정해둔 주관적인 기준으로 아이를 바라보거나 지나친 욕심으로 아이의 수학 성적에 대해 피드백을 하게 된다. 아이에게 수학을 가르치면서 자꾸 화를 내고 있다면 엄마표 학습을 지속하는 것이 현명한 선택일까? 나는 아니라고 본다. 더 잘할 수도 있는데 '사람, 그것도 엄마 때문에' 아이의 수학 자신감만 떨어질 수 있다. 부모가 화내지 않고 아이를 가르칠 수 있다면 또는 엄마의 역할이 아닌 선생님의 역할에만 충실할 수 있다면 엄마표 학습으로 지속해도 좋다. 그렇지 않다면 앞으로 어떻게 해야 할지 진지하게 고민해보아야 한다.

엄마표 학습으로 진행할 것이냐, 사교육으로 진행할 것이냐 하는 고민은 아이나 집안 형편, 상황 등에 따라 다를 수 있다. 하지만 대부분은 초등 저학년 시기에는 엄마표 학습으로 진행하다가 고학년 정도가 되면 학원으로 가는 경우가 많다. 그렇다면 학년별로 엄마표 학습과 사교육 비중에 대해 간략하게 정리해보자.

## 초등 1~2학년: 엄마표 학습 > 사교육

가끔 엄마표 학습으로 잘하고 있는데도 불안해하는 부모들이 있다. 사실 초등 저학년 때는 사교육에 의지하기보다 엄마표 학습으로도 충분히 잘해낼 수 있다. 단 하나, 놓치지 말아야 할 것은 아이의 응석을 받아주지 말라는 것이다.

문제를 풀다 보면 당연히 어려운 문제도 만나게 된다. 그럴 때 문제 푸는 것을 자꾸 도와주면 어느새 어려운 문제는 풀지 않으려 하는 아이가 되어 있을 수 있다. 아직 어리니까, 공부하는 게 기특해서 등의 이유로 부모가 계속 도와주면 아이는 스스로 공부하고 문제를 해결하는 힘을 잃어버리게 된다.

아이와 엄마표로 수학 공부를 한다면 다음 3가지는 꼭 지키자. ① 아이 혼자서 문제를 풀 수 있도록 충분한 시간과 분리된 공간을 제공해주자. ② 하루에 질문 찬스는 1~2회만 가능하다고 미리 말해주어라. ③ 오늘 공부할 양을 모두 끝내면 더 시키지 말자. 엄마가 지키면 아이도 해낼 수 있다!

## 초등 3~4학년: 엄마표 학습 = 사교육

초등 3~4학년 시기에는 엄마표 학습으로 진행하는 아이들도 있고, 학원을 다니는 아이들도 있다. 이 시기에 엄마표로 수학을 진행하고 있다면 미리 수학 학원에 대한 정보를 알아두자. 동네에서 잘 가르치는 학원은 어디인지 가끔 테스트를 보고 상담도 받아보길 추천한다. 아직은 엄마표로 하자고 마음먹고 진행하다가 아이와 자꾸 부딪히게 되면 계획에도 없던 학원을 선택하게 되기 때문이다. 안 좋은 타이밍에 준비도 되지 않은 채 학원으로 가면 적응하기까지 엄마 손길이 필요한 기간이 더 길어질지도 모른다. 따라서 초등 중학년 정도가 되면 미리 수학 학원에 대한 정보를 모아두어야 한다.

한편 수학 학원을 보내고 있다면 학원에서 배우는 내용은 잘 이해하고 숙제는 잘하는지, 학원 선생님은 아이에 대해 잘 파악하고 있는지 등의 점검이 필요하다. 아이를 학원에 보낸 이후 가장 범하기 쉬운 오류 중 하나가 바로 이런 것들이다. 아이가 학원에 가니 더 이상 신경 쓰지 않아도 된다고 홀가분하게 생각할 수 있다. 하지만 아이는 새로 만난 선생님과 아이들, 학원 시스템에 적응하느라 힘들어할 수도 있다. 그러면 내용 이해도 되지 않은 채 가방 들고 학원만 다니는 꼴이 된다. 학원을 보낸다 하더라도 아이를 정확하게 파악하고 있는지, 과대평가하는 부분은 없는지 등을 살펴가며 엄마표 학습과 사교육의 균형을 맞추는 게 필요한 시기다.

## 초등 5~6학년: 엄마표 학습 < 사교육

초등 수학 교과 과정에서 5~6학년에 배우는 내용은 중등 과정과 매우 밀접하게 연결되어 있다. 중요도가 높은 단원이 많고 심화 문제도 어렵다. 따라서 엄마표 학습으로 진행한다면 충분한 준비가 필요하다. 단원별 배우는 개념 중 중등과 연계되는 개념과 심화 문제에 대한 풀이는 반드시 알아두는 것이 좋다.

초등 고학년은 수학 학습 과정에서 매우 중요한 시기이므로, 사교육을 통해 수학 학습의 몰입을 높여도 좋다. 유명 수학 학원의 경우 입반 가능한 반이 없는 곤란한 상황이 생길 수도 있으니 어느 정도의 예습이나 선행을 할 수 있도록 계획해야 한다.

학원을 선택할 때 가장 중요하게 봐야 할 부분은 '아이에 대한 관리'다. 아이가 관련 개념을 확실히 파악했는지, 모르는 부분에 대해 어떻게 도움을 주는지 등을 꼼꼼하게 체크해보자. 빨리 진도를 나가는 쪽보다는 나중에 구멍이 생겨 되돌아오지 않도록 꼼꼼히 체크하면서 진행하는 학원이 더 효율적이다.

# 오답노트
# 활용법

∧∧∧
·
·
·
·
·
·

    아이러니하게도 중고등 부모들보다 초등 부모들이 오답노트에 더 관심이 많다. "도대체 오답노트는 언제부터 해야 하나요?" 또는 "오답노트 안 쓰면 수학 실력 높이기 힘든가요?" 등 오답노트에 관한 질문들을 쏟아낸다. 반면 중고등 부모들은 오답노트에 대해 평온한 편인데, 엄마가 아무리 안달복달한다고 해도 아이에게 통하지 않는다는 것을 알고 있기 때문일 것이다.

    사실 오답노트는 잘만 활용하면 효과적인 수학 학습법이다. 하지만 의미도 모른 채 의무감으로 한다면 시간 낭비일 뿐이다. 특히 초등 아이들은 선생님이나 부모의 권유나 강요에 의해 비자발적으로 하는 경우가 많다. 오답노트를 자신이 틀린 문제에 대한 벌이라고 생각하는 아이들도 있다. 이처럼 오답노트에 대한 안 좋은 기억은 정작 오답노트가 필요한 중고등 때는 쓰지 않으려 하는 역효과가 나타난다. 그러니 초등 때부터 오답노트를 써야 한다는 막연한 의무감이나 안 쓰면 큰일날 것 같은 불안감은 접어두자. 오히려 오답노트 때문에 수학이 싫다고 할 수도 있다.

## 오답노트를 활용하기 전에

오답노트를 활용하려면 그전에 학습 습관을 만들어두는 것이 중요하다. 오답노트를 사용하는 이유는 무엇일까? 자신이 반복적으로 틀리는 문제에 대한 모든 것들을 기록하고 기억해서 다음에는 틀리지 않기 위함이다. 그렇다면 가장 먼저 '왜 틀렸지?' 하고 생각해보는 습관이 필요하다. 아이들이 문제를 틀리는 이유는 다양하다. 그런데 정작 아이들에게 물어보면 그 이유를 정확히 말하지 못하는 경우가 대부분이다.

일반적으로 아이들은 자기가 틀린 문제가 있으면 일단 고칠 생각부터 한다. '틀렸네?' 하면서 지우고 다시 풀기만 급급하다. 하지만 수학을 잘하는 아이들은 자신의 답에 대한 확신이 있기 때문에 다르게 생각한다. '이상하다, 내 답이 틀릴 일이 없는데?'

수학을 잘하는 아이들은 틀린 부분을 찾으려고 고민한다. 자신이 쓴 풀이 과정을 다시 꼼꼼히 살펴보면서 어느 부분에서 틀렸는지 찾아내고 정답을 수정한다. 틀린 문제를 고칠 때마다 이런 과정을 반복하다 보니 실력이 자연스럽게 향상되는 것이다. 자신이 무의식중에 잘못 생각한 오류를 스스로 정정하는 힘이 쌓인 결과다.

오답노트를 쓰는 것보다 중요한 것은 왜 틀렸는지 그 이유를 분명히 찾아내는 것이다. 그런데 아이들에게 물어보면 대부분 비슷한 대답을 한다.

- 기본 개념을 몰라서
- 문제 해결 방법을 찾지 못해서
- 계산 실수로
- 문제를 잘못 읽어서(혹은 조건을 놓쳐서)
- 문제가 이해되지 않아서
- 틀린 이유 모름

처음에는 자신이 틀린 이유를 정확하게 찾지 못할 수 있지만, 하루에 한 문제씩만 해봐도 이유를 찾는 것은 금방이다. 그런 식으로 조금씩 오답을 고쳐나가다 보면 왜 틀렸는지 이유를 찾는 시간이 짧아지고 틀린 문제수도 줄어들 것이다.

단, 주의할 점이 있다. 기본 문제 성취도가 최소 정답률 70~80% 정도로 꾸준히 나올 때부터 틀린 이유를 확인해보는 것이 좋다. 기본 문제 성취도가 정답률 50% 정도라면 개념 이해가 정확하게 안 되었거나 이전 학습 완성도가 떨어진 것이므로 먼저 보완 학습이 필요하다.

# 오답노트를 활용하기 좋은 시기

오답노트를 언제부터 쓰면 좋을지에 대해서도 많은 부모들이 궁금해한다. 학년을 구분해 딱 잘라 답하기는 어렵다. 다만 수학에 남다른 이해력을 보여 진도 진행이 빠르다면 3학년도 가능하지만, 수학 학습 습관이 충분히 형성되지 않았다면 6학년이라고 할 수 있는 것도 아니다. 그럼에도 시기를 정하자면 초등 수학 교과 과정에서 내용의 중요도를 고려해 초등 5~6학년 과정 중 시작 시기를 결정하는 것이 좋다. 초등 5~6학년 과정은 수학 개념을 정확하게 이해했는지 판단할 수 있는 문제들이 많기 때문이다. 예를 들면 아래와 같다.

**문제** 넓이가 $6\frac{2}{3}$ 제곱미터인 벽을 칠하는데 $2\frac{2}{5}$L의 페인트가 필요하다고 합니다. 넓이가 1 제곱미터인 벽을 칠하는 데 필요한 페인트는 몇 L입니까?

6학년 2학기 분수의 나눗셈 단원에 나오는 문제 유형이다. 아이들이 이 문제를 풀 때 많이 틀리는 이유는 나눗셈 식을 반대로 세우기 때문이다.

문제를 풀어보면 정확한 풀이는 $2\frac{2}{5} \div 6\frac{2}{3}$이다. 그런데 실수하는 아이들은 $6\frac{2}{3} \div 2\frac{2}{5}$로 구하는 경우가 많다. 이는 1제곱미터당 필요한 페인트를 구해야 하는데 반대로 1L당 칠할 수 있는 넓이를 구하는 것이다. 한 단위에 해당하는 것이 얼마인지 알고 싶을 때는 해당 단위로 나누어야 하는데, 이에 대한 나눗셈의 개념이 정확하지 않기 때문이다.

나눗셈 개념은 3학년 1학기 때 배우는데, 그때는 숫자가 자연수라 큰 수에서 작은 수를 나누면 되므로(예를 들면 9÷3=3) 나눗셈 개념을 제대로 이해했는지 판단하기 어렵다. 하지만 분수나 소수의 나눗셈을 보면 나눗셈 개념을 이해하고 있는지를 확실히 판단할 수 있다. 초등 5~6학년 과정에는 이런 유형의 문제가 많아 이전과 달리 오답이 늘거나 오답 정정을 여러 번 해도 반복적으로 틀릴 수 있다. 이럴 때 오답노트를 활용하면 효과를 얻을 수 있다.

## 오답노트를 작성하는 방법

오답노트를 쓰기 위해 굳이 오답노트장을 구입할 필요는 없다. 일반적인 줄노트를 활용해도 된다. 오답노트를 작성하는 방법은 2가지 형태가 있다. 첫 번째는 문제를 노트 상단에 쓰고 풀이나 틀린 이유, 필요한 개념 등을 페이지 하단에 쓰는 방법(①)이다. 두 번째는 앞장을 상단과 하단으로 나눠 틀린 문제를 2개 쓰고, 뒷장에는 상하단 나눈 문제에 대한 풀이 과정을 작성하는 방법(②)이다.

2가지 방법 중 더 효과적인 방법은 두 번째 방법이다. 오답노트는 정리도 중요하지만, 중고등 때는 내신시험을 앞두고 있을 때 오답노트에 적어둔 문제를 다시 풀어보는 것이 가장 좋은 공부법이다. 문제

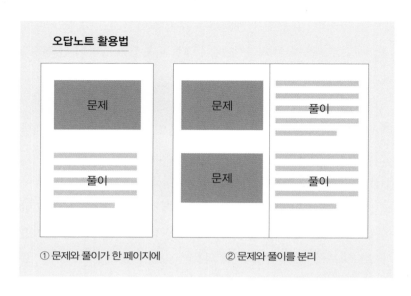

**오답노트 활용법**

① 문제와 풀이가 한 페이지에          ② 문제와 풀이를 분리

와 풀이가 한 페이지에 모두 적혀 있으면 틀린 문제를 풀 때 사고과정이 방해를 받지만, 문제와 풀이가 다른 페이지에 있다면 자기가 틀린 문제를 다시 한 번 체크해볼 수 있어 편리하다. 아래의 오답노트 작성 방법을 살펴본 후 아이 상황에 맞춰 적용해보자.

### 오답노트 작성 방법

① 하루 학습량 중에서 틀린 문제를 2개 고른다. (틀린 문제는 점차 늘려가도 되지만, 아이에게 부담되지 않는 선에서 오답노트를 작성하는 습관을 들이는 것이 먼저다.)

② 틀린 문제를 옮겨 적고 뒷장에 틀린 이유를 정리한다.

③ 틀린 문제를 옮겨 적은 일주일 후 틀린 문제에서 필요한 개념 → 풀이 과정 순서대로 작성한다. (틀린 문제를 쓰고 바로 개념과 풀이를 작성하면 오답을 정정했던 기억이 남아 있어서 외워서 쓸 수도 있기 때문이다.)

④ 진행했던 교재가 끝나고 다음 교재를 진행하면 틀린 문제만 다시 풀어 본다.

오답노트에 관해 엄마들이 궁금해하는 내용들을 정리해보았지만 사실 정답은 없다. 처음 쓰기 시작할 때는 아이와 오답노트를 쓰는 이유에 대해 충분히 이야기해보고 거부감이 생기지 않도록 해주는 것이 가장 중요하다.

# 초등 1~2학년
# 수학 로드맵

3장

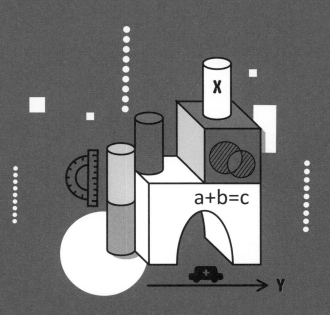

# 초등 1~2학년
# 수학 과목 알아보기

초등 1~2학년 때는 너무 쉬운 것을 배워서 수학 학습을 전혀 시키지 않는 경우가 있다. 또는 5~6세 때부터 초등 1학년 과정을 선행하려고 안간힘을 쓰는 경우도 있다. 초등 1~2학년 때 배우는 내용은 정말로 쉽기만 한 것일까? 그래서 안 해도 되거나 일찍 노출하는 것이 효과적인 방법일까?

가끔 부모님들과 대화를 나누다 보면 "뭐라고 설명해줘야 할지 모르겠어요."라는 말을 듣게 된다. 너무 쉽고 당연하다고 생각되는 개념일수록 아이들에게 정확하게 개념을 전달하고 이해시키는 것은 상당히 어렵다. 수학과를 전공한 사람이 유아나 초등 아이들은 무조건 잘 가르칠 것 같지만 실상 그렇지 못한 경우가 상당히 많은 것도 비슷한 맥락이다. 다시 말해 아이들 입장에서는 어느 것 하나 쉬운 것이 없고 하나도 당연한 것이 없기 때문에 쉽다고 넘어가서도 안 되고, 너무 일찍 가르쳐줘도 완벽하게 알려주었다고 하기는 어렵다.

초등 1~2학년에서 배우는 내용은 수와 연산 영역에 많은 초점을 두고 있다. 유아 시기부터 배우는 내용은 초등 1~2학년에 배우는 내용을 꾸준히 반복하며 학습하는 것이라고 할 수 있다. 예를 들면 초등 1학년 1학기 1단원에서 배우는 9까지의 수는 5~6세 아이들도 9까지 수를 셀 수 있고 숫자를 읽을 수 있다. 그럼에도 초등 1학년 때 이 부분을 배우는 이유는 무엇일까? 수에 대한 개념은 굉장히 추상적이라 다양한 활동과 노출 경험이 많이 누적되어야지만 이해할 수 있기 때문이다.

초등 3~4학년 시기에 분수와 도형 영역에 초점을 두는 것과 비교하면 1~2학년 시기에는 반드시 자연수의 체계에 대한 이해와 덧셈, 뺄셈, 곱셈 등의 연산 원리를 이해하는 것이 필요하다. 1~2학년 때 수와 연산 영역에 대한 성취도의 차이가 수학 실력이나 수학 자신감에 직접적인 영향을 줄 수 있기 때문이다.

다음의 표는 초등 1~2학년 학기별 단원별로 중요하게 체크해야 하는 부분을 정리한 것이다. 초등 1~2학년 때는 문제집을 풀면서 아이가 실수했다고 여러 문제를 계속 반복 학습시키기보다는 해당 단원에서 중요 부분을 정확하게 이해하고 있는지 체크하는 것이 효과적이다. 1학년 1학기에서는 3단원 덧셈과 뺄셈, 5단원 50까지의 수 단원이 중요한데, 심화 학습으로 들어가면 아이들이 자주 틀리거나 어려워하는 부분이다. 수에 대한 체계가 약하다면 1학년 2학기에서

| 학년/학기 | 개념 |
|---|---|
| 1학년 1학기 | 1. 9까지의 수: 양감, 순서수<br>2. 여러 가지 모양: 모양 이름, 모양 일반화<br>3. 덧셈과 뺄셈: 10 이내의 짝꿍수, 어떤 수<br>4. 비교하기: ~보다 ~하다, 부등호<br>5. 50까지의 수: 묶음, 낱개, 두 자리 수 읽기 |
| 1학년 2학기 | 1. 100까지의 수: 자릿값의 의미<br>2. 덧셈과 뺄셈: 여러 가지 덧셈과 뺄셈 방법 이해<br>3. 여러 가지 모양: 입체도형과 평면도형의 차이<br>4. 덧셈과 뺄셈: 10 기준으로 더하고 빼기<br>5. 시계 보기와 규칙 찾기: 시계 바늘 움직임의 원리, 마디<br>6. 덧셈과 뺄셈: 덧셈구구와 뺄셈구구 원리 |
| 2학년 1학기 | 1. 세 자리 수: 돈 계산, 묶음 수<br>2. 여러 가지 도형: 도형의 개수<br>3. 덧셈과 뺄셈: 다양한 연산 원리<br>4. 길이 재기: 단위길이<br>5. 분류하기: 분류기준 찾기<br>6. 곱셈: 곱셈의 개념 |
| 2학년 2학기 | 1. 네 자리 수: 수의 확장<br>2. 곱셈구구: 곱셈의 연산 원리<br>3. 길이 재기: 어림하기<br>4. 시각과 시간: 시간에 대한 관련 단위이해<br>5. 표와 그래프: 표와 그래프 각각의 특징<br>6. 규칙 찾기: 쌓기나무 원리, 마디 |

는 1단원 100까지의 수를 꼼꼼하게 체크하는 것이 좋다. 수와 연산 영역이 자기 학년 진도와 비슷하다면 5단원 시계 보기와 규칙 찾기, 6단원 덧셈과 뺄셈 단원을 중요하게 체크해야 한다.

2학년 1학기에서는 많은 아이들이 3단원 덧셈과 뺄셈에서 여러 가지 방법으로 푸는 것을 어려워하거나 관련 문제의 빈칸 채우기를 많이 틀린다. 덧셈과 뺄셈을 여러 가지 방법으로 풀어내는 것은 하나의 식을 다양하게 생각해보는 사고 과정이므로 중요한 단원으로 체크해두자. 2학년 2학기에서는 4단원 시각과 시간이 매우 중요하다.

초등 2학년 과정에서 언급한 단원들은 아이들의 수학 자신감에 영향을 미치는 단원이자 학교에서는 단원평가 재시험이 자주 발생하는 단원이다. 그만큼 어려워하는 아이들이 많고, 이로 인해 수학 학습에 대한 막연한 불안감과 두려움이 생길 수 있으므로 해당 단원을 힘들지 않고 쉽게 배우고 익힐 수 있도록 준비하는 것이 좋다.

# 1학년
# 필수 개념 익히기

## 1학년 필수 개념 ① 덧셈과 뺄셈

가끔 1~2학년 문제집을 거의 안 풀리고 초등 3학년 예습을 하려다 보니 내용이 어려워서 아이가 힘들어한다는 학부모님들을 만나게 된다. 아쉽지만 어쩌면 당연한 결과일지도 모른다. 초등 1~2학년 때 교과서를 통해 배우는 개념들은 초등 3학년 이후의 개념들을 익히기 위한 기본이 되고 중요한 시작점이다. 수학 용어의 개수나 난이도에 대해 아이가 얼마나 이해했는지를 부모나 선생님은 정확하게 판단하기 어렵다. 예를 들어 3+2=5를 알았다면 아이가 어디까지 알고 있어야 정확하게 이해했다고 할 수 있을까? 그 기준을 파악하기 위해 아이에게 이런 질문을 차례대로 물어볼 수 있다.

"3+2는 몇 개야?"

"3+2가 5개인지 어떻게 알았어?"

"3+2라고 나타낼 수 있는 상황은 또 무엇이 있을까?"

"3에 어떤 수를 더하면 5가 돼?"

"어떤 수는 어떻게 구했어?"

덧셈을 정확하게 이해한다는 것의 출발은 수의 양감에서 시작된다. '3+2는 왜 5야?'라는 질문에 초등 저학년 아이 중에서 "나뭇가지에 참새가 3마리 앉아 있었는데 2마리가 더 날아왔어요. 그럼 3마리에 2마리가 더 늘어났으니까 5마리가 되는 거예요."라고 답할 수 있는 아이는 극히 드물다. 슬프게도 거의 없다고 할 수 있다. 그렇다면 보통의 아이들은 어떻게 답할까?

"3 더하기 2는 당연히 5잖아요."

모든 연산식에 대한 의미를 물을 때 이렇게 답한다면 아이는 연산의 원리를 정확하게 이해하지 못했다고 할 수 있다. 양감은 수 세기를 정확하게 한다는 의미도 있지만, 보이지 않는 양을 떠올릴 수 있어야 한다는 의미도 갖는다. 연산을 어려움 없이 진행하기 위해서는 반드시 체크해야 하는 부분이다.

# 1학년 필수 개념 ② 양감, 비교

'~보다 ~은 ~하다.'라는 비교 표현은 수 영역이나 측정 영역에서 매우 중요하다. 수 영역에서는 문제를 이해하는 과정에서 조건을 해석할 때 활용된다. 아래 문제를 한번 살펴보자.

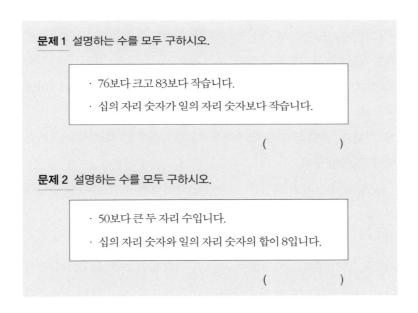

**문제 1** 설명하는 수를 모두 구하시오.

- 76보다 크고 83보다 작습니다.
- 십의 자리 숫자가 일의 자리 숫자보다 작습니다.

(          )

**문제 2** 설명하는 수를 모두 구하시오.

- 50보다 큰 두 자리 수입니다.
- 십의 자리 숫자와 일의 자리 숫자의 합이 8입니다.

(          )

이 문제들은 '조건에 맞는 수'를 구하는 것으로 아이들이 많이 틀리고 어려워한다. 1학년 2학기 1단원에 나오는데, 이후 상위 학년 수 영역에서 자주 등장하는 유형이다.

첫 번째 조건부터 실수하는 경우 조건이 머릿속으로 정리되지 않기 때문이다. 엄마 입장에서는 쓰면서 풀면 틀리지 않는데 실수했다고 생각할 수 있지만, 비교 표현 개념이 머릿속에 정확히 정립되지 않아서일 수도 있다. 수 영역에서는 비교 구간에 대한 이해가 정확해야 하는데 아이가 그 부분이 약한 건 아닌지 살펴봐야 한다.

또한 측정 영역에서는 비교하는 서술 표현을 다양하고 정확하게 알아야 한다. 비교를 표현하는 단어가 '크다'와 '작다'만 있다고 생각하는 아이들은 눈으로 직관적으로 판단할 수 있는 것만 이해하고 사용한다. 이런 아이들은 측정 영역의 넓이, 무게, 들이, 길이 등 다양한 비교 개념을 어려워하는 경우가 상당히 많다. 측정 영역에서는 비교하는 주제에 따라 ① 무게: 무겁다, 가볍다 ② 넓이: 넓다, 좁다 ③ 두께: 두껍다, 얇다 등 다양한 표현이 있으며, 정확한 비교 서술 표현을 할 수 있어야 한다.

수학의 추상적인 개념들을 정확히 이해하려면 다소 쉬운 추상적인 개념은 더 세분화해서 배우고 익혀서 사용할 수 있어야 한다. 그러려면 평소 "~보다 ~은 어떠하다."라는 표현을 자주 사용하거나 들려주는 것이 좋다. 2가지를 비교할 때 기준을 무엇으로 두느냐에 따라 비교 표현을 다르게 사용하는 연습도 해본다. 예를 들어 '100쪽의 포켓 사이즈 책'과 '300쪽의 큰 책'을 '얇다, 두껍다', '작다, 크다', '가볍다, 무겁다' 등으로 표현해볼 수 있다. 이는 6학년 1학기 4단원(비와 비율)에서 배우는 비의 개념과 연결된다.

# 1학년 필수 개념 ③ 시계 보기

1학년 2학기에는 중요한 수학 개념이 나온다. 5단원 시계 보기와 규칙 찾기인데, 시계 읽는 방법 중 정각과 30분에 대해서 배운다. 유아 시기부터 엄마들은 시계를 보면 읽는 방법을 알려준다. 그리고 나중에 시계 보기 단원을 가르치면서 아이가 왜 시계 문제를 틀리는지 모르겠다고 의아해한다. 시계 보기를 익힌 아이도 시계의 원리나 시간 단위 개념을 이해해야 풀 수 있는 문제는 어려워한다.

시계 보기에서 중요한 것은 읽는 방법이 아니다. 더 중요한 것은 시계 바늘 움직임의 원리를 아는 것이다. 정각을 읽는 방법은 약속이기 때문에 긴 바늘과 짧은 바늘이 어떤 숫자를 가리킬 때 3시라고 읽는지 알려줬다면, 긴 바늘을 얼마만큼 돌려야 4시가 되는지 또는 몇 바퀴 돌려야 다시 3시가 되는지 등의 원리를 알려주어야 한다.

2학년 2학기 4단원에는 시각과 시간이 나오는데, 1학년 2학기 5단원 내용을 잘 이해했어도 해당 단원의 내용이나 문제를 어려워하는 경우가 많다. 다양한 단위와 단위 간의 관계를 이해하고 문제를 자유롭게 풀 수 있을 정도로 익히는 것이 생각보다 오래 걸리기 때문이다. 시계 관련 문제는 한 번에 주입식으로 하기보다 평소 생각날 때마다 다음 방법으로 알려준다.

● 시계의 구성을 꼼꼼히 살펴본다.
- 숫자는 몇부터 몇까지 있는지 짚어가며 서로 이야기한다.

- 12, 3, 6, 9 숫자의 위치, 바늘의 구성, 숫자와 숫자 사이의 눈금이 몇 칸으로 되어 있는지 등을 살펴본다.
- 시계를 보지 않고 그릴 수 있어야 한다.
- 모형시계를 살 필요는 없다. 가정에 있는 사용하지 않는 시계의 건전지를 빼고 사용하면 된다.

● 정각을 읽어본다.
- 정각을 읽을 수 있다면 시계를 보지 않고 4시일 때 긴 바늘과 짧은 바늘이 어떤 숫자를 가리키는지 물어본다.

● 긴 바늘을 돌려본다.
- 긴 바늘을 한 바퀴 돌리면 몇 시가 되는지 조작해본다.
  예) 정각 2시에 맞춘 다음 긴 바늘을 한 바퀴 돌리면 3시가 된다는 것을 알려준다.

● 2시가 5시가 되려면 어떻게 해야 하는지 해본다.
- 긴 바늘을 몇 바퀴 돌려야 하는지 조작해본다.
  예) 정각 2시에서 한 바퀴 돌리면 3시, 다시 한 바퀴 돌리면 4시, 한 바퀴 더 돌리면 5시가 된다. 결국 3바퀴를 돌려야 5시가 되는 것을 직접 해보게 한다.

- 1시간은 60분이라는 개념을 알려준다.
- 2시 59분에서 1분이 지나 3시가 되는 상황을 살펴본다.
- 단위는 약속이기 때문에 노출 빈도를 높여서 이해하고 익힌다.


- 긴 바늘이 숫자 6을 가리킬 때 30분이라는 개념을 알려준다.
- 긴 바늘이 12시에서 시작해서 한 바퀴를 돌려 제자리에 오면 60분이 흐른 것이고, 반 바퀴를 돌려 6을 가리키면 60분의 절반인 30분을 나타낸다는 것을 알려준다.
- 짧은 바늘이 두 숫자 사이에서 정확히 중간을 가리키는 것과 숫자와 숫자 사이에 있을 때 어떤 숫자를 읽어야 하는지 함께 살펴본다.


- 작은 눈금 1칸이 1분을 의미함을 알려준다.
- 숫자와 숫자 사이의 작은 눈금 1칸이 1분을 의미한다는 것을 알려준다.
- 긴 바늘이 숫자 1을 가리킬 때 5분이라는 것을 알려준다.
- 눈금이 5칸이 모이면 5분 단위로 커져서 5분, 10분으로 읽는다는 원리를 알아야 한다.
- 물방울 시계는 사용하지 않는다.


- 바늘이 움직이는 활동을 충분히 해본다.
- 긴 바늘을 한 바퀴 움직일 때 시간은 어떻게 변하는지 알려준다.
  예) 12시에서 긴 바늘을 한 바퀴 움직이면 1시간이 지났음을 확인한다.
- 짧은 바늘이 한 바퀴 움직일 때 시간은 어떻게 변하는지 알려준다.
  예) 12시에서 짧은 바늘이 한 바퀴 움직이려면 긴 바늘이 12번 돌
  아야 하는 것을 확인한다.
- 긴 바늘이 한 바퀴 움직이는 동안 짧은 바늘과 몇 번 만나는지 시계
  로 직접 조작해본다.
  예) 3시에서 긴 바늘을 한 바퀴 움직이면 짧은 바늘과 반드시 1번
  만난다는 것을 확인한다.

● 때를 나타내는 표현을 이해한다.
- 오전, 오후, 정오, 자정 등 때를 나타내는 단어의 뜻을 이해할 수 있
  도록 의도적으로 사용한다.

# 2학년
# 필수 개념 익히기

^^^
·····

## 2학년 필수 개념 ① 다양한 덧셈과 뺄셈

초등 2학년 1학기 과정에서는 3단원 덧셈과 뺄셈이 가장 중요한 단원이다. 덧셈과 뺄셈은 분명 잘하지만 아이들은 여러 가지 방법으로 덧셈과 뺄셈을 하는 것은 어려워한다. 교과서에서는 이 부분을 어떻게 설명하는지 참고하면 되겠지 하고 생각하는 부모들이 있지만, 교과서에는 공란으로 비어 있어 교과서를 보고 예습을 시키는 것은 어렵다. 따라서 2학년 1학기 교과 문제집을 활용해서 미리 예습해보아야 한다.

다음 내용은 여러 가지 방법으로 덧셈과 뺄셈을 하는 예다. 교과 문제집에서는 여러 가지 덧셈과 뺄셈 방법을 다양하게 제시하고 있기 때문에 이 부분을 미리 예습하거나 반드시 복습해보는 것이 좋다. 비슷한 유형은 기본이나 응용 문제집에 많이 수록되어 있으며, 심화 문제집을 활용하는 것은 어려움이 따를 수 있으니 알아두자.

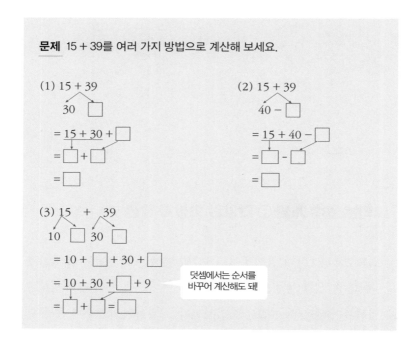

이 문제에서는 덧셈 방법으로 3가지를 제시하고 있는데, 이 중에서 아이들이 어려워하는 것은 2번과 같은 방법이다. 주어진 덧셈이나 뺄셈식에 나온 수가 아닌 다른 수로 가르기 또는 모으기를 적용해서 연산하는 방법을 가장 어려워한다. 하지만 주어진 수가 아닌 다른 수로 가르기 또는 모으기를 정확하게 할 수 있다면 수감이나 연산 감각이 매우 좋다는 것을 의미하므로 자주 나오는 방법에 대해서는 충분히 연습해보는 것이 좋다.

초등 1학년과 2학년의 가장 큰 차이는 '연산'이다. 1학년 때는 연산을 힘들어하지 않았는데, 2학년이 되면 연산 단원을 힘들어하거나 연산 문제집을 풀기 싫어하는 아이들이 두드러지게 나타난다. 교과서에서 연산 단원을 배우는 시점을 비교해보면 그 이유를 알 수 있다. 1학년 2학기 6단원 덧셈과 뺄셈을 배우는 시기는 겨울방학 직전이나 봄방학을 하기 전이다. 이후 2학년 1학기 3단원 덧셈과 뺄셈을 배우는 시기는 4월 말 정도인데, 그 기간 동안 두 자리 수의 받아올림, 받아내림이 있는 덧셈과 뺄셈을 능숙하게 해야 한다. 하지만 이는 물리적으로도 너무 짧은 기간이라 쉽지 않다. 교과서 단원 편성에 대해 불평할 게 아니다. 각 학기별 연산 난이도 상승이 균일하지 않음을 전제로 이해하고 준비해야 한다.

수학을 포기하는 첫 번째 시점이 '초등 3학년 분수를 배울 때'라는 기사를 본 적 있다. 그런데 이 현상을 자세히 들여다보면 3학년 때 배우는 분수가 어려워서 혹은 이 시기에 수학 공부가 하기 싫다고 하는 아이들은 이전 학년의 두 자리 수나 세 자리 수 덧셈과 뺄셈이 어렵기 때문인 경우가 대부분이다. 솔직히 이런 아이들 중 이전 학년의 덧셈과 뺄셈이 쉽다고 하는 아이는 한 명도 없다고 할 정도다.

간혹 덧셈과 뺄셈을 다양하게 푸는 방법이 왜 중요하냐며, 연산은 답만 정확하게 맞히면 되는 것 아니냐고 반문하는 학부모들이 있다. 아이들 앞에서는 절대 그렇게 말해서는 안 된다. 다양한 덧셈과 뺄셈은 유연하게 수를 조작해서 자신이 쉽게 할 수 있는 연산 방법을 선택해 처리하기 위함이다. 이는 '연산을 잘하는 아이들은 무엇이 다른가?'라는 궁금증에 대한 해답도 된다.

연산을 잘하는 아이들은 주어진 수를 머릿속으로 '가지고 놀 수' 있다. 연산 잘하는 아이들을 보면 "수 감각이 좋다."라고 말하는 것과 같은 맥락이다. 유연한 수 조작은 빠른 속도로 문제를 해결하게 하고, 결국 정확한 답을 찾아가는 것으로 이어진다. 다시 말해 다양한 덧셈과 뺄셈 과정은 수 감각을 기르는 연습 과정이다. 연산을 잘하는 아이들은 주어진 수식을 주어진 그대로 계산하지 않는다. 자신이 쉽게 구할 수 있는 수식으로 기가 막히게 바꿔서 풀어낸다. 수를 보면 다양한 방식으로 가르기와 모으기를 적용하는데, 정확한 연산의 원리를 기반으로 한다. 27+19를 구하는 방법을 예를 들면 다음과 같이 다양하게 정답을 유추해낼 수 있다.

① 27+19=20+7+10+9=20+10+7+9=30+16=46
② 27+19=27+10+9=37+9=46
③ 27+19=27+3+16=30+16=46
④ 27+19=26+1+19=26+20=46
⑤ 27+19=30-3+20-1=50-4=46

덧셈의 방법은 여러 가지가 있지만, 이 방법들은 아이들이 많이 사용하고 쉽게 기억할 수 있는 방법이다. ①과 ②는 세로셈 방법을 가로셈으로 바꿔 하면서 계산 순서만 다르게 한 것이다. 이런 수식의 흐름이 이해되지 않는다면 아이가 익숙해하는 세로셈과 비교해 설명해준 다음 반드시 수식을 읽어내는 연습을 해야 한다. 중고등 때 수학을 잘하고 싶다면 수식을 읽어가는 힘을 미리 길러두어야 한다.

③과 ④는 주어진 수에 따라 적절하게 사용해야 한다. 예를 들어 28+14의 경우 22+6+14(④)보다 28+2+12(③)가 더 편하다. 주어진 두 수를 어림했을 때 어떤 수와 가까운지, 그 수와 얼마만큼 차이가 나는지 바로 판단할 수 있어야 수식에 따라 가장 효율적으로 푸는 연산 방법을 적용할 수 있다. 다시 말해 수의 체계와 10 보수 개념이 얼마나 중요한지를 알 수 있는 부분이다.

⑤의 경우 세 자리 수 등에서도 활용 가능하다. 478+598을 할 때 각 자릿값끼리 더해서 암산한다면 백의 자리부터 일의 자리까지 총 3번의 덧셈을 한 뒤, 세 수의 덧셈을 또 해야 한다. 세 수의 덧셈은 암산하기 쉽지 않다. 그러다 보니 세로셈으로 쓰지 않으면 어려워한다. 이럴 때 478이 500에 가깝고, 598이 600에 가까우니까 500과 600을 더하고 그 차이만큼 빼주는 것이다.

$$478+598 = 500-22+600-2 = 1100-24 = 1076$$

이 방법을 잘 사용하려면 수의 어림하기와 보수 개념이 잘되어 있어야 한다. 10의 보수는 물론 두 자리 수인 100의 보수 연습도 충분히 되어 있어야 한다. 이처럼 100의 보수 연습까지 잘되어 있으면 아이들이 할 수 있는 연산 방법이 다양해지면서 유연하게 연산 처리를 할 수 있게 된다.

간혹 아이가 다양한 덧셈, 뺄셈 방법을 굉장히 어려워할 수 있다. 그 경우 무리하게 반복적으로 주입시키기보다 받아올림이나 받아내림의 원리를 정확하게 이해시키는 것이 좋다. 어떤 경우에 받아올림과 받아내림을 하는지 설명해보라고 하면 머뭇거리는 아이들이 꽤 많다. 그런 질문을 받으면 '덧셈에서는 두 수의 합이 10을 넘을 때', '뺄셈에서는 피감수(빼기를 당하는 수)가 감수(빼는 수)보다 작을 때'라고 확실히 말할 수 있어야 한다. 그리고 받아올림이나 받아내림은 1 커지거나 1 작아지는 원리임을 알아채면 받아올림이나 받아내림 표시를 하지 않고 앞자리부터 암산할 수 있게 된다.

받아올림이나 받아내림을 표시하지 않아야 하는지에 대한 질문도 상당히 많이 받는다. 물론 써둔다고 큰일 나는 것은 아니다. 하지만 계속 쓰기를 하다 보면 고학년 때 습관을 고치기 어렵고, 계산이 복잡해지면 실수가 많아진다. 저학년 때 실수를 줄이기 위해 쓰게 두었는데 나중에 써서 오히려 실수를 더 많이 하게 되는 것이다. 가능하다면 연산의 폭을 넓혀 머릿속으로 정확하게 풀어내는 연습을 하는 편이 좋다. 연산을 잘하는 아이는 암산을 할 수 있는 범위도 상당히 넓다는 점을 알아두자.

# 2학년 필수 개념 ② 곱셈

구구단을 외운 7세 아이에게 3×4를 물어보면 "12요."라고 자신 있게 대답한다. 그 아이에게 "3×4는 왜 12야?" 또는 "3×4는 무슨 뜻이야?"라고 물어보면 대부분은 대답하지 못한다.

6~7세 아이들에게 구구단을 외우게 하는 경우가 많은데, 나는 유아 시기에는 구구단 외우기를 시키지 말라고 간곡히 말한다. 구구단 외우기는 시간만 주어지면 언제든 할 수 있는 일이다. 아이들은 영어 챈트를 기억하듯이 음률 있는 형태를 쉽게 외우고 기억할 수 있다.

그렇다면 왜 유아 시기에 구구단 외우기를 시키지 말라고 강조하는 걸까? 곱셈에서 가장 중요한 것은 바로 '개념'이기 때문이다. 구구단을 외웠다면 곱셈을 안다는 것이고, 그러면 곱셈의 뜻이 무엇인지 곱셈을 표현하는 방법을 줄줄이 말할 수 있어야 한다. 중학교 3학년 1학기에 배우는 곱셈 공식이나 인수분해는 갑자기 튀어나온 개념이 아니다. 초등학교에서 배우는 곱셈에서 개념이 시작되는 것이다. 그렇게 중요한 개념을 구구단을 외우고 답할 수 있는 것으로 만족하면서 넘어가면 절대 안 된다.

앞서 "3×4는 무슨 뜻이야?"라는 질문에 곱셈을 배운 아이라면 "3을 4번 더하는 것"이라고 답할 수 있어야 한다. 곱셈은 더하기를 여러 번 하는 것을 간단하게 표현하는 방법이다. 이 원리를 알면 중학교 1학년 1학기 때 배우는 거듭제곱에서도 비슷하게 연결할 수 있는데, 거듭제곱은 곱하기를 여러 번 하는 것을 의미한다.

## ❶ 수직선에서 뛰어 세기

0  5  10  15  20  25  30  35

5씩 뛰어 세면 5씩 커집니다.

## ❷ 한 묶음 안의 개수와 묶음의 수

12를 묶어 세기

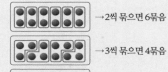
→ 2씩 묶으면 6묶음

→ 3씩 묶으면 4묶음

→ 4씩 묶으면 3묶음

→ 6씩 묶으면 2묶음

└ 한 묶음 안의 수가 많아질수록 묶음의 수는 줄어듭니다.

## ❸ (■씩 ▲묶음) = (▲씩 ■묶음)

(3씩 5묶음) = (5씩 3묶음)
15개        15개

## 연결 개념(곱셈)

### ❹ 곱셈식

'몇'씩 묶어 세면 '몇'씩 커집니다.

$$4씩 3묶음 → 4+4+4$$

위와 같이 같은 수를 여러 번 더하는 것을 ×(곱하기) 기호를 사용하여 곱셈식으로 나타낼 수 있습니다.

$$4+4+4=4×3$$

4를 3번 더하는 것을 4 × 3이라고 씁니다.

## ❶ 몇 배 알아보기

몇 배(倍)는 같은 수를 몇 번 더한 만큼을 나타냅니다.
- □의 3배는 □□□입니다.
- □□□는 □의 3배입니다.

## ❷ 몇 배로 나타내기

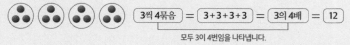

3씩 4묶음 = 3+3+3+3 = 3의 4배 = 12

모두 3이 4번임을 나타냅니다.

➡ 3의 4배는 12입니다.
　 12는 3의 4배입니다.

곱셈은 여러 가지로 표현할 수 있다. 예를 들면 3×4는 ① 3+3+3+3 ② 3씩 4묶음 ③ 3의 4배로 표현할 수 있고, '3 곱하기 4'라고 읽는다는 것을 알아야 한다. 특히 2학년 때는 배(倍, 곱 배)의 뜻을 처음 배우기 때문에 정확하게 말할 수 있는지 여러 번 확인하는 것이 필요하다. (몇 배는 같은 수를 몇 번 더한 만큼을 나타낸다.)

이때 개념을 잘 설명하면 13×4의 개념도 연결해서 적용할 수 있음을 보여준다. 풀어보면 13×4는 ① 13+13+13+13 ② 13씩 4묶음 ③ 13의 4배이고, 특히 13을 4번 더한다는 의미에서 10을 4번 더한 것과 3을 4번 더한 것을 합하는 것임을 알아야 한다. 그러면 3학년 이후에 배우는 ① 두 자리 × 한 자리 ② 세 자리 × 한 자리 ③ 두 자리 × 두 자리 등을 쉽게 이해하고 단원 설명 없이도 문제 푸는 것을 어려워하지 않는다.

## 2학년 필수 개념 ③ 단위길이와 어림하기

**단위:** ① 길이, 무게, 수효, 시간 따위의 수량을 수치로 나타낼 때 기초가 되는 일정한 기준 ② 하나의 조직 따위를 구성하는 기본적인 한 덩어리

단위에 대한 사전적 의미다. cm(센티미터)가 단위라는 것을 쉽게 이해하는데, 단위길이, 단위넓이, 단위분수 등 '단위'가 붙은 수학 용어를 알려주면 아이들은 어렵고 모호하게 받아들인다. 당연하다. 추상적인 의미에 대해 이해하기 쉬운 예시를 사용해 알려주면 이해하

는 것 같지만 정확한 의미를 알았다고 할 수는 없다.

2학년 때 배우는 '단위길이'는 하나의 물건을 정해서 다른 길이를 측정할 때 반복적으로 사용하는 하나의 물건 길이를 뜻한다. 더 쉽게 설명하면 길이를 잴 때 기준이 되는 크기가 바로 '단위길이'다. 만약 붓의 길이를 잰다고 할 때 손을 편 뼘으로 재면 2번, 클립으로 재면 6번이 나온다고 하자. 이때 손과 클립 중 더 긴 것은 무엇일까? 바로 손이다. 즉 단위길이가 길면 같은 물건을 잴 때 더 적게 잴 수 있고, 단위길이가 짧으면 같은 물건을 잴 때 여러 번 더 재야 함을 정확하게 알고 있어야 한다.

이처럼 단위길이를 이해하면 길이 단위인 센티미터(cm), 미터(m) 등이 만들어지게 된 이유도 자연스럽게 받아들일 수 있다. 앞서 예를 든 붓의 길이에 대해 손의 뼘으로 잰 사람은 '손 뼘으로 2번'이라고

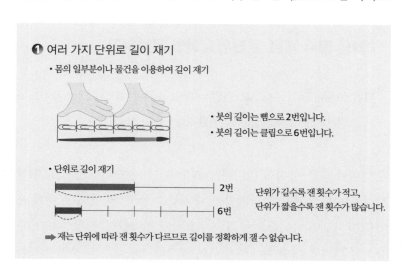

**❶ 여러 가지 단위로 길이 재기**

• 몸의 일부분이나 물건을 이용하여 길이 재기

• 붓의 길이는 뼘으로 2번입니다.
• 붓의 길이는 클립으로 6번입니다.

• 단위로 길이 재기

2번

6번

단위가 길수록 잰 횟수가 적고,
단위가 짧을수록 잰 횟수가 많습니다.

➡ 재는 단위에 따라 잰 횟수가 다르므로 길이를 정확하게 잴 수 없습니다.

말하고, 클립으로 잰 사람은 '클립으로 6번'이라고 하면 정확한 길이를 알 수 없다. 사람들이 정한 단위길이가 각기 다르면 정확한 길이를 알 수 없어 수학적 의사소통을 할 수 없기 때문에 누구나 공통으로 사용하는 단위를 정했던 것이다.

더 나아가 각 단위의 개념을 알았다면 '어림하기'를 통해 단위를 적절하게 사용할 수 있어야 한다. 다음 문제에서 보는 것과 같이 서울에서 시청까지의 거리는 미터를 사용해 나타낼 수 있다. 하지만 수학에서는 효율성을 따져 대략의 거리를 짐작하는데, 이것이 '어림하기'라고 할 수 있다.

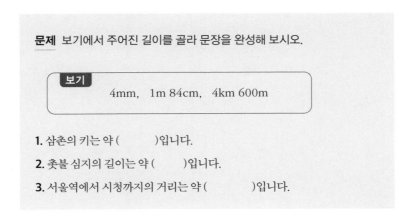

**문제** 보기에서 주어진 길이를 골라 문장을 완성해 보시오.

> **보기**
> 4mm,  1m 84cm,  4km 600m

**1.** 삼촌의 키는 약 (          )입니다.
**2.** 촛불 심지의 길이는 약 (          )입니다.
**3.** 서울역에서 시청까지의 거리는 약 (          )입니다.

상황에 따른 단위를 적절하게 사용할 수 있으려면 평소 생활 속에서 아이가 단위를 읽어보게 하거나 찾아보게 해주자. 아파트 한 층의 높이는 한 번도 재본 적 없지만 자신의 키를 1m로 어림해 몇 번 반복

하면 천장에 닿을지 예상해보면 짐작할 수 있다. 어림하기는 기준이
되는 단위의 크기를 알고, 상황에 따른 단위를 알맞게 연결해 어림하
면 문제를 쉽게 해결할 수 있다.

# 초등 1~2학년
# 사고력 수학

초등 1~2학년 때 수학 학습은 어디에 학습 시간을 많이 배분해야 할까? 배워야 할 것도 많은데 무엇부터 하면 좋을까? 이런 질문을 받으면 나는 당연히 '사고력 수학'이라고 답한다. 그 이유는 3가지로 요약할 수 있다.

첫째, 초등 저학년에 수학에서 절대 놓치면 안 되는 것은 '흥미'다. 아이가 수학을 좋아해야 수학을 잘한다는 이야기를 하는 것이 아니다. 수학을 잘하는 아이들도 학년이 올라가면서 어려움을 느끼는 영역이나 단원을 만나기 마련이다. 그때마다 수학 공부를 하기 싫어하거나 자신의 수학 실력에 대해 낙담하는 것이 아니라 어렵지만 해보려고 노력하는 자세가 굉장히 중요하다. 그런데 배우는 내용이 어려워지면 노력해보려고 마음먹는 것도 대단히 어렵다. 쉽고 재미있는 것들을 접하면서 좋아하는 것까지는 아니더라도 흥미롭게 느낄 수 있는 경험은 매우 중요하다.

이런 맥락에서 볼 때 1~2학년 아이들이 연산 학습이나 교과 학습에서 흥미를 느끼기는 어렵다. 연산이나 교과 학습만 하다 보면 똑같은 문제를 반복해서 풀게 되고, 수학은 지루하고 따분한 것이라는 잘못된 인상을 갖기 쉽다. 그런데 사고력 수학 학습을 통해 교과서에서 다루지 않는 퍼즐이나 논리 추론 등의 영역까지 경험하면 수학에 대한 흥미를 계속 유지할 수 있다.

둘째, 사고력 학습을 하면 초등 저학년 때 배우는 교과 학습 내용의 70% 정도를 예습하는 효과를 얻을 수 있다. 학기별 교과 수학 문제집(기본 난이도)을 풀지 않아도 충분히 채워지는 부분이 있다. 거기에 교과 수학 문제집과 비교했을 때 문제 양이 많지 않고 그림 예시까지 있어 따분하지 않을뿐더러 다양하고 재미있는 영역의 문제도 접할 수 있다.

셋째, 사고력 수학에서 다루는 교구 조작을 통해 과제집착력을 키울 수 있다. 과제집착력이란 처리하거나 해결해야 할 문제에 매달리는 태도를 뜻하는데, 영재의 특징 중 하나로 꼽힌다. 수학을 잘하려면 과제집착력이 필요한데, 문제에 대한 과제집착력을 키우면 훨씬 수월하고 효과적이다. 만약 매일 또는 2~3일에 한 번씩 칠교 교구와 워크북을 활용해 퍼즐을 해결하면 문제를 읽고 푸는 것보다 흥미롭게 접근할 수 있으며, 어려운 난이도의 퍼즐도 실제 난이도보다 쉽게 받아들여 도전하는 모습을 보이게 된다.

만약 유아 시기부터 시작해 1~2년 정도 사고력 수학 학습을 했다면 초등 저학년 때는 교구보다는 지면 중심의 학습으로 넘어가는 것이 좋다. 만약 아이가 교구 활동을 여전히 좋아한다면 의도적으로 활동 비중을 줄여가면서 활동을 통해 배운 개념을 문제 풀이에 적용하고 활용하도록 체크해주어야 한다. 교구를 이용한 구체적 수학 활동이 얼마나 필요한가는 아이들마다 다르다. 교구 활동을 할 때는 잘했는데 막상 문제 풀이에서는 접근하기 힘들어하는 아이들도 있다. 그런 문제가 생기지 않도록 미리 체크하고 준비하는 자세가 필요하다.

## 사고력 수업에 관한 3가지 로드맵

사고력 수학 문제집도 단계에 따라 필요한 연산 실력이 있다. 문제를 생각하면서 해결해야 하는데, 사고 과정에서 연산이 어려워 사고 과정이 원활하지 않으면 아무리 흥미롭게 구성되어 있는 문제집이라도 큰 효과를 얻기가 어렵다. 사고력 수학 문제집을 결정하는 단계에서는 연산 진도가 밀접한 관련이 있다는 의미다.

초등 저학년 시기에는 여전히 사고력 수학 수업을 진행하는 경우가 많아 따로 사교육을 받지 않더라도 해볼 수 있는 사고력 수학 수업 로드맵을 다음의 표와 같이 3가지로 정리해보았다. 먼저 교구 수업 경험이 있는 경우(로드맵 1)와 없는 경우로 구분했고, 경험이 없지만 연산 진도가 자기 학년이 가능한지(로드맵 2, 로드맵 3) 여부에 따라 세분화하였다.

교구 수업을 진행해본 경험이 있고《키즈팩토》까지 마무리했다면 초등 저학년 시기에는《팩토 1레벨》부터 진행하면 된다. 교구 수업은 해보지 않았지만 자기 학년 연산이 자유롭다면《키즈팩토》문제집부터 시작하면 된다. 1학년 2학기인데 1학기 연산은 그나마 가능한데 2학기 연산은 아직 부족하다면 교구 수업을 하면서 욕심 내지 않는 선에서《키즈팩토》문제집을 차근차근 시켜보아도 좋다.

아이의 주변 또래 친구가 푸는 문제집 단계는 참고할 정보로만 알아두고 내 아이의 실력에 맞게 쉽고 재미있는 단계부터 시작해야 한다. 그렇게 해야만 아이는 사고력 수학 학습을 통한 3가지 이득을 얻을 수 있다. 또래 친구와 비교되거나 사고력 수학에서도 높은 단계를 해야 하지 않을까 걱정된다면 앞서 사고력 수학 학습에 비중을 둬야 하는 3가지 이유를 다시 읽어보기 바란다.

| 로드맵 | 체크 사항 | 진행 방법 |
|---|---|---|
| 로드맵 1 | • 교구 수업 1~2년 진행한 경우(플레이팩토, 오르다, 가베, 아담리즈, 보드게임 수업 등)<br>• 《킨더팩토》, 《키즈팩토》 마무리한 경우 | 《팩토 1레벨》→《1031pre》→《팩토 2레벨》순으로 진행 |
| 로드맵 2 | • 교구 수업 경험 없음<br>• 연산 진도 자기 학년 가능한 경우 | 《키즈팩토》→《팩토 1레벨》→《1031pre》순으로 진행 |
| 로드맵 3 | • 교구 수업 경험 없음<br>• 연산 진도 자기 학년 불가능한 경우 | • 교구 수업 진행 선택: 엄마표 vs 사교육<br>• 교구 수업 경험치가 6개월 이상 쌓인 후 사고력 수학 문제집 시작 |

교구 수업 경험이 없다고 조바심 낼 필요는 없다. 1~2학년 시기에 망설이지 말고 교구 활동을 충분히 경험할 수 있도록 기회를 주면 된다. 사교육을 선택해도 좋고, 엄마표로 진행해도 좋다. 단, 엄마표로 진행한다면 교구 활동이 불규칙적으로 진행되지 않도록 1~2년 동안 꾸준히 지속해야 한다.

문제집 푸는 것과 달리 교구 활동은 충분한 시간과 규칙적인 노출이 필요하다. 조금이라도 불규칙적으로 진행되면 하지 않은 것과 다름없는 상황이 된다. 무엇보다 아이에게 필요한 영역이 무엇인지 살펴보고 시작해야 한다. 엄마표로 진행하면서 수학교구 풀세트를 장만할 필요도 없다. 가성비만 떨어진다. 교구 활동의 효과는 하나의 교구를 제대로 깊이 있게 경험하는 것으로 충분하다. 풀세트로 진행해주지 못해서 불안해할 필요가 전혀 없다는 것을 잊지 말자. 영역별 한두 가지 보드게임만으로도 충분하다.

다음의 표는 초등 1~2학년 시기에 활용하기 좋은 교구들로, 보드게임도 포함되어 있다. 영역별로 다양한 교구를 추천했지만 모두 있어야 하는 것은 아니고 필요한 몇 개만 구비하면 된다. 예를 들어 아이가 평면도형 퍼즐을 못한다면 칠교나 펜토미노 중 한 가지를 선택한 후 워크북과 함께 진행하면 된다. 다음 내용을 참고해 아이에게 필요한 교구를 활용해 교구 수업 경험을 만들어주자.

| 영역 | 교구 |
|---|---|
| 수와 연산 | 1g 큐브, 도미노, 100판, 수 개념 저울, 모형돈, 자릿값 차크, 셈셈피자가게 등 |
| 도형 | 칠교, 펜토미노, 소마큐브, 네오픽스, 블로커스, 젬블로 등 |
| 측정 | 네오막대, 퀴즈네르 막대, 메이크 앤 브레이크 아키텍트 등 |
| 분류 | 스티키스틱스, 로봇얼굴, 도블 등 |
| 문제해결 | 뒤죽박죽 서커스, 탑댓, 라비린스 등 |

교구를 선택하는 데는 5가지 기준이 있다. 아래에 제시하는 5가지 선택 가이드를 보면서 아이에게 필요한 교구가 무엇인지 고민해보고 아이의 학습 상황도 재점검해보자. 교구를 선택할 때 기준이 되는 5가지 선택 가이드는 아래와 같다.

① 자기 학년의 연산 진도를 기준으로 연산이 잘되어 있다면 도형 영역 교구를, 연산이 약하다면 수·연산 영역 교구 중에서 선택한다.

② 도형 영역 교구를 선택할 때는 먼저 평면도형 교구를 충분히 해본 다음 입체도형 교구를 활용해야 효과적으로 진행할 수 있다.

③ 수·연산 영역과 도형 영역 교구는 최소 3개월가량 집중해서 진행하고, 이후 측정, 분류, 문제해결 영역 중 아이가 좋아하거나 취약한 영역의 교구를 선택한다.

④ 아이가 한 영역의 교구 활동만 집중적으로 하는 것을 지루해하거나 힘들어한다면 좋아하는 영역의 교구 활동을 일주일에 2:1 또는 3:1의 비중으로 함께 진행한다.

⑤ 보드게임을 진행할 때는 여러 번, 자주 하는 것이 효과적이다. 같은 보드 게임을 여러 번 해봐야 게임 전략을 생각하는 연습이 된다. 한 가지 보드 게임을 최소 20회 정도 진행하라.

유아 시기에 교구 활동을 해본 경험이 있는 아이도 상대적으로 취약한 수학 영역은 가정에서 교구 활동을 해주면 많은 도움이 된다.

# 초등 1~2학년
# 연산

^^^
·
·
·
·
·
·
·
·

    초등 1~2학년 때의 덧셈과 뺄셈 과정은 유아 시기에 수 개념을 익히는 것을 시작으로 보통 3년 정도 학습을 해야 완성되는 편이다. 덧셈과 뺄셈은 사칙연산 중 가장 많은 시간이 필요한 과정이다. 수 감각이 약한 아이는 이보다 많은 시간이 필요하고, 수 감각이 좋은 아이는 더 빨리 덧셈과 뺄셈 과정을 완성하기도 한다. 중요한 것은 초등 저학년에 배우는 연산이 완성되려면 생각보다 오래 걸릴 수 있으므로 미리, 천천히 준비하는 자세가 필요하다.

    무엇보다 이 시기에 덧셈과 뺄셈 과정을 제대로 마무리하지 않거나 수 체계를 잡지 않고 무리해서 연산 진도를 나가면 학년이 올라가도 실수 연발에 결국 연산에 발목을 잡히게 된다. 그만큼 초등 저학년 연산은 매우 중요하므로 아이가 연산이 잘 안 된다는 생각이 든다면 과감히 이전 학년 연산으로 돌아가서 복습하라고 권하고 싶다. 사실 초등 시기에 몇 개월 이전으로 되돌아가는 것은 중고등 시기와 비교하면 아주 사소한 일이다. 완벽하게 마무리하지 않은 채 다음 단계로 나가는 것보다는 되돌아가는 것이 나중에 더 많은 시간을 허비하지 않는 지름길임을 명심해야 한다.

## 아이의 수 체계를 확인해보는 체크리스트

초등 저학년 아이가 덧셈과 뺄셈에서 자꾸 어려움을 호소한다면 수 체계가 안 잡혀 있다는 것을 의미한다. 수 체계가 잘 잡힌 아이들은 연산 학습을 진행할 때 브레이크 걸리는 상황이 거의 일어나지 않는다. 연산 속도를 올리기 위해 연습량을 채워야 할 뿐이다. 이런 아이들은 많이 틀린다거나 갑자기 문제 푸는 시간이 오래 걸린다거나 문제집을 풀기 싫어하는 모습 등은 잘 보이지 않는다.

그렇다면 수 체계는 어떻게 잡아줘야 할까? 아이를 가르쳐야 하는 부모 입장에서는 모호하고 이해하기 어렵다. 다음의 체크리스트를 확인하면 수 체계가 안 되어 있다는 것에 대해 조금은 이해할 수 있을 것이다.

① 100까지 수 세기를 할 수 있다면 100 이상의 수세기를 물어본다(순창). 아이 혼자 세지 않고 홀수는 엄마가, 짝수는 아이가 말하게 한다. '109 다음 수', '119 다음 수'를 물었을 때 대답을 잘하는지 체크한다.

② 100까지 수 세기를 할 수 있는 경우 거꾸로 수세기를 물어본다(역창). 이때는 짝수는 엄마가, 홀수는 아이가 말하게 한다. '50 이전 수(또는 앞의 수)', '40 이전 수'를 잘 대답하는지 체크한다.

③ 86의 앞의 수와 뒤의 수를 물어본다(분산창).

④ 100판에 수를 채우게 한다. 교구로 해도 되고, 10×10칸 종이에 쓰게 해도 된다. 이때 1부터 순서대로 찾아서 칩을 놓거나 수를 쓴다면 수 체계가 잘 안 잡혀 있을 가능성이 높다.

⑤ 다시 확인하고 싶다면 56을 100판의 정확한 위치에 놓거나 쓰는지 확인한다. 하지 못한다면 수 체계가 잘 안 잡혀 있는 것이다.

⑥ 10묶음 5개, 낱개 6개면 몇인지 물어본다. 대답을 잘했다면 10묶음이 5개, 낱개는 15일 때는 몇인지 물어본다. 잘 대답하지 못한다면 수 체계가 문제 있는 것이다.

위에 제시한 체크리스트만으로도 아이의 수 체계를 가늠할 수 있다. 이 중에서 2개 이상 대답하지 못한다면 수 체계가 약하다고 할 수 있다. 연산을 잘하려면 연산 진도보다 더 넓은 범위의 수 체계를 이해하고 있어야 한다. 그래야 연산 문제집을 순차적으로 진행할 때 어려움이 생기지 않는다.

수 체계를 잡아주기 위한 문제집은 많지 않다. 연산 문제집 한 권에 일부 내용만 구성되어 있는 경우가 많기 때문이다. 이 시기에 내가 많이 추천하는 문제집은《사고셈》이다. 10까지의 수에 대한 체계는《사고셈 6세 1호》부터 시작하면 되고, 50까지의 수는《사고셈 7세

3호》, 100까지의 수는 《사고셈 1학년 3호》를 추천한다. 《사고셈》의
경우 단계마다 한 권씩 수 체계에 관련된 문제들이 구성되어 있으니
참고하여 순차적으로 진행해보면 좋다.

| 문제집 | 수학 교구 | 교구+교재 |
|---|---|---|
| 사고셈 6세 1호(10까지의 수)<br>사고셈 7세 3호(50까지의 수)<br>사고셈 1학년 3호(100까지의 수,<br>1000까지의 수) | 100판 | 슈필마테 A1 |

    100판 교구를 활용할 때는 위의 체크리스트에 언급한 내용만 반
복적으로 진행해도 효과적이다. 아이가 어떤 수를 고르든 정확한 위
치를 빠르게 찾아낼 수 있으면 된다. 그때는 "34에서 아래로 2칸, 왼
쪽으로 3칸 이동하면 어떤 수가 있을까?" 등으로 물어보면 된다. 이
런 물음에 아이는 100판을 보지 않고 답할 수 있어야 한다. 머릿속으
로 생각했는데 정답을 말할 수 있다면 100판 교구 활동을 종료해도
된다.

    하지만 수 감각이 약한 아이라면 종료한 이후에 한 달에 한 번씩
물어보면서 시간이 지나도 정확하게 답할 수 있는지 체크한다. 100
판 활동을 하기 힘들다면 《슈필마테 A1》교재를 활용해보는 것도 좋
다. 단, 교재의 난이도가 다소 있기 때문에 시기적으로는 1학년 겨울
방학 때 진행하는 것이 가장 효과적이다. 혹은 일찍 시작했다면 1년
간 조금씩 반복적으로 활용해도 된다.

## 연산 속도는 한 문제당 2초 이내

초등 1~2학년 때 연산의 속도감은 굉장히 타이트한 기준으로 체크하는 것이 좋다. 간혹 단원평가에서 무리 없다고 생각해 그냥 넘어가면 초등 3학년 이상의 연산 과정에서 힘들어하거나 속도가 느려지는 것을 발견하게 된다. 연산은 답 구하는 것을 완성도의 기준으로 삼으면 안 된다. 속도와 정확성으로 답 구하는 것을 기준으로 삼아야 한다.

연산 학습이 잘되고 있는지 주기적으로 중간 테스트를 해볼 수도 있다. 문제집마다 연산 문제만 있는 페이지가 있는데, 해당 페이지를 '문제수 × 2초 + 30초가량'의 시간을 기준으로 점검해보자. 혹시 시간을 측정하지 않고 지나간 부분을 다시 점검하고 싶다면 일일수학(11math.com) 이용을 추천한다.

일일수학은 학년별 학기별로 다양한 난이도의 연산 문제들이 있으며, 문제를 바꿔 풀 수도 있어 특정 연산 내용을 복습하는 데 도움이 된다. 1~2학년 연산 문제의 경우 1페이지에 24문제 정도 출제되는데, 위의 기준으로 따지면 1학년은 1페이지를 푸는 데 24문제 × 2초 + 30초가량으로 따지면 2분 이내로 풀고 모두 맞아야 한다. 그런데 1페이지를 푸는 데 2분을 초과하고 정답률도 100% 나오지 않는 경우라면 단계를 낮춰서라도《원리셈 7~8세》단계부터 하라고 권한다. 이런 방법으로 다음 표를 보면서 아이의 연산 속도와 정확성이 기준에 미치지 못한다면 제시한 로드맵에 따라 연산 문제집을 풀어

| 학년<br>학기 | 일일수학 단계 | 시간과 정확도 | 로드맵 |
|---|---|---|---|
| 1학년<br>2학기 | 몇+몇<br>(받아올림 있음) B | • 문제 푸는 시<br>간 2분 이내<br>• 정확도 100% | 〈로드맵 1〉<br>• 기준 속도 및 정확성이 나오지 않은 경<br>우 《원리셈 7~8세》 단계부터 학습 |
| | 십몇 – 몇<br>(받아내림 있음) B | | 〈로드맵 2〉<br>• 기준 속도 및 정확성이 나오지 않은 경<br>우 덧셈구구 교재 복습<br>• 《사고셈 초등 1학년 1호》<br>• 《상위권연산 960》 A단계 2권 등 |
| 2학년<br>1학기 | 몇십 몇+몇십 몇<br>(받아올림 2번) B | • 문제 푸는 시<br>간 3분 이내<br>• 정확도 95% | |
| | 몇십 몇 – 몇십 몇<br>(받아내림 1번) B | | 〈로드맵 3〉<br>• 기준 속도 및 정확성이 나오지 않은 경<br>우 두 자리 수 덧셈과 덧셈구구 교재 복<br>습<br>• 《기적의 계산법》 2권<br>• 《사고셈 초등 2학년 2호》 등 |
| | 곱셈구구에서 ( ) 안<br>의 수 찾기 A, B, C | • 문제 푸는 시<br>간 2분 이내<br>• 정확도 100% | 〈로드맵 4〉<br>• 기준 속도 및 정확성이 나오지 않은 경<br>우 곱셈구구 교재 복습<br>• 《기적의 계산법》 4권<br>• 구구단을 열심히 익히고 문제 풀이를 최<br>소화하는 방향으로 선택 |

나가면 된다. 일일수학 이용 방법은 연산 문제지 선택 → 학년, 학기
선택 → 단원 선택 → 학습지 단계를 차례대로 선택하면 된다.

그런데 초등 저학년 연산을 진행하다 보면 특히 두 자리 덧셈과
뺄셈에서 시간이 오래 걸리거나 오답이 많다. 이는 숫자가 커진 이유
도 있겠지만 또 다른 명확한 2가지 이유가 있는데 다음과 같다.

① 한 자리 수의 덧셈과 뺄셈이 빠르지 않고 실수가 많기 때문이다.

② 받아올림과 받아내림의 원리가 이해되지 않았기 때문이다.


①의 경우처럼 한 자리 수의 덧셈과 뺄셈이 완성되지 않으면 일의 자리에서 실수가 자주 발생한다. 예를 들면 7+6=12와 같이 자주 실수하는 아이라면 두 자리 수의 덧셈에서 27+16=42로 답하게 된다. 반면 ②와 같은 경우에는 백의 자리와 십의 자리의 값이 정답과 1 차이로 많거나 적은 식의 오답으로 나온다. 27+16=32로 잘못 답하는 식이다. 이 부분은 세 자리 수 덧셈과 뺄셈을 할 때도 마찬가지다.

오답이 반복적으로 발생할 때 해당 유형의 문제를 반복해서 푸는 것이 해결 방법은 아니다. 먼저 왜 그런 오답이 나오게 되었는지 원인을 찾아야 한다. 그다음 오답에 대한 개념을 한 번 더 다진 후에 복습을 진행해 장기적으로 오류가 생기지 않도록 탄탄한 연산력을 만들어주어야 한다.

초등 저학년의 연산은 수학에서 가장 기본이 되는 단계다. 이 시기 아이들은 문제를 풀다 보면 자주 실수를 하는데, 그중 가장 작은 실수가 연산 부분이다. 연산으로 인한 오답은 해당 단원에서 배운 개념을 제대로 이해한 것인지, 심화 문제의 의미를 파악하지 못해서인지 정확하게 판단하기 어렵다. 때문에 이 시기에는 우선적으로 연산을 완성도 있게 학습하기를 추천한다. 완성도 높은 연산 학습이 이루어지면 사고력, 심화, 선행 등 수학 실력을 높이는 데도 많은 도움이 될 것이다.

# 초등 1~2학년
## 교과 수학

초등 1~2학년은 교과 문제집에 대한 편견이 있는 시기다. 학부모님들의 질문을 받아보면 '문제집을 기본부터 풀려야 한다.' vs '문제집을 풀리지 않아도 된다.'는 극과 극의 반응을 보이는 시기다.

초등 1~2학년 때 배우는 수학 학습 내용은 난이도 면에서 쉬운 편에 속한다. 초등 1학년 수학 교과서를 살펴보면, 유아 때부터 익혔던 내용들이라 문제집을 따로 풀어야 할 필요성을 느끼지 못할 수 있다. 아이가 기본 연산에서 문제가 없다면 초등 1학년 때는 기본이나 응용 문제집을 풀릴 필요는 없다. 하지만 한번쯤 교과 수학 문제집을 풀리고 싶다면 사고력 수학 문제집을 추천한다. 1학년 과정의 사고력 수학 문제집은 아이들이 좋아하고, 교과 내용을 배울 수 있으며, 문제 양도 많지 않아 효과적이다.

그런데 초등 1학년 과정에서 교과 기본 문제집은 안 풀린다 하더라도 교과 심화 문제집까지 풀리지 않는 것은 다소 아쉬움이 남는다. 1학년 교과 심화 문제집을 풀지 않았는데도 2학년 때 해당 학년 심화 문제집을 푸는 아이들도 있다. 하지만 2학년이 되어 심화 문제집을 풀려고 하면 거부감부터 느끼는 경우가 있어 아쉬움이 남는다고 표현한 것이다. 교과 선행의 목표가 있다면 나중에 풀면 된다는 생각으로 단계를 뛰어넘기보다는 차근차근 진행할 것을 추천한다.

## 초등 1~2학년 교과 수학 로드맵

초등 1~2학년 아이들의 교과 수학 로드맵을 모두 제시할 수는 없다. 하지만 연산 진행 속도를 기준으로 기본 진행 방식을 설명하면 다음과 같다.

먼저 연산이 학년 진도보다 느리거나 비슷하다면 해당 학기의 기본 문제를 풀면서 학기 복습 의미로 교과 수학 문제집을 진행하고, 연산 학습에 많은 비중을 두는 것이 좋다. 교과 수학 문제집을 풀지 않더라도 연산 학습에는 집중해야 하는데, 이는 아이들이 학교 수업에서 연산의 어려움 때문에 위축되는 것을 최대한 막기 위해서다. 해당 학기의 교과 문제를 경험하다 보면 연산이 다소 약해도 교과서 문제를 자신있게 풀어내고 단원평가를 진행할 때 뒤처지는 경우는 방지할 수 있다.

연산 진도가 해당 학년보다 앞서거나 사고력 수학 학습을 유아 때부터 꾸준히 진행한 경우라면, 2학년 1학기 기본이나 응용 문제집을 군이 풀리지 않아도 된다. 초등 2학년 때 단원평가가 염려된다면 단원평가용 문제집을 준비해 복습하는 형태로 진행해도 충분하다. 《디딤돌 최상위 수학》문제집에도 기본이나 응용 문제가 있기 때문에 그 부분을 풀면서 실수가 잦은 단원에 대해 기본이나 응용 문제집으로 보충해주면 된다.

초등 1~2학년의 수학 로드맵을 더 세밀하게 구분해보면 다음과 같다. 1학년인데 자기 학년의 연산이 어느 정도 진행되어 《키즈팩토》나 《팩토 1레벨》문제집을 어렵지 않게 해결한다면(로드맵 1) 교과 기본 문제집은 풀지 않고 심화 문제집으로 시작하면 된다. 내가 주로 추천하는 초등 수학 심화 문제집은 《디딤돌 최상위 수학》인데, 이 문제집으로 1학년 1학기를 하고 1학년 2학기까지 끝냈다면 그보다 높은 단계인 《문제해결의 길잡이》문제집을 해보고 2학년 과정으로 넘어가면 된다. 이런 아이들은 연산 실력이 어느 정도 확보되어 있기에 2학년 1학기 기본 문제집은 풀지 않아도 되고 《디딤돌 최상위 수학》부터 시작해도 좋다.

그런데 1학년 2학기인데도 2학기 연산이 완전학습 되지 않은 아이라면(로드맵 2) 연산 학습에 집중해야 한다. 1학년 과정의 많은 부분이 연산 영역이라 연산을 하면서 교과 문제집은 《디딤돌 기본》과 같은 문제집을 진행한 후 교과 심화 문제집으로 넘어가는 것이 좋다.

2학년의 경우도 1학년과 비슷하다. 1학년 교과 심화 문제집을 진행하지 못했고 곱셈 연산을 진행하고 있다면(로드맵 3) 2학년 과정으

| 학년 | 로드맵 | 진도 내용 |
|---|---|---|
| 1학년 | 〈로드맵 1〉 키즈팩토 / 팩토 1 레벨의 문제집을 어렵지 않게 해결 하는 경우 | • 교과 심화 문제집으로 시작하기를 추천<br>• 시작 시기는 《팩토 1레벨》 교재를 마무리 한 이후<br>• 《디딤돌 최상위》 1학년 1학기 → 《디딤돌 최상위》 1학년 2학기 → 《문제해결의 길잡이》 1학년(심화) |
| 1학년 | 〈로드맵 2〉 연산 진도가 자기 학년 이상 진행되 지 않은 경우 | • 사고력 수학 문제집을 천천히 진행하면서 연산 학습에 집중<br>• 1학년 2학기 때도 연산 진도가 제 학년 학기까지 진행되지 않았 다면<br>• 《디딤돌 기본+응용》 1학년 2학기 → 《디딤돌 최상위》 1학년 1학 기(또는 《점프왕수학》 1학년 1학기) → 《디딤돌 최상위》 1학년 2 학기 |
| 2학년 | 〈로드맵 3〉 1학년 교과 심화 문 제집을 모두 진행 한 경우 | • 연산 진도가 곱셈 진행 중이거나 마무리되었을 경우<br>• 《디딤돌 최상위》 2학년 1학기 → 《디딤돌 기본》 2학년 2학기 → 《디딤돌 최상위》 2학년 2학기 |
| 2학년 | 〈로드맵 4〉 1학년 교과 심화 문 제집을 진행하지 않은 경우 | • 연산 진도가 곱셈 진행 중이거나 마무리되었을 경우 1학년 교과 심화 문제집 pass<br>• 《디딤돌 기본》 2학년 1학기 → 《디딤돌 최상위》 2학년 1학기 → 《디딤돌 기본》 2학년 2학기 → 《디딤돌 최상위》 2학년 2학기<br>• 연산 진도가 덧셈, 뺄셈 완성이 아직 안 되었을 경우 연산 학습 에 집중하는 것이 우선<br>• 《디딤돌 기본》 2학년 1학기 & 《디딤돌 최상위》 1학년 1학기 병 행 → 《디딤돌 기본》 2학년 2학기 & 《디딤돌 최상위》 1학년 2학 기 병행 |

로 학기별 기본 문제집, 심화 문제집을 차례대로 풀어나가면 된다. 그런데 2학년에 아직 덧셈, 뺄셈이 완전학습 되지 않았다면(로드맵 4) 2학년 1학기 기본 문제집을 풀면서 1학년 1학기 심화 문제집을 병행 하기를 추천한다. 더 상세한 로드맵은 표를 참고하면 된다.

초등 1~2학년의 경우 교과 심화 문제집을 풀리다 보면 오답이 많아서 걱정하는 엄마들이 있는데, 걱정하지 않아도 된다. 초등 1~2학년은 아직 실수도 많고 시행착오 과정을 겪는 시기다. 처음 문제집을 풀었을 때의 정답률을 기준으로 보지 말고 오답 개수와 상관없이 스스로의 힘으로 오답을 한 번에 얼마나 수정할 수 있느냐가 더 중요하다. 오히려 틀린 문제에 대해 부정적인 피드백을 계속 하면 아이는 심화 문제집은 어려워서 풀기 싫어하게 되고, 학년이 올라가서도 하지 않으려고 한다.

초등 1~2학년 때는 어려운 문제를 틀리더라도 어떻게든 해결하기 위해 노력한다면 그것만으로 칭찬하고 격려해주어야 한다. 그래야 이후에도 지속적으로 어려운 문제를 회피하거나 아예 안 풀고 별표시만 하는 상황은 발생하지 않을 것이다. 오답을 혼자서 고칠 때는 몇 번을 반복해서 정답에 도달해도 상관없다. 스스로의 힘으로 해결하기 힘든 문제가 단원별로 3~4문제 이상 넘지 않는다면 교과 심화 문제집을 잘 풀고 있다고 판단할 수 있다.

교과 심화 문제집의 정답률이 높다면 좀 더 어려운 문제인 경시 기출 문제집을 추천한다. 경시대회를 나가지 않아도 상관없다. 경시대회 기출 문제는 교과 심화 문제보다 더 어려운 편이라 학습하는 과정만으로도 실력이 향상되기 때문이다.

## 서술형 문제 풀이에 집착하지 않아도 된다

초등 1~2학년의 경우 서술형 문제를 풀면서 답은 맞혔는데 풀이 쓰기를 어려워하거나 만족스럽게 풀이를 쓰지 못하는 경우들이 있다. 이때 배우는 수학 개념들은 직관적으로 알 수 있는 내용이라 아이 입장에서는 그게 더 어려운 법이다. 5가 3보다 큰 것이 당연한데 이유를 쓰라고 하니 이해가 안 될 수 있다.

아이가 서술형 문제에 대해 풀이 쓰기를 힘들어한다면 이유를 말로 하라고 시켜보자. 말로 표현하는 것도 어려워한다면 엄마가 몇 번이고 설명해주어야 하고, 결국에는 말로 표현하는 것이 가능해져야 한다. 수학 개념을 이해할 때 논리적으로 이해하지 않고 느낌으로만 파악하면 수학이 점점 힘들어질 수 있다. 수학의 원리에는 명확한 이유가 있으며, 그것을 분명히 말로 표현할 수 있어야 한다. 말로 이유를 설명할 수 있는데, 단순히 쓰기 싫어하는 이유라면 문제집에 풀이를 쓰지 않고 넘어가도 좋다.

풀이 쓰기를 하지 않아 나중에 서술형 문제를 못 풀까 봐 걱정하는 마음이 들 수 있다. 하지만 1~2학년 서술형 문제의 풀이는 보통 글짓기를 요구하는 정도다. 이 부분을 말로 충분히 설명 가능하다면 나중에 논리적인 풀이 전개가 안 되는 경우는 드물다. 그런데 언어적인 문제 때문에 아이가 힘들어한다면 평소에 책을 많이 읽고 일기 쓰기를 하는 등 충분히 기다려주어야 한다.

# 초등 1~2학년
# 사교육 활용

^^^
·········

    초등 시기의 수학 사교육에 대해서는 의견이 분분하다. 중고등 때는 수학 사교육에 대해 그리 고민하지 않는다. 부모가 해결해줄 수 없는 부분이 더 많아지기 때문에 수학 사교육을 자연스레 받아들이는 편이다. 하지만 초등 시기의 사교육에 대해서는 고민되는 게 당연하다. 그렇다면 수학이 점점 어려워지니까 무조건 초등 때부터 미리 시켜야 할까? 나는 그 생각에는 반대한다. 그렇다고 초등 때 배우는 내용은 엄마나 아빠가 충분히 가르쳐줄 수 있는 부분이니 전적으로 엄마표로 해도 된다는 의견에도 동의하기는 어렵다.

    나는 초등 시기의 수학 사교육에서 중요한 것은 '가성비'라고 생각한다. 한마디로 가성비 높게 활용 가능한 것은 학원에서, 엄마표로 해줄 수 있는 부분은 엄마표로 해주면 된다. 가장 효과적인 아웃풋을 기대할 수 있는 로드맵으로 사교육을 활용하라는 의미다.

사교육도 제대로 활용하려면 어떤 것들이 있는지, 언제 어떻게 선택할지 등 폭넓은 정보가 있어야 한다. '우물 안 개구리'가 되지 않으려면 엄마표로 진행한다고 해도 학원에서는 어떻게 무엇을 공부시키는지 파악하고 있어야 한다.

먼저 사교육으로는 수학 학원, 교구 활동, 학습지, 기타로 구분해볼 수 있다. 수학 학원으로는 소마, CMS, 와이즈만 등 전국 혹은 몇 개의 지역에 지점이 있는 대형 학원이 있다. 교구 수업으로는 플레이팩토, 오르다, 가베 등으로 방문수업을 주로 하고, 학습지는 눈높이, 구몬, 웅진 등이 있다. 이외에도 연산 위주의 다함, 두뇌로 등의 학원이 있으며, 교과 수업을 위한 공부방 등도 있다.

| 학원 | 교구 | 학습지 | 기타 |
|---|---|---|---|
| 소마<br>CMS<br>와이즈만<br>시매쓰<br>아담리즈<br>등 | 플레이팩토<br>오르다<br>가베<br>빅몬테소리<br>보드게임 수업<br>등 | 눈높이<br>구몬<br>웅진<br>재능<br>등 | (연산) 다함, 두뇌로,<br>다비수, 주산 등<br>(교과) 공부방, 학원<br>등 |

## 엄마표로 진행하기 위한 체크리스트

나는 세 아이의 엄마다. 그리고 수학 선생님이다. 하지만 나는 수학은 엄마표로 진행하지 않기로 했다. 엄마표로 제대로 진행할 자신이 없기 때문이다. 차라리 선생님에게 맡기고 부족한 부분을 충분히 도와주는 보조자 역할을 하는 것이 나에겐 더 낫다고 생각했고, 그렇게 진행하고 있다.

수학을 가르치는 사람으로 강의나 프로젝트를 통해 학부모님들을 만나다 보면 엄마표로도 충분히 잘하는 분들을 만난다. 내 나름대로 그들의 공통점을 찾아보면서 엄마표로 할 때의 조건을 정리해보았다. 다음의 체크리스트를 보면서 엄마표로 할 수 있는 범위를 정해서 사교육과 엄마표의 균형을 맞추며 진행하길 바란다.

① 나는 엄마표 수학 학습을 위해 규칙적인 시간(정해진 요일, 정해진 시간)을 확보할 수 있다.

② 나는 규칙적인 시간을 개인적 또는 업무적인 일로 변경하지 않고 최소 6개월 이상 유지할 수 있다.

③ 나는 엄마표 수학 학습 시간에 갑작스런 놀이 시간이나 휴식 시간을 주지 않을 수 있다. 예를 들어 아이 친구들과 키즈카페를 가려고 학습 시간을 지키지 않는 경우가 없도록 할 수 있다.

④ 나는 아이와 함께 학습의 종류를 살펴보고 아이에게 선택권을 줄 수 있다. 예를 들어 문제집 고르기, 오늘 학습할 부분 선택하기 등을 말한다.

⑤ 나는 아이가 문제를 푸는 과정에서 정답과 가까운 도움을 주지 않을 수 있다.

⑥ 나는 아이가 문제 풀기를 어려워할 때 참견하지 않을 수 있다.

⑦ 나는 아이가 틀린 문제에 대해 부정적인 피드백을 주지 않을 수 있다.

예를 들어 감정적으로 화를 내거나 자존심을 상하게 하는 말을 하지 않을 수 있다.

⑧ 나는 아이를 충분히 기다려줄 수 있다.

⑨ 나는 아이를 남과 비교하지 않을 수 있다.

⑩ 나는 일방적인 설명을 하지 않고 적절한 질문을 통해 대화하며 엄마표 학습을 진행할 수 있다.

이 내용 중 8개 이상을 체크한 경우 엄마표로 학습을 진행해도 무리가 없다. 5개 이상 8개 미만으로 체크한 경우에는 엄마표 학습과 사교육을 적절히 조율해서 진행하고, 5개 미만으로 체크한 경우 사교육을 중심으로 엄마표 학습은 보조적으로 활용하길 권한다.

## 엄마표 학습 위주로 진행하는 경우

엄마표로 수학 학습을 진행할 때는 사고력, 연산, 교과를 균형 있게 진행해야 한다. 특히 사고력 수학 학습에서는 문제집만 푸는 것이 아니라 교구 활동이나 수학동화 등 다양한 수업을 진행하는 것이 좋다. 그런데 다양한 활동을 진행하려면 일주일 동안 규칙적인 시간 확보가 우선시되어야 한다. 엄마표로 수업을 진행할 경우 일주일 시간표를 예로 들면 다음과 같다.

| 월 | 화 | 수 | 목 | 금 |
|---|---|---|---|---|
| 사고력(수학동화)<br>연산 | 교과<br>연산 | 사고력(문제집)<br>연산 | 교과<br>연산 | 사고력(교구)<br>사고력(문제집) |

초등 1~2학년은 하루에 수학 학습 시간이 30분 정도가 적당하다. 그런데 매일 시간 확보가 어렵다면 일주일에 2~3회 정도 하되 한 시간은 진행해야 한다. 문제는 초등 저학년의 경우 집중할 수 있는 시간이 한 시간은 힘들 수 있으니 되도록 '매일 30분'을 원칙으로 하는 것이 가장 좋다.

교과, 연산, 사고력 중에서 선택을 해야 하거나 모두 시키고 싶다면 그중에서 '사고력 수학 학습'은 사교육으로 진행하는 것이 좋다. 교구나 보드게임, 수학동화 등 사고력 수학 학습의 경우 사교육으로 진행하는 것이 효율적이기 때문이다. 대신 사고력 문제집은 엄마표로 진행해도 무방하다. 특히 유아 시기에 교구 수업을 충분히 경험한 경우 초등 1~2학년 때는 사고력 수학 학원을 선택하고 지면학습 위주로 하면 된다.

## 사교육을 활용하고 싶은 경우

초등 저학년 때는 사고력 수학 학원에 대한 학부모들의 관심과 고민이 끝이 없다. 이 시기에는 사고력 수학 학원의 레벨이 아니면 아이의 실력을 가늠할 수 있는 기준이 그리 많지 않기 때문이기도 하다. 사고력 수학 학원은 살고 있는 지역, 아이의 학습 성향, 학원 운영자의 마인드 등에 따라 같은 학원도 다른 평가가 내려진다. 사고력 수학 학원에 대해서는 직접 상담이나 레벨테스트를 통해 비교하고 선택해야 한다. 상담이나 테스트 진행 없이 인터넷에서 본 댓글이나 주변 지인의 이야기만 듣고 결정하면 기대만큼의 결과를 얻지 못할 가능성도 매우 높다.

초등 1~2학년 수학 학원은 아이의 진도에 맞춰 잘 선택해야 한다. 수학 학원을 선택하는 기준으로 가장 크게 유아 시기 교구 수업 경험이 있는 경우와 교구 수업 경험이 없는 경우로 구분할 수 있다.

교구 수업 경험이 있는데 자기 학년 이상의 연산 학습이 가능하다면(로드맵 1) 선택할 수 있는 학원은 많다. 주로 소마, CMS, 와이즈만, 시매쓰 등인데 각 학원들은 지향하는 목표가 약간씩 다르다. 소마가 경시 위주의 학습을 한다면, CMS, 와이즈만은 창의적 사고력 문제를 위주로 다루고, 시매쓰는 교과 학습 내용이 가미된 사고력 수학을 가르친다. 엄마들이 모인 카페에 보면 어느 학원이 더 나은지, 어떤 커리큘럼인지 궁금해하는 질문들이 많은데, 나는 이 시기에는 레벨테스트 결과가 가장 좋은 학원으로 선택하라고 권한다. 테스트 결과가 좋으면 잘하는 친구들이 모여 있는 반에 들어가게 된다. 수업은 선생님을 통해 배우는 것도 있지만 친구에게 배우는 것도 있다. 잘하는 친구들 그룹에 속하면 여러모로 장점이 많기 때문에 테스트 결과가 좋은 학원을 추천한다.

이와는 달리 교구 수업을 했지만 자기 학년 연산은 가능하되 그 이상의 연산 학습은 안 된다면(로드맵 2) 먼저 학습지를 선택해 연산

| | | | |
|---|---|---|---|
| 유아 시기 교구 수업 경험이 있는 경우 | 〈로드맵 1〉 자기 학년 이상의 연산 학습 진행 & 영역별 밸런스 좋은 경우 | 사고력 수학 학원 선택 – 레벨테스트 결과가 좋은 학원으로 선택하는 것을 권함 | • 소마: 경시 위주 학습<br>• CMS, 와이즈만: 창의적 사고력 문제 위주 학습<br>• 시매쓰: 교과 학습 내용이 가미된 사고력 수학 학습 |
| | 〈로드맵 2〉 자기 학년 이상의 연산 학습 진행이 안 된 경우 | 학습지 선택 – 엄마표는 시중 연산 문제집을 함께 진행 | • 연산 위주 학습지 선택 시 눈높이나 구몬이 효과적<br>• 해당 지역 선생님 상담을 통해 결정하는 것을 추천 |
| 유아 시기 교구 수업 경험이 없는 경우 | 〈로드맵 3〉 영역별 밸런스가 안 맞는 경우 | 교구 수업 선택 – 공부방이나 방문 수업 선택 가능 | • 플레이팩토나 빅몬테소리 추천<br>• 교구 구입 비용이 있으니 플레이팩토는 공부방을 선택해도 좋고, 선생님 방문 수업도 가능 |

능력을 키울 것을 추천한다. 학원을 선택할 수도 있지만, 연산 능력이 뒷받침되지 않으면 학원 수업을 따라가는 데 급급해지기 때문이다. 연산 위주 학습지는 눈높이나 구몬을 추천한다. 두 가지 학습지를 비교하기도 하는데, 방문수업은 선생님이 가장 중요하기에 해당 지역 선생님과 상담해본 후 결정하면 된다.

교구 경험이 없고 영역별 밸런스가 안 맞는 경우라면(로드맵 3) 공부방이나 방문수업으로 교구 수업을 선택할 수 있다. 플레이팩토나 빅몬테소리를 추천하는데, 방문수업이 꺼려진다면 공부방을 선택해도 무방하다.

# 사교육과 엄마표 학습을 함께 진행하는 경우

학원이나 학습지 등 사교육을 진행하되 엄마표 학습을 보조적인 역할로 활용하는 경우도 있다. 이때는 ① 사고력 수학 학원 + 교구 수업 ② 사고력 수학 학원 + 교과 수업 중 하나를 학원으로 선택하고, 가정에서는 '연산 학습'을 진행하는 것이 가장 효율적이다.

연산을 엄마표로 진행하라고 권하는 이유는 많다. 사실 연산은 학원을 보낸다고 혹은 학교 수업만으로는 해결되지 않는다. 설령 사교육으로 연산을 한다고 해도 꼼꼼하게 체크해야 할 부분이 많기 때문에 연산만큼은 엄마표로 차근차근 꼼꼼히 봐주어야 한다. 혹 이마저도 시간적 여유가 없다면 연산 학습지를 진행하면서 가정에서는 사고력 연산 문제집을 정해서 복습으로 진행해주면 좋다.

초등 1~2학년 시기의 사고력 수학 학원은 지면학습 중심으로 진행된다. 그래서 교구 수업 경험이 없는 아이들의 경우 구체물 조작 경험이 없다 보니 생각보다 흥미를 느끼지 못하거나 어려워할 수 있다. 6세부터 초등 2학년 시기에는 교구 수업을 병행하면 폭발적인 시너지 효과를 얻을 수 있기 때문에 이 시기를 놓치지 말고 교구 수업을 해주면 좋다.

교구 수업 경험이 있고, 도형 영역 성취도나 사고력 수학 문제 중 퍼즐, 도형 영역의 문제를 쉽게 해결하는 경우 교구 수업보다는 교과 수업으로 예습을 해나가는 것이 효과적이다. 사고력 수학 학원에서 교과까지 챙겨주는 것은 쉽지 않으니 이 경우에는 따로 엄마표로 교과 수업을 진행해주면 큰 효과를 얻을 수 있다.

사고력 수학과 연산은 사교육으로 진행하고, 교과 학습은 가정에서 진행하는 방법도 있다. 초등 저학년의 경우 사고력과 연산이 탄탄하다면 교과 학습은 혼자서도 충분히 가능하기에 엄마표로 해도 힘들이지 않게 할 수 있다.

사교육이냐, 엄마표 학습이냐를 고민하기 전에 가장 중요한 것은 '꾸준함'이다. 사교육을 선택하고 결정할 때는 최소 1년 이상 유지하겠다는 것을 전제로 해야 한다. 엄마표로 진행할 때도 마찬가지다. 문제집 한 권 끝내기도 전에 흐지부지되지 않도록 해야 한다. 지금 당장 눈앞에 보이는 것만 해결하면 된다고 생각하고 꾸준히 유지하지 못한다면 아무런 결과도 얻을 수 없을지 모른다. 무엇을 선택하든 꾸준히 지속하는 것이 최고의 공부 방법이다.

# 초등 1~2학년 최상위권 준비

∧
∧
∧
·
·
·
·
·
·
·

## 수학 경시대회 꼭 해야 할까

단원평가에서 90점 이상을 받으면 수학을 잘하고 있다고 할 수 있을까? 그렇다고 실수를 한 번도 하지 않고 100점을 받아야만 잘하는 것일까? 많은 부모들은 아이가 단원평가에서 실수를 할 때도 있지만 90점 이상 받는 것을 보니 뒤처지지 않고 잘하고 있다고 장담한다.

여기서 놓치고 있는 것은 기준이 '단원평가'라는 데 있다. 단원평가는 그 단원에서 배운 수학의 개념을 이해했는지를 가늠하는 최소한의 기준이라고 생각해야 한다. 더욱이 학교에서 진행하는 단원평가에는 응용 수준의 문제가 1~2문제 정도뿐이다. 그런데 단원평가 점수만으로 안도한다면 중등 수학을 공부할 때 큰 벽에 부딪힐 수 있다. 아이의 실력이 어느 정도인지 점검해보려면 경시대회에 참가하는 것도 하나의 방법이다.

경시대회를 꼭 해야 하냐는 질문을 많이 하는데, 나는 경시대회를 아이의 중간 과정 점검 차원에서 필요하다고 생각한다. 수학 학습을 잘해나가고 있다면 어디에서든 인정받는 결과를 낼 수 있어야 한다. 어떤 경우에는 잘하고 어떤 경우에는 못하는 것은 안정된 아이의 실력이라고 할 수 없기 때문이다. 그런 차원에서 경시대회를 준비해보면 특별히 약한 영역이나 어려워하는 문제 유형이 무엇인지 알 수 있다. 또 경시대회는 참가만으로도 아이의 수학 실력을 견고하게 다질 수 있는 기회가 되기도 한다.

다만 기본 학습이 충분히 이루어지지 않았는데 무리하게 경시대회에 참가하는 것은 삼가야 한다. 단원평가와 다른 난이도의 문제를 보는 순간 아이는 수학 자신감이 떨어지고, 수학 학습에 대해 부정적인 생각을 할 수도 있기 때문이다. 경시대회 참가는 반드시 기본기를 다진 후에 도전해야 한다.

## 초등 수학 경시대회의 종류와 준비 방법

다음의 표는 초등 수학 경시대회의 종류와 시행일에 대해 정리한 내용이다. 경시대회가 매년 언제 시행되는지 체크해두었다가 참여하고 싶은 경시대회가 있다면 시행되기 3~4개월 전에 경시대회 사이트에 들어가서 신청 기간과 정확한 시험 날짜를 확인한다.

초등 수학의 경우 성균관대, 서울교대, 연세대, 고려대, MBC에서 시행하는 경시대회를 많이 준비하는데, 그중에서 성균관대(성대) 경시를 가장 많이 응모하는 편이다. 각 경시대회마다 시행하는 기간은 대략 정해져 있다. HME 수학학력평가는 전기에는 6월, 후기에는 11월 정도에 진행하고, 약 6개월가량의 준비 기간이 있다. 성대 경시의 경우 전기는 4월, 후기는 10월 정도에 진행하고, 8월에는 MBC 수학학력평가가 있다. 대략적인 정보로 알아두고, 경시대회를 계획하는 시기에서 1년 전쯤에 다시 경시대회 일정을 파악하고 다음해의 경시대회 시행 월을 예상해보는 것이 가장 정확하다.

경시대회는 문제 난이도가 높기 때문에 따로 기출 문제집을 판매하는 경우가 있다. 성대 경시, KMC, MBC 경시의 경우 기출 문제집

| (본선) 한국수학경시대회 (KMC) | 초3~고3 | 매년 6월경 예선 한국 수학 인증 시험 진행<br>매년 7월경 본선 진행 |
| 전국 수학학력 경시대회 (성대 경시) | 초1~고3 | 매년 4월, 11월 진행 |
| HME 수학학력평가 | 초1~중3 | 매년 6월, 11월 진행 |
| 연세대학 창의수학 경진대회 | 초1~중3 | 매년 11월 진행 |
| 서울교대 초등 수학 창의사고력 대회 | 초3~초6 | 매년 4월 |
| 한국수학학력평가 (KMA) | 초1~중3 | 매년 6월 |
| MBC 수학학력평가 | 초1~초3 | 매년 8월 |
| 한국 수학올림피아드 (KMO) | 중등/고등 | 매년 5월 |
| 고려대 전국수학인증시험 | 초1~중2 | 매년 6월 |

을 판매하는데, 아무 때나 수시로 구입할 수 있는 게 아니다. 경시대회 시행일 3~4개월 전 지정된 기간 동안에만 구매할 수 있다. 따라서 경시대회 시행일을 미리 체크하지 않으면 문제집을 구할 수조차 없다.

혹시라도 경시대회 참여는 하지 않아도 문제집을 풀고 싶다면 경시대회 시험이 몇 월인지 체크해두었다가 3~4개월 전 기출 문제집 판매 기간 동안 구매하면 된다. 성대 경시 기출 문제집은 참여 여부를 떠나 한번쯤 풀어보는 것만으로도 현재의 실력을 가늠하고 앞으로 어떤 부분을 더 공부해야 하는지를 알려주는 지침이 된다. 해법 경시대회의 경우 해당 사이트(hme.chunjae.co.kr)에서 10년치 기출문제를 무료로 다운받을 수 있으니 활용해볼 만하다.

## 경시대회마다 난이도가 다르다

모든 경시대회 시험에는 반드시 실력을 변별하기 위한 문제들이 있다. 평균 난이도를 비교해보면 처음 도전하기에는 해법 경시나 MBC 경시가 좋다. 기본기가 잘되어 있다면 기출문제를 풀면서도 생각보다 풀 수 있는 문제들이 많다는 생각을 하면서 아이가 수학에 대한 자신감을 갖게 되기 때문이다.

해법 경시의 경우 3분의 2가량은 어렵지 않게 풀 수 있고, 18번부터 25번 문제들이 다소 난이도가 있지만 연습하면 풀 수 있다. 게다가 21번부터 25번 문제를 전부 틀린다 해도 수상할 수 있다. MBC 경시의 경우 해법 경시보다 더 쉬운 편이라 아이에게 수학에 대한 흥미나 자신감을 심어주고 싶다면 도전해볼 만하다.

이에 비해 성대 경시나 KMC 등은 난이도가 높은 편이다. 기본 난

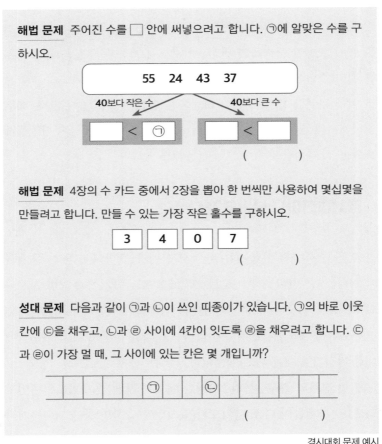

**해법 문제** 주어진 수를 ☐ 안에 써넣으려고 합니다. ㉠에 알맞은 수를 구하시오.

55  24  43  37

40보다 작은 수        40보다 큰 수

☐ < ㉠        ☐ < ☐

(          )

**해법 문제** 4장의 수 카드 중에서 2장을 뽑아 한 번씩만 사용하여 몇십몇을 만들려고 합니다. 만들 수 있는 가장 작은 홀수를 구하시오.

3  4  0  7

(          )

**성대 문제** 다음과 같이 ㉠과 ㉡이 쓰인 띠종이가 있습니다. ㉠의 바로 이웃 칸에 ㉢을 채우고, ㉡과 ㉣ 사이에 4칸이 잇도록 ㉣을 채우려고 합니다. ㉢과 ㉣이 가장 멀 때, 그 사이에 있는 칸은 몇 개입니까?

㉠          ㉡

(          )

이도 문제도 일부 출제되긴 하지만 아이들이 체감하는 난이도는 다른 경시에 비해 더 어렵다고 느낀다. 가볍게 여기고 응시하면 절반 이상 문제를 손도 대지 못할 수 있다. 진짜 수학을 잘하는지 가늠할 수 있는 시험인 셈이다.

연대 경시나 교대 경시의 경우 사전에 기출 문제를 따로 보여주는 문제집이나 사이트가 없기 때문에 난이도를 정확히 예측하기 어렵고 어떻게 준비해야 할지도 막연하다. 그러다 보니 대부분 성대 경시를 기준으로 준비하고 다른 경시는 특별한 준비를 하기보다 경험 삼아 치르는 경우가 많다.

## 경시대회는 어떻게 준비해야 할까

경시대회 준비는 보통 시험일 3개월 전부터 시작하는 것이 좋다. 기출문제집은 같은 문제집으로 2권을 준비하라고 권한다. 절반 정도 분량은 전반적으로 여유롭게 풀고, 나머지 어려운 문제는 최대한 혼자 고민하면서 문제를 해결하는 경험을 갖게 해주기 위해서다.

경시대회 기출문제집은 아무래도 평소 풀던 교과 심화 문제집이나 사고력 수학 문제집보다 더 어려운 경우가 많아서 익숙해지는 데 시간이 필요하다. 그런데 절반가량을 넘어가면 아이들도 기출문제 유형에 조금씩 익숙해지는데 이때는 시간제한을 두고 풀게 하면 된다. 만약 시험 시간이 90분이라면 그 시간 내에 1회분 문제를 풀게 하는 것이다. 이런 식으로 기출문제집을 한 권 모두 풀고 나면 같은 문제집을 다시 풀게 한다. 이때는 이전 문제집에서 오답만 체크해 풀게 한다. 해법 경시의 경우 난이도가 있는 16~25번 문제에서 오답이 많았다면 이 부분을 먼저 학습해야 한다. 22~25번 문제는 좀 더 난이도가 높은데, 오답을 전부 다시 학습하기보다는 실제 시험에서 하나라도 더 맞힐 수 있는 문제 위주로 복습한다. 성대 경시의 경우 16~30번 문제가 난이도가 있는데, 우선 16~25번 문제의 오답을 먼저 복습한다.

시험 시간 내에 푼 기출문제가 정답률 80% 이내에서 오답 2~3문제 정도라면 다음 학년의 기출 문제집을 학습해본다. 경시 기출문제 유형은 비슷하게 반복되면서 문제에서 다루는 수의 범위나 규칙의 범위 등의 차이만 있는 경우가 많기 때문이다. 따라서 다음 학년의 기출 문제집을 학습하면 훨씬 깊이 있게 준비하게 되고 경시대회 수상권이 좀 더 가시화될 수 있다. 기출 문제집 외에 시중 문제집 중에서는 기본적으로 《디딤돌 최상위 수학》이나 《해법 최고수준》 등의 교과 심화 문제집을 풀면 된다. 사고력 수학 문제집 중에서는 《디딤돌 최상위 사고력》, 《1031 영재사고력 시리즈》 등이 경시 준비에 도움이 된다.

그런데 간혹 충분히 경시대회에 도전해볼 만한 아이인데 부모님이 준비를 시키지 않는 경우가 있다. 반대로 경시대회 준비가 아이에게 그리 도움되지 않을 것 같은데 부모님이 무리하게 준비를 시키는 경우도 있다. 경시대회는 아이들의 실력 점검일 뿐이다. 물론 경시대회에서 수상하면 아이는 자신감을 갖게 되고 스스로 뿌듯해할 것이다. 하지만 그 결과를 의미 있게 사용할 수 있는 것은 아니다. 또 무리하게 준비해서 운 좋게 수상했다 하더라도 그 실력이 오래 유지되기는 어렵다. 경시대회 수상이 경시대회를 준비하는 목표가 되어서는 안 된다는 뜻이다.

경시대회는 대회를 준비하기 위해 기출문제집을 풀어보는 것만으로도 아이에겐 공부가 되고 실력을 높이는 역할을 한다. 수상을 할 수 있을지에 관심을 두기보다 초등 때 시험에 대한 경험을 쌓는 것이 경시대회의 목적이 되어야 한다. 정해진 시간 내에 시간 조절하는 방법이나 답안지 작성 요령, 불안감을 컨트롤하는 법 등 중고등 때의 실전을 미리 연습한다는 측면에서 활용해야 한다.

## 학원 최상위반에 대해서

엄마 모임에 나가면 빠지지 않는 이야기가 학원 내 최상위 반에 관한 내용일 것이다. 사실 나 역시 학원을 운영하지만 학원 내에서 최상위반에 속하는 아이들만으로 큰 실적을 이루었다고 할 수는 없다. 물론 최상위반에 속한 소수의 아이들이 학년이 올라가도 여전히 최상위권을 유지해주기 때문에 그에 대한 동경과 환상도 일부 존재한다.

수학 학원 원장으로서 최상위반에 대한 입장을 이야기하면 대충 이러하다. 학원에서 최상위반에 속한 아이가 12명 있다고 가정하면, 아쉽게도 그 아이들이 모두 그 반에서 요구하는 정도의 실력을 갖추었다고 보기는 어렵다. 학원 운영이나 마케팅 측면에서 그 반에 들어갈 정도의 실력이 아니어도 입반하는 아이들도 간혹 있기 때문이다. 이는 아이 셋을 키우면서 실제 엄마 입장에서도 경험한 부분이다.

물론 엄마 입장에서는 학원 내 최상위반은 어떤 교재를 사용하며, 어디까지 진도를 나가며, 심화는 어느 정도 하는지 등 관심을 갖는 것이 긍정적인 도움을 줄 수 있다. 하지만 아직 준비도 되지 않은 아이를 무리하게 최상위반에 들어가게 하는 것은 나중에 후회만 남긴다. 그래도 일단 들어가기만 하면 따라갈 수 있을 것이라는 생각은 엄마의 높은 기대일 뿐 아이는 반 아이들 중 뒤처지고 힘들다고 느낄 수 있다. 초등 저학년 아이의 경우 앞으로도 수학을 잘할 수 있는 기회가 얼마든지 있다. 그런데 최상위반에 대한 환상만으로 아이가 상대적 박탈감을 느끼게 할 필요는 없다는 것이다.

물론 수학에 두드러진 재능을 보이는 아이라면 제대로 준비해서 최상위반에 들어가면, 숨겨진 자신의 실력에 대해 재확인하고 더 잘하고 싶다는 욕심을 내게 되어 긍정적인 효과를 얻을 수 있다. 잘하는 아이들은 잘하는 그룹에서 적당한 자극을 받는 것이 효과적이기 때문이다. 특히 초등 저학년 아이들은 혼자서 자신과 싸움하며 어려운 문제를 끊임없이 도전하기가 쉽지 않다. 그럴 때 주위 친구들이 하는 모습을 보며 나도 해보겠다는 자기격려를 하기도 하고, 나만 어렵지 않구나 하면서 스스로 위안을 받기도 하며, 때론 더 잘하는 아이는 이런 식으로 하는구나 하며 친구들을 보면서 배우기도 한다.

유아 시기에 이런 모습을 보이는 아이가 있다면 욕심내어 더 이끌어주어도 좋다. 하지만 가장 중요한 것은 역시 무리하지 않는 것이다. 역량 있는 아이라면 시기보다 본인이 해보겠다는 마음을 갖는 게 더 중요하고, 이런 아이들은 한번 마음먹으면 분명 잘할 수 있다. 그럼에도 유아 시기에 역량 있는 아이라고 판단할 수 있는 기준이 무엇이냐고 묻는 이들이 있어 몇 가지 체크리스트를 정리해보았다.

① 퍼즐을 잘 해결한다. 어려운 퍼즐을 만나면 해결할 때까지 붙잡고 있거나 해결하지 못해도 다시 해보려고 시도한다.
② 사소한 것을 집중해서 관찰하고 잘 기억한다.
③ 숫자에 관심이 많다. 혼자 따라 써보기도 하고 어떻게 읽는지 물어보면서 더 큰 수에 대해 관심을 보인다.
④ 연산을 빨리 습득하는 편이다. 복습하지 않아도 빠르게 연산을 익히고 자유롭게 한다.
⑤ 퀴즈 활동을 좋아한다. 아이가 다양한 퀴즈를 만들면서 부모에게 퀴즈를 낸다.
⑥ 추상적인 어휘를 잘 사용한다. 자신이 알고 있는 단어들의 규칙성을 찾고 말 재미를 찾는다.

최상위반을 목표로 엄청난 양을 공부하면서 준비하는 아이도 있고, 꾸준히 적당량의 수학 학습을 하다가 레벨테스트를 보았는데 결과가 좋아 최상위반에 들어가는 아이도 있다. 양쪽 아이들을 모두 가르쳐보았는데 더 좋은 결과가 나온 쪽은 후자였다. 성실하게 실력을 쌓아 훌륭한 결과를 받았을 때 아이가 느끼는 성취감은 부모보다 훨씬 크다. 그런 아이는 최상위반에 입반한 뒤에도 힘들어하지 않고 잘할 수 있다.

우리 아이가 꾸준히 공부하다가 최상위반에 들어가면 좋은 일이다. 하지만 바라건대 아이가 최상위반이 아니어도 걱정하거나 불안해하지 않길 바란다. 엄마의 눈동자가 흔들리면 아이의 마음은 요동친다고 한다. 엄마의 불안해하는 마음이 아이에게 고스란히 전달되는 순간 아이는 수학에 대한 막연한 부담감에 제 실력을 발휘하지 못할 수 있음을 명심하자.

## 무리하지 않고 최상위반 준비하기

그럼에도 학원에서 최상위반을 노린다면 강조했지만 무리하지 않아야 한다. '무리하지 않는다.'라는 의미는 한번에 기회를 잡기보다 1~2년 동안 시간을 계획해서 진행하라는 의미다. 만약 6세에 소마학원을 보내고 싶다면 4~5세 때 그에 맞는 준비가 이뤄져야 하고, 초등 입학 전에 보내고 싶다면 6~7세부터 차근차근 준비해야 한다. 그렇게 준비하면서 초등 1~2학년의 경우 2학년 2학기나 2학년 겨울방학 때 학원의 최상위반에 들어가면 된다. 초등 저학년 때 최상위반이 아니었다고 계속 최상위반에 들어가지 못하는 것도 아니고, 한번 최상위반이었다고 아이의 실력이 학년이 올라가면서 그에 비례해 계속 보장되지도 않는다.

다음의 내용은 초등 2학년 여름방학 때 사고력 수학 학원 레벨테스트에서 최상위반에 합격했던 아이가 당시 진행하던 과정이다. 당시 내가 수업을 진행했던 아이였고, 같은 반의 아이들 진도가 비슷했는데 6명 중 4명이 비슷한 결과가 나왔다.

- **연산 진도**: 초등 3학년 2학기 연산 학습 진행 중
- **교과 진도**: 초등 3학년 2학기 기본 마무리, 초등 3학년 1학기 심화 마무리
- **사고력 진도**: 《시매쓰 1031 입문》 50% 이상 진행 중
- **기타**: 해법 경시 기출문제 학기별로 학습, 성대 경시 2학년 전기 학습

실제 아이의 진도를 보여주는 이유는 수학 학원의 최상위반에 들어가기 위해서 엄청난 선행 진도가 필요한 것은 아님을 알려주기 위해서다. 진도보다는 어떻게 깊이 있는 학습을 했느냐가 훨씬 더 중요하다. 이 아이의 경우 유아 때 상당히 빠른 진도를 나간 것도 아니고, 초등 1학년 겨울방학 때부터 시작해 무리하지 않게 공부하면서 불과 7~8개월 사이에 진도를 어려움 없이 진행한 케이스다.

계속 강조하지만 초등 저학년 아이를 두고 다른 아이들과 비교하면서 늦었다고 생각하지 않았으면 좋겠다. 초등 저학년이라면 이제 시작이다. 이때 공부를 시작하지 않고 더 늦게 시작한 아이들도 더 훌륭한 성취를 낸 경우는 얼마든지 많다. 초등 저학년에게 가장 중요한 것은 수학에 대한 흥미와 즐거움이다. 부모가 그 사실만 잊지 않

는다면 아이는 분명 수학을 즐기면서도 좋은 결과를 얻을 수 있을 것이다.

# 초등 3~4학년
# 수학 로드맵

4장

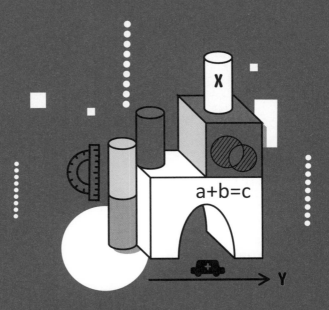

# 초등 3~4학년
# 수학 과목 알아보기

초등 3학년 아이를 둔 부모의 눈에는 아이가 아직도 어리게만 보인다. 사실 그렇기도 하다. 초등 3학년이라곤 하지만, 2월까지 초등 2학년생이었고 3월이 되면서 3학년이 되었으니 당연하다. 초등학교에서 중학년이 되었지만 달라진 점도 많지 않아 보인다. 그런 아이들이 3학년이 되면 유독 수학이 어렵다고 말한다. 엄마들은 초등 5학년 과정이 매우 중요하고 어렵다는 이야기를 익히 들어서 그때는 엄마표로 하던 공부도 학원으로 보내고 예습을 시켜야겠다고 각오를 한다. 그런데 느닷없이 저학년 때 잘하던 아이가 3학년 과정에서 헤매기 시작하는 것이다.

도대체 왜 이런 현상이 생기는 걸까? 그 이유는 초등 3~4학년 과정을 만만하게 생각했기 때문이다. 초등 5~6학년 과정이 어려운 것은 사실이다. 하지만 고학년 과정을 어려워하고 힘들어하는 것은 사실 그 아래 학년, 그러니까 초등 3~4학년 과정을 아이가 다 소화하지 못했다는 이유다.

초등 3~4학년 과정은 본격적으로 추상적인 개념을 배우는 시기다. 저학년의 단순 연산이 아니라 도형, 분수, 소수 등 다양한 추상적 개념들이 등장한다. 추상적인 개념이지만 아이들이 문제집을 풀어내는 것을 보면서 엄마들은 그래도 이해했다고 생각한다. 하지만 추상적이고 쉬운 개념일수록 '정확하게 이해했는지' 판단하기가 쉽지 않다. 초등 3~4학년 과정에서는 절대 놓치지 말아야 할 개념들이 있다. 그 개념들에 대해 살펴보면서 아이의 이해 정도를 판단해보자.

먼저 초등 3~4학년 과정을 살펴보면 3학년 때는 분수, 4학년 때는 평면도형이 가장 중요하다. 소수의 원리, 곱셈과 나눗셈 등도 있지만 확실하게 이해해야 할 개념과 단원들을 먼저 다져놓고 어려워하는 다른 단원들을 하나씩 해결해가는 것이 효과적이다.

분수는 3학년 1학기 6단원 분수와 소수, 3학년 2학기 분수, 4학년 2학기 분수의 덧셈과 뺄셈 단원이 있다. 분수 개념을 한번에 여러 번 진행하는 것이 효율적이므로 관련 단원만 골라 연결되도록 풀어보는 것도 좋은 방법이다.

평면도형은 3학년 1학기 2단원 평면도형, 3학년 2학기 3단원 원, 4학년 1학기 2단원 각도, 4단원 평면도형의 이동, 4학년 2학기 2단원 삼각형, 4단원 사각형, 6단원 다각형으로 구성되어 있다. 단원 개수만 봐도 3~4학년 동안 굉장히 많은 개념을 배우는 것을 알 수 있다.

| 학년 학기 | 단원별 내용 | 학년 학기 | 단원별 내용 |
|---|---|---|---|
| 3학년 1학기 | 1. 덧셈과 뺄셈: 덧셈과 뺄셈의 원리 활용(복면산, 벌레먹은 셈 등)<br>2. 평면도형: 선분, 직선, 반직선, 각, 직각, 직사각형, 정사각형, 직각삼각형<br>3. 나눗셈: 나눗셈의 개념(포함제, 등분제), 몫의 뜻<br>4. 곱셈: 곱셈의 원리<br>5. 길이와 시간: 길이와 시간의 단위 관계<br>6. 분수와 소수: 분수의 개념, 소수의 개념, 단위분수 | 3학년 2학기 | 1. 곱셈: 곱셈의 원리 확장<br>2. 나눗셈: 나머지의 의미<br>3. 원: 원의 정의, 반지름, 지름의 개념<br>4. 분수: 진분수, 가분수, 대분수의 개념, 이산량*에 대한 분수 개념<br>5. 들이와 무게: 들이와 무게 단위의 관계, 상황별 알맞은 단위 사용<br>6. 자료의 정리: 자료, 표, 그래프의 개념<br><br>* 이산량: 셀 수 있는 양<br>예) 12개의 1/2은? |
| 4학년 1학기 | 1. 큰 수: 자릿값의 이동에 따른 수의 크기 변화<br>2. 각도: 예각, 직각, 둔각의 개념, 다각형 내각의 합 구하는 방법<br>3. 곱셈과 나눗셈: 곱셈의 원리(교환법칙, 결합법칙, 분배법칙), 나눗셈의 검산식, 숫자카드를 이용한 가장 곱이 큰 식<br>4. 평면도형의 이동: 도형의 이동 종류, 제자리로 돌아오는 이동 횟수<br>5. 막대그래프: 막대그래프의 특징, 가로축과 세로축 내용<br>6. 규칙 찾기: 도형 배열에 따른 규칙 찾기 | 4학년 2학기 | 1. 분수의 덧셈과 뺄셈: 가분수와 대분수의 전환, 분수의 개념<br>2. 삼각형: 변의 길이에 따른 분류, 각의 크기에 따른 분류, 각 삼각형의 정의(예각삼각형, 직각삼각형, 둔각삼각형, 이등변삼각형, 정삼각형)<br>3. 소수의 덧셈과 뺄셈: 소수점 위치의 이동 원리, 소수 사이의 관계<br>4. 사각형: 수직, 수선, 평행, 평행선, 사각형의 종류와 관계, 각 사각형의 정의<br>5. 꺾은선 그래프: 꺾은선 그래프의 특징, 그림그래프 & 막대그래프 & 꺾은선 그래프 비교<br>6. 다각형: 다각형, 정다각형의 정의, 대각선, 다각형의 내각의 합 크기 구하는 방법 |

평면도형은 수학에서 중요한 용어와 정의에 대해 확실하게 이해하고 기억하는 학습 습관을 기를 수 있는 영역이다. 이는 중고등 과정에 가서도 학습의 기반이 되기 때문에 수학 용어와 정의, 성질을 잘 구분하면서 익혀두어야 한다.

# 3학년
# 필수 개념 익히기

∧
∧
∧
·
·
·
·
·
·
·
·
·

## 3학년 필수 개념 ① 복면산과 벌레 먹은 셈

단순 연산은 잘하는데 연산의 원리를 제대로 이해하고 능숙하게 하는지 궁금하다면 '복면산'과 '벌레 먹은 셈' 문제를 어떻게 해결하는지를 보면 알 수 있다. 이런 유형은 초등 1~2학년 과정에서도 나온다. 하지만 수가 작으면 정확한 연산 원리를 이해하지 못해도 답을 구할 수 있기 때문에 원리를 이해했는지를 정확히 판단하기 어렵다.

'벌레 먹은 셈'은 다음과 같은 문제 유형을 말한다. 식의 일부분을 벌레가 먹어서 보이지 않는다 하여 '벌레 먹은 셈'이란 이름이 붙었는데, 보이지 않는 수들을 찾아내는 문제다.

벌레 먹은 셈

　벌레 먹은 셈은 복면산보다 쉬운 편이다. 한 자리 수의 덧셈과 뺄셈에서 수의 관계를 정확하게 아는 친구들은 어려워하지 않는다. 만약 아이가 벌레 먹은 셈을 어려워한다면 현재의 연산 진도를 유지하면서 1학년 2학기나 2학년 1학기 덧셈과 뺄셈을 복습할 필요가 있다.

　문제를 풀어보면 이렇다. ㉠을 구하려고 할 때 어떤 수와 2를 더해서 일의 자리가 0이 되려면 10 이상의 수를 만들어야 한다는 생각을 한다. 하지만 합이 10 이상의 두 수를 자유롭게 생각하지 못하는 아이는 ㉠에 들어가야 하는 수는 맞히지만, ㉡에 들어가는 수를 구할 때 원래의 합보다 1 작은 수를 만들어야 한다는 것을 놓치는 경우가 많다. 받아올림의 원리, 한 자리 수 덧셈의 정확성 등을 확인할 수 있는 문제로, 이런 유형을 어려워한다면 복습이 필요하다는 의미다.

　복면산은 숫자 대부분을 숨겨서 나타낸 것으로, 숫자가 복면을 쓰고 있는 연산이라는 의미를 갖고 있다. 예를 들면 다음과 같은 유형이 복면산이다.

**문제** 서로 다른 세 수 ●, ▲, ■를 사용하여 다음 덧셈식을 완성할 때
●+▲+■의 값을 구하시오.

(        )

복면산은 가려져 있는 수가 많으므로 한번에 정답을 구하기 쉽지 않으며, 경우의 수를 따지면서 문제를 해결해야 하므로 난이도가 높다. 이런 문제를 잘 해결하는 아이는 상위 학년 공부를 할 때도 무난하게 진도를 나갈 수 있다. 사실 중고등 과정을 잘 따라가는 아이는 기본적으로 연산에서 어려움을 보이지 않는다. 연산의 원리를 기반으로 수의 관계 추론을 잘 해결할 수 있기 때문이다.

단순 연산은 잘하지만 수 감각이 약한 아이들이 이런 유형을 어려워하는데, 제대로 이해하기 위해서는 단순 연산을 반복 학습하기보다 연산의 원리와 각 연산에 따른 수의 규칙성을 찾아낼 수 있도록 적절한 발문을 함께 해주는 것이 효과적이다. 예시로 제시한 복면산을 해결하기 위한 발문을 순서대로 써보았으니 참고해보자.

① 한 자리 수 + 한 자리 수 중에서 동그라미와 세모의 합은 10이 넘을까?

넘지 않을까? (아이 답변 후) 어느 부분을 보면 알 수 있을까?

→ 아이 답변: 10이 넘어요. 왜냐하면 동그라미 더하기 세모가 10이 넘지 않으면 백의 자리 숫자끼리 더했을 때 똑같이 5가 나와야 하는데 천의 자리가 생겼기 때문에 10이 넘는다는 것을 알 수 있어요.

② 그렇다면 합이 10이 넘는 두 수 중에서 얼마가 되어야 할까? 어떤 조건을 확인하면 될까?

→ 아이 답변: 15가 되어야 해요. 왜냐하면 일의 자리 숫자끼리 더하면 정답에 나오는 일의 자리 숫자가 5가 되니까 10이 넘으면서 일의 자리 숫자가 5가 되는 15가 되어야 해요.

③ 동그라미와 세모의 각각의 값을 정확하게 구할 수 있을까?

→ 아이 답변: 정확하게 구할 수 없어요. 왜냐하면 동그리미와 세모의 합이 15인 것만 알 수 있기 때문에 동그라미와 세모의 수를 각각 구할 수 없고, 문제에서 동그라미, 세모, 네모의 합을 물어보기 때문에 동그라미와 세모의 합에 네모의 값만 구해서 더해주면 답을 구할 수 있어요.

④ 동그라미 더하기 세모가 15가 되어야 하면 네모의 값은 얼마가 될까?

→ 아이 답변: 네모는 6이 되어야 해요. 왜냐하면 동그라미와 세모의 합이 15가 되는데 여기서 10은 앞의 자리로 받아올림 돼서 1을 더해야 하니까 네모는 6이 돼요.


이처럼 문제를 풀어내기 위한 힌트 정도의 발문 연습이면 충분하다. 이렇게 여러 번 하다 보면 복면산 유형을 만났을 때 아이는 혼자서 머릿속으로 발문해보면서 문제를 풀어낼 수 있게 된다.

## 3학년 필수 개념 ② 나눗셈 원리

초등 2학년 때는 1~2학기에 걸쳐 곱셈에 대한 개념과 곱셈구구를 익힌다. 이후 초등 3학년 1학기 때 나눗셈을 배우는데, 나눗셈의 개념을 정확하게 익히지 않은 채 단원을 마무리하는 아이들이 꽤 많다. "나눗셈이 무슨 뜻이야?"라고 물으면 많은 아이들이 "곱셈의 반대요."라고 말한다.

정확한 의미로 나눗셈은 어떤 수를 다른 수로 나누는 셈이다. 2가지 의미로 '등분제'와 '포함제'로 나눠서 살펴볼 수 있다. 2가지 의미가 모두 중요한데 많은 아이들이 정확하게 이해하고 기억하는 경우가 드물다. 그래서 자릿값이 늘어나는 나눗셈을 자연스럽게 넘어가지 못하고, 분수의 나눗셈에서 식을 잘못 세우는 등의 실수를 하게 된다.

- **등분제**(等 무리 등 分 나눌 분): 똑같이 나누어 덜어낸다.
- **포함제**(包 쌀 포 含 머금을 함): 포함된 만큼 덜어낸다.

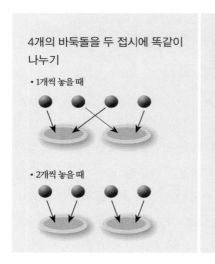

4개의 바둑돌을 두 접시에 똑같이 나누기

• 1개씩 놓을 때

• 2개씩 놓을 때

4개의 바둑돌을 2개씩 접시에 담기

• 몇 번 덜어 내면 0이 되는지 뺄셈식으로 나타내면
  4 - 2 - 2 = 0입니다.
  2번
• 2개의 접시가 필요합니다.
• 나눗셈식으로 나타내면
  4 ÷ 2 = 2입니다.

왼쪽은 등분제, 오른쪽은 포함제

위의 그림에서 4개의 바둑돌을 2개의 접시에 똑같이 나눈다고 했을 때, 왼쪽의 그림은 '등분제'를 설명하고 있다. 4개의 바둑돌을 2개의 접시에 나누어 담으려고 하는데, 한 접시에 몇 개의 바둑돌을 담을 수 있는지를 묻는 문제다. 이때 2개의 접시에 바둑돌을 하나씩 올려놓고, 다시 남은 바둑돌을 한 개씩 옮겨 담으면 남은 바둑돌의 개수에 상관없이 2개의 접시에 각각 2개의 바둑돌을 담을 수 있다는 것을 알 수 있다. 이렇듯 등분제는 전체 개수를 하나씩 나눠주면서 단위 하나당 몇 개가 있는지 묻는 문제에서 적용된다.

오른쪽 그림은 '포함제'에 해당된다. 4개의 바둑돌을 한 접시에 2개씩 담으려면 몇 개의 접시가 필요한지 묻는 상황이다. 언뜻 보면 등분제와 포함제가 비슷해 보이지만 그렇지 않다. 이때의 상황에서는 한 접시에 바둑돌 2개를 담아야 한다는 것이 정해져 있으므로 2개씩 덜어내는 것이다. 바둑돌을 2개씩 2번 덜어내면 전체 개수에 남은 것 없이 필요한 접시의 개수를 알 수 있다. 포함제는 6학년 때 배우는 분수의 나눗셈을 이해할 때도 상당히 도움되는 개념이다.

다음의 문제를 한 번 더 살펴보자.

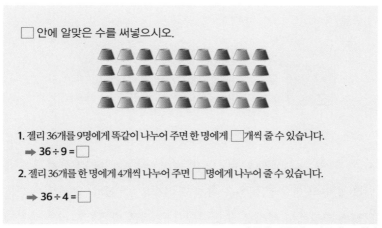

□ 안에 알맞은 수를 써넣으시오.

1. 젤리 36개를 9명에게 똑같이 나누어 주면 한 명에게 □개씩 줄 수 있습니다.
➡ 36 ÷ 9 = □

2. 젤리 36개를 한 명에게 4개씩 나누어 주면 □명에게 나누어 줄 수 있습니다.
➡ 36 ÷ 4 = □

1번 문제는 등분제, 2번 문제는 포함제

이 문제에서 1번의 경우 9명에게 젤리를 1개씩 주는 것을 반복하다 보면 1명당 젤리 4개를 받게 되는데, 이런 개념으로 접근하는 것이 '등분제'다. 반면 2번의 경우 젤리 36개에서 4개씩 반복해서 빼면 9번을 빼야 남는 것이 없게 된다. 이러한 개념이 '포함제'를 의미한다. 다시 말해 포함제는 피제수(나누어지는 수)와 제수(나누는 수)의 단위(2번 문제의 경우 개수)가 일치하여 반복해서 뺄셈을 할 수 있다. 하

지만 등분제는 그렇지 않다. 피제수(개수)와 제수(사람수)의 단위가 1
번 문제에서 보는 것과 같이 다르다.

그런데 아이들은 보통 나눗셈을 등분제의 의미로만 기억하는 경
우가 많아 6학년 2학기 분수의 나눗셈을 할 때 헷갈려한다. 다음과
같은 문제를 예로 들 수 있다.

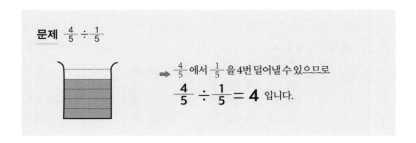

이 문제는 4/5에서 1/5을 몇 번 빼야 0이 되는지, 즉 포함제의 개
념을 분수의 나눗셈 내용을 확장해 이해할 수 있다. 곱셈은 덧셈의
원리를 확장해서 이해할 수 있다면, 나눗셈은 뺄셈의 원리를 확장해
서 이해할 수 있다. 48 ÷ 3을 구할 때 세로셈을 쓰지 않고도 수 가르
기를 이용해 몫을 빠르게 구하는 아이들이 있다. 36 × 2와 같이 두
자리 수 이상의 곱셈을 할 때 이용했던 원리를 적용하는 것이다.

48 ÷ 3 = (30 + 18) ÷ 3 = 10 + 6 = 16
36 × 2 = (30 + 6) × 2 = 60 + 12 = 72

48 ÷ 3을 계산할 때 48을 (30 + 18)로 가르기 하지 않고, 3의 배수인 수의 합으로 가르기 하는 경우가 있다.

48 ÷ 3 = (36 + 12) ÷ 3 = 12 + 4 =16

마찬가지로 몫은 구할 수 있지만 이 방법은 적절하지 않다. 나눗셈을 세로식으로 계산할 때 십의 자리의 몫, 일의 자리의 몫을 순서대로 구하는 것인데, 이런 방법은 수가 작을 때는 가능하지만 나누어지는 수나 나누는 수가 커지면 암산으로 구하기 어렵고 세로식을 배울 때 헷갈릴 수 있기 때문이다. 그래서 나는 아이들과 수업할 때 이렇게 질문한다.

"40에는 3이 몇 번 들어갈까? 10번? 20번?"

(정답은 10번)

포함제의 개념을 알고 있는 아이들은 이런 질문으로 몇 번의 반복적인 접근을 한 뒤, 나눗셈 세로식 쓰는 방법을 연결해서 알려주면 좀 더 쉽게 이해한다. 곱셈과 나눗셈을 연결해서 알려줄 때 이런 방식으로 설명해주는 것을 추천한다.

7 × 2 = 14 → 14 ÷ 2 = 7

14를 반으로 나누면 몇이지?        (정답은 7)

14에 7이 몇 번 들어가지?          (정답은 2번)

14에서 7을 몇 번 빼야 0이 되지?     (정답은 2번)


## 3학년 필수 개념 ③ 분수

　고대 시대의 사람들은 사과 2개와 돌멩이 2개가 같은 의미를 갖는다는 것을 알기까지 3000년 이상의 시간이 걸렸다고 한다. 학부모 대상 강의를 할 때 내가 자주 이야기하는 수학사에 관한 이야기다. 아이들이 자연수를 배울 때는 수의 개념화가 중요한데, 아이들 입장에서는 고대인들도 3000년 이상이나 걸린 이 개념을 짧은 기간 안에 이해하기가 쉽지 않다는 것을 알려주기 위해서다.

　그렇다면 자연수보다 더 추상적인 개념인 분수는 어떨까? 나는 아이가 자연수 1부터 5까지 익히기 위해서는 1년 동안 다양한 방법으로 알려줘야 한다고 말한다. 그런데 그런 자연수보다 더 추상적인 개념인 분수를 이해시키기 위해서는 1~2년 동안 지속적이고 다양한 수학적 접근을 해주어야 한다고 생각한다.

　문제는 초등 3학년에 배우는 분수 단원을 단순히 계산하고 답을 맞히는 것으로 만족하고 넘어가는 경우가 많다는 점이다. "$\frac{7}{5}$을 대분수로 고치려면 어떻게 해야 해?"라고 물어보면 대부분의 아이들이 "7을 5로 나누고 몫은 자연수에 쓰고 나머지는 분자에 써요."라고 답한다. 심지어 수학을 꽤나 잘한다는 아이도 비슷한 대답을 한다. 누차 강조하지만 초등 5~6학년 과정을 어려워하는 가장 큰 이유는 3학년 과정의 분수가 제대로 정립되지 않았기 때문이다. 아이가 분수에 대한 개념을 얼마나 알고 있는지 아래 체크리스트를 참고해 확인해보자.

- 분수의 뜻이 무엇일까?
  → 전체에 대한 부분을 나타내는 수예요.

- $\frac{1}{3}$ 은 어떤 의미를 나타내는 걸까?
  → 1을 3조각으로 나눈 것 중에 1조각이요.

- $\frac{1}{3}$ 이 몇 개가 있어야 1이 될까?
  → 1을 3조각으로 나눈 것이니까 다시 3개가 있어야 1이 돼요.

- $\frac{1}{3}$ 이 2개 있으면 몇일까?
  → $\frac{2}{3}$ 이요.

- $\frac{5}{3}$ 는 무슨 뜻일까?
  → $\frac{1}{3}$ 이 5개 있다는 거예요.

- $\frac{5}{3}$ 와 같은 분수를 무엇이라고 할까?
  → 가분수요.

- 진분수, 가분수, 대분수의 뜻은 무엇일까?
  → 진분수는 분모가 분자보다 큰 분수이고, 가분수는 분모랑 분자가 같 거나 분자가 분모보다 큰 분수예요. 대분수는 자연수와 진분수가 연 결된 분수예요. 대분수에 대가 띠 대라고 자연수랑 진분수가 띠처럼 연결되어 있다고 알려주셨어요.

- $\frac{5}{3}$ 를 대분수로 바꾸려면 어떻게 해야 할까?
  → $\frac{5}{3}$ 는 $\frac{1}{3}$ 이 5개인데, $\frac{1}{3}$ 은 3개가 있어야 1이 되니까 3개는 1이 되고 $\frac{1}{3}$ 이 2개 남아서 $\frac{2}{3}$ 가 돼요. 합쳐서 1과 $\frac{2}{3}$ 가 돼요.

- $\frac{1}{2}$ 과 $\frac{1}{3}$ 을 더할 수 있을까? 왜 더할 수 없을까?
  → 같은 단위가 아니라서 더할 수가 없어요.

- 단위분수는 무슨 뜻일까?
  → 분자가 1인 분수인데, 센티미터와 센티미터끼리 더하는 것처럼 분모 가 똑같아야 더할 수 있어요.

이 질문들은 분수를 배운 초등 3학년 아이들에게 내가 항상 묻는 것들이다. 그리고 학년마다 분수 단원을 시작하기 전에도 순서대로 다시 묻는 질문이다.

초등 3~4학년 정도가 되면 수학 용어를 정확하게 설명할 수 있어 야 한다. 이 시기에 수학 개념의 중요성을 인지하지 못하면 5~6학년

때 습관을 들이기가 매우 어렵고, 중등 과정이 되면 개념이 뒤죽박죽
되어 애를 먹는다.

  분수는 '전체에 대한 부분을 나타내는 수'를 의미한다. 이는 분수
의 기본 개념이다. 더 나아가 나눗셈의 의미를 갖고 있고 비율의 의
미도 갖고 있다. 기본 개념부터 바로 알지 못하면 분수를 이용한 다
양한 개념 확장이 어려워지니 꼭 확인해야 한다.

  3학년 2학기에 배우는 분수는 아이들이 더 어려워한다. 아래 3가
지 개념에 대해서는 언제 어떤 형태로 물어봐도 바로바로 정확히 대
답할 수 있어야 한다.

- 12의 $\frac{1}{3}$ 은 (  )이다. → 정답은 4
- 12의 (  )은 4이다. → 정답은 $\frac{1}{3}$
- (  )의 $\frac{1}{3}$ 은 4이다. → 정답은 12

  3학년 1학기에 분수를 배울 때는 연속량을 예로 들어 설명한다.
빵 1개를 3조각으로 나누는 식으로 이야기한다면, 3학년 2학기에 배
우는 분수에서는 이산량(셀 수 있는 양을 나타내는 수)을 등분하는 것을
설명한다. 이 개념의 경우 "12개를 3묶음으로 묶으면 한 묶음에 몇
개가 들어갈까?"와 같은 발문으로 개념을 설명하면 아이들이 쉽게
이해한다. 이런 방법으로 이 개념을 다음과 같이 발문할 수 있다.

- 12의 $\frac{1}{3}$ 은 (  )이다.

→ 12를 3개 묶음으로 묶으면 한 묶음에 몇 개가 들어갈까? 3묶음 중에 1묶음은 4개가 되네.

- 12의 (   )은 4이다.
  → 12를 몇 개씩 묶어야 그중 몇 묶음을 골랐을 때 4개가 될까? 2개씩 묶어도 되고, 4개씩 묶어도 되네. 2개씩 묶으면 전체 6묶음이 되니까 6묶음 중 2묶음을 합치면 4개라서 $\frac{2}{6}$가 되겠네. 그럼 3개씩 묶으면 4개를 나타낼 수 있을까? 없겠지. 3개씩 묶어서 분수로 나타낼 수는 없겠네.

- (   )의 $\frac{1}{3}$은 4이다.
  → 3묶음 중에 한 묶음이 4개네. 4개씩 3묶음이 있다는 거네. 그럼 모두 몇 개지? 12개네.

이처럼 분수는 묶음으로 이야기하면서 설명하면 훨씬 쉽게 이해할 수 있다. 이 3가지 개념을 통해 분수는 나눗셈의 의미를 갖는다는 것, 약수 등의 의미를 배울 수 있다. 빈칸을 채우기 위해 곱셈과 나눗셈을 방법적으로만 적용해서 풀지 않도록 꼼꼼히 묻고 답하면서 체크해야 한다. 이 개념이 확장되면 다음 내용을 배우게 된다.

다음의 시간 문제를 한번 풀어보자. 1번은 1시간은 60분이므로 1시간의 1/2은 60분의 절반인 30분이 된다. 2번은 1시간의 1/3은 60분을 3등분하면 되므로 20분이다. 주어진 단위를 그대로 사용하지

**문제** 그림을 보고 ☐ 안에 알맞은 수를 써넣으시오.

1. 1시간의 $\frac{1}{2}$ 은 ☐분입니다.
2. 1시간의 $\frac{1}{3}$ 은 ☐분입니다.

않고, 시간을 분으로 단위 변환을 해서 등분을 하는 것이 핵심이다.

시계에서 분수의 개념을 이해하는 것은 매우 중요하다. 상위 학년에서 배우는 시간, 거리와 속력, 길이 등의 문제에서 조건으로 나오는 부분이라 시간의 분수 개념을 이해하지 못하면 상위 학년의 문제를 풀지 못할 것은 자명한 일이다. 혹시 상위 학년에서 이와 같은 조건의 의미를 정확히 이해하지 못하는 경우 초등 3학년 2학기 분수 영역을 재점검하는 것을 추천한다.

# 4학년
# 필수 개념 익히기

∧
∧
∧
·
·
·
·
·
·
·
·

## 4학년 필수 개념 ① 도형

초등 4학년 과정은 평면도형 영역에 집중해야 하는 시기다. 중등 기하의 기본 개념에 바탕이 될 뿐 아니라 밀접하게 연결되기 때문이다. 초등 4학년 교과 심화 문제집의 도형 단원에 수록된 문제 중 상당수는 중등 기하 파트에서도 볼 수 있는 유형이다. 이 시기에 얼마나 정확하게 개념을 이해하고 확장할 수 있도록 배우느냐가 중등 기하 파트를 수월하게 시작할 수 있느냐로 이어진다.

4학년에는 1학기 2단원 각도, 4학년 2학기 2단원 삼각형, 4단원 사각형, 6단원 다각형에서 배우는 도형의 정의를 정확하게 익혀야 한다. 도형의 정의에 대해서는 정확하게 말할 수 있도록 연습하고 또 연습해야 한다. 다음 표에서 도형과 관련된 개념들을 하나씩 써보자.
다 쓴 다음에는 정확한 의미를 확인하고 익혀야 한다.

| 용어 | 정의 써보기 |
| --- | --- |
| 각 | |
| 각도 | |
| 예각 | |
| 직각 | |
| 둔각 | |
| 정삼각형 | |
| 이등변 삼각형 | |
| 예각삼각형 | |
| 직각삼각형 | |
| 둔각삼각형 | |
| 수직 | |
| 수선 | |
| 평행 | |
| 평행선 | |
| 사다리꼴 | |
| 평행사변형 | |
| 직사각형 | |
| 마름모 | |
| 정사각형 | |
| 다각형 | |
| 정다각형 | |
| 대각선 | |

## 도형과 관련된 개념들

| 용어 | 정의 |
|---|---|
| 각 | 한 점에서 그은 2개의 반직선에 의해 이루어진 도형 |
| 각도 | 각을 이루는 두 변의 서로 벌어진 정도 |
| 예각 | 0도보다 크고 직각보다 작은 각 |
| 직각 | 두 직선이 만나서 이루는 각이 90도인 각 |
| 둔각 | 직각보다 크고 180도보다 작은 각 |
| 정삼각형 | 세 변의 길이가 모두 같은 삼각형 |
| 이등변 삼각형 | 두 변의 길이가 같은 삼각형 |
| 예각삼각형 | 세 각이 모두 예각인 삼각형 |
| 직각삼각형 | 한 각이 직각인 삼각형 |
| 둔각삼각형 | 한 각이 둔각인 삼각형 |
| 수직 | 두 직선이 만나서 이루는 각이 직각을 이루는 두 직선 |
| 수선 | 두 직선이 서로 수직으로 만날 때 한 직선을 다른 직선의 수선이라 함 |
| 평행 | 서로 만나지 않는 두 직선 |
| 평행선 | 한 평면 위에서 서로 만나지 않는 두 직선 |
| 사다리꼴 | 마주보는 한 쌍의 변이 서로 평행인 사각형 |
| 평행사변형 | 마주보는 두 쌍의 변이 서로 평행인 사각형 |
| 직사각형 | 네 각의 크기가 모두 같은 사각형 |
| 마름모 | 네 변의 길이가 모두 같은 사각형 |
| 정사각형 | 네 변의 길이가 같고, 네 각의 크기가 같은 사각형 |
| 다각형 | 여러 개의 선분으로 둘러싸인 평면도형 |
| 정다각형 | 변의 길이가 모두 같고 각의 크기가 모두 같은 다각형 |
| 대각선 | 다각형에서 서로 이웃하지 않는 두 꼭짓점을 이은 선분 |

도형의 정의를 익혔다면 정의와 연결시켜 각 도형의 성질도 익혀야 한다. 예를 들어 정사각형의 정의는 네 변의 길이가 같고 네 각의 크기가 같은 사각형이다. 정사각형의 성질은 마주보는 두 쌍의 변이 평행하고, 이웃한 두 각의 크기가 180도이다 등을 의미한다. 초등 과정에는 모든 성질을 배우는 것이 아니므로 성질이 언급된 삼각형, 사각형 등의 단원에서 정의를 정확하게 기억한 다음, 나머지는 성질에 해당한다고 이해하면 된다.

초등 과정 문제집을 풀 때는 도형의 정의와 성질을 정확하게 구분하지 못하거나 의미를 말로 설명할 수 없어도 정답을 맞힐 수 있다. 하지만 중고등 과정으로 가면 반드시 도형의 정의와 성질을 구분해 익혀야 한다. 왜냐하면 학교에 따라 다소 다르지만 정의를 언급하고 어떤 용어에 대한 설명인지 빈 칸 채우기를 묻는 문제가 나오거나 증명하는 과정에서 활용되기 때문이다.

고등 과정에서 개념이 얼마나 중요한지를 알려주어도 아이들이 개념 익히기를 어려워하고 힘들어하는 이유는 초등 때부터 습관을 들이지 않았기 때문이다. 초등 과정만을 위한 공부가 아니라 중고등 과정을 잘하기 위한 공부를 해야 한다. 그래야 이후에도 수학이라는 과목을 잘 헤쳐나갈 수 있다.

## 4학년 필수 개념 ② 소수

아이들을 가르쳐보면 소수에 대한 아이들의 이해도는 극과 극의 양상을 보인다. 수학에 대한 이해도가 높은 아이들은 소수에 대해 자연수를 이해하는 것과 비슷한 규칙성을 갖고 있다고 생각한다. 소수의 덧셈, 뺄셈을 할 때는 소수점을 맞춰서 같은 자릿값끼리 더하면 되고, 곱셈, 나눗셈을 할 때는 소수점의 이동 원리를 이해하면 자연수 계산과 크게 다르지 않다고 자연스럽게 이해한다.

하지만 소수를 어려워하는 경우 소수점 이동이나 0.1이 36개 있으면 어떤 수를 의미하는지 이해하지 못한다. 아이들이 소수의 개념을 처음 접하는 것은 초등 3학년 1학기 6단원 분수와 소수 단원에서다. 이때는 분수 개념을 배운 뒤 $\frac{1}{10}$을 소수로는 0.1로 나타낼 수 있다고 설명하며 소수 개념을 간단히 소개하는 정도다.

초등 3학년 1학기 분수와 소수 단원을 한번 살펴보자. 0부터 1까

---

**분수와 소수 알아보기**

0.1, 0.2, 0.3……과 같은 수를 **소수**라 하고, '.'을 **소수점**이라고 합니다.

| 분수 | 0 | $\frac{1}{10}$ | $\frac{2}{10}$ | $\frac{3}{10}$ | $\frac{4}{10}$ | $\frac{5}{10}$ | $\frac{6}{10}$ | $\frac{7}{10}$ | $\frac{8}{10}$ | $\frac{9}{10}$ | 1 ( = $\frac{10}{10}$ ) |
|---|---|---|---|---|---|---|---|---|---|---|---|
| 소수 | 0 | 0.1 | 0.2 | 0.3 | 0.4 | 0.5 | 0.6 | 0.7 | 0.8 | 0.9 | 1 ( = 1.0) |
| | | 영점일 | 영점이 | 영점삼 | 영점사 | 영점오 | 영점육 | 영점칠 | 영점팔 | 영점구 | |

→ 같은 크기의 수를 분수 또는 소수로 나타낼 수 있습니다.

| | | 분수 | 소수 |
|---|---|---|---|
| | • 전체를 똑같이 10으로 나눈 것 중의 1<br>• $\frac{1}{10}$이 1개인 수<br>• 0.1이 1개인 수 | $\frac{1}{10}$ | 0.1 |

지의 수직선이 있다. 그 직선을 10칸으로 나누면 한 칸이 10개 중 1개이니 $\frac{1}{10}$이라는 분수로 쓸 수 있고, $\frac{1}{10}$은 0.1(영점일)이라는 소수로 나타낼 수 있다. $\frac{1}{10}$과 0.1를 표현하는 방법으로 전체를 10개로 나눈 것 중의 1, $\frac{1}{10}$이 1개인 수, 0.1이 1개인 수라는 것을 잘 익혀두자. 수직선에 분수나 소수 나타내는 연습을 많이 해볼 것도 추천한다.

종종 아이가 소수 개념을 어려워한다며 분수처럼 쉽게 설명할 수 있는 방법이 없는지 물어보는 부모들이 있다. 그런데 소수는 사전적 의미를 찾아봐도 '0보다 크고 1보다 작은 수'라고 설명되어 있다. 즉 분수를 먼저 정확히 이해한 뒤, 그중 분모를 10, 100, 1000 등의 수로 나타낸 것을 0.1, 0.01, 0.001 등으로 나타내고 '이들을 소수라 부른다.'는 약속과 같은 개념으로 이해하는 것이 가장 좋다. 소수는 십진법의 의미를 갖고 있기 때문이다. 초등학생의 경우 십진법을 구체적으로 배우지 않았지만, 자연수를 이해했다면 소수도 자연수와 같은 규칙성을 나타내며 자릿값의 의미를 갖는다고 설명해줄 수 있다.

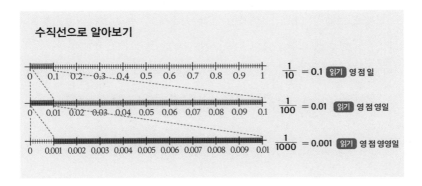

수직선으로 알아보기

$\frac{1}{10}$ = 0.1 읽기 영점일

$\frac{1}{100}$ = 0.01 읽기 영점영일

$\frac{1}{1000}$ = 0.001 읽기 영점영영일

소수 개념에서 무엇보다 중요한 것은 수직선에 대한 이해다. 자연수와 비슷한 표기법으로 나타내지만 정확한 의미를 표현하자면 자연수는 수직선상에서 오른쪽으로 한 칸씩 이동하면서 자릿값이 커지지만, 소수는 0에서 1을 10등분하여 0.1의 크기를 갖고 0.1에서 0.2를 10등분하면 한 칸의 크기가 0.01이 되는 것이다. 이것이 오른쪽으로 소수 첫째 자리, 소수 둘째 자리를 나타내는 자릿값의 의미를 갖는다. 그래서 소수를 설명할 때는 반드시 수직선을 이용해 설명해주는 것이 큰 도움이 된다.

소수 개념이 정확히 이해되었다면 10배, 100배 또는 $\frac{1}{10}$배, $\frac{1}{100}$배를 할 때 소수점이 어떻게 이동하는지도 알 수 있다. 0.001에서 10배를 하면 0.01이 되므로 0.001에서 소수점을 오른쪽으로 한 칸 이동한 것

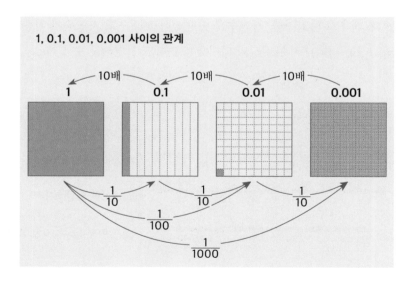

1, 0.1, 0.01, 0.001 사이의 관계

으로 이해할 수 있다. 10배, 100배 등 자연수를 곱하면 소수점이 오른쪽으로 이동하면서 소수의 크기가 점점 커진다. $\frac{1}{10}$배, $\frac{1}{100}$배 등 소수를 곱하면 소수점이 왼쪽으로 이동하면서 소수의 크기가 점점 작아진다는 규칙도 잘 기억하도록 하자. 이 부분이 명확하지 않은 상태로 5~6학년 과정을 진행하면 소수의 곱셈이나 나눗셈을 해결하지 못하고 힘들어하는 모습을 보일 것이다.

## 4학년 필수 개념 ③ 표와 그래프: 자료 해석 능력

초등 2학년 1학기 분류하기를 시작으로 아이들은 '자료와 가능성' 영역을 배우는데, 쉽게 이해하면 '통계'라고 할 수 있다. 자료와 가능성 영역에 속하는 표와 그래프 관련 단원에서는 반드시 알아야 하는 2가지가 있다. ① 조사, 자료, 표, 그래프가 무엇을 의미하는지 ② 어떤 특징을 갖고 있는지 정확히 알고 설명할 수 있어야 한다. 예를 들어 우리 반 친구들이 좋아하는 색깔이 무엇인지 궁금해 조사한다고 해보자. 1번부터 25번 학생까지 좋아하는 색깔이 무엇인지 조사해서 나열한 것은 '자료'에 해당된다. 이 자료를 빨간색을 좋아하는 친구 ○명, 파란색을 좋아하는 친구 ○명 등으로 '표'로 나타낼 수 있다. 그리고 이 표를 바탕으로 한눈에 알아보기 쉽게 나타내는 것이 '그래프'인데, 조사 주제에 따라 다양한 그래프 종류로 표현할 수 있다.

표와 그래프 단원을 배울 때는 매번 자료, 표, 그래프 등의 의미를 한 번 더 정리해주어야 한다. 그리고 종류별 그래프에 대한 특징도 알고 있어야 한다.

표와 그래프 단원은 그리 어렵지 않다. 주어진 표나 그래프를 보고 문제에 알맞은 답을 찾아내는 것은 대부분의 아이들이 쉽게 할 수 있다. 하지만 이 단원을 배우는 이유는 단순히 주어진 문제의 답을 찾아내는 것이 아니기에 이 정도를 단원 성취도로 보기엔 아쉬운 면이 있다. 이 단원을 통해서는 직접 자료를 해석하면서 해석 능력을 키우는 것이 중요한 목적이고 유의미하다고 할 수 있다. 따라서 문제집을 풀면서 정답 맞추기만 할 게 아니라 표와 그래프를 보고 어떤 정보를 알 수 있는지 이야기를 나눠보는 것이 가장 좋은 방법이다.

한 발 더 나아가 어린이 신문이나 뉴스 등에서 표나 그래프를 사용한 기사를 보면서 어떤 정보를 전달하기 위해 어떤 그래프를 사용했는지, 그래프를 어떻게 해석해야 할지 등을 아이와 이야기 나누는

| 그래프의 종류 | 특징 |
| --- | --- |
| 그림 그래프<br>(3학년 2학기) | • 자료의 수를 그림으로 비교하기 좋다.<br>• 그림의 크기와 개수로 한눈에 쉽게 비교할 수 있다. |
| 막대 그래프<br>(4학년 1학기) | • 수량의 크기를 정확하게 나타낼 수 있다.<br>• 나타나 있지 않는 값을 찾기 어렵다.<br>• 막대를 사용하여 상대적인 자료의 수량을 비교하기 쉽다. |
| 꺾은선 그래프<br>(4학년 2학기) | • 시간에 따른 연속적인 변화를 알아보기 쉽다.<br>• 조사하지 않은 중간값을 예상할 수 있다.<br>• 앞으로를 예상하는 데 사용할 수 있다. |

방법을 추천한다. 이런 경험이 쌓이다 보면 사회나 과학 등 다른 과목 공부를 할 때도 보다 쉽게 내용에 접근할 수 있는 이점이 있다.

# 초등 3~4학년
## 연산

초등 3~4학년 시기의 충실한 연산 학습은 절대 '양보할 수 없는' 부분이다. 이 시기에 연산을 놓치면 5~6학년이 되어 중등 선행은커녕 초등 과정을 다시 보충하거나 복습하느라 많은 시간을 허비해야 한다. 무엇보다 이 시기에 적당한 반복 학습에 길들여지지 않으면 문제를 푸는 속도가 느린데다 효율적이지 않은 공부 습관이 생겨버린다. 연산에서 오류가 생기면 그동안 착실히 진행해왔던 사고력 학습은 중단해야 한다. 연산은 기본 중의 기본이고, 부족한 부분을 확실히 채우지 않으면 결국은 좋은 결과를 얻을 수 없을 것이기에 '양보할 수 없다.'라고 표현한 것이다. 3~4학년 시기에 연산 학습에서 체크해야 하는 3가지 기술이 있다.

① 연산 속도
② 연산 정확성
③ 원리 이해도

연산은 '빠르고' '정확해야' 한다. 거기에 '연산의 원리'를 이해하고 있어야 한다. 연산을 진행할 때는 매 단계보다 아이가 위의 3가지 사항을 지키고 있는지 체크해야 한다. 내용 면에서 체크해야 하는 5가지 사항도 있다.

① 두 자리 수 × 한 자리 수
② 두 자리 수 ÷ 한 자리 수
③ 두 자리 수 × 두 자리 수
④ 세 자리 수 ÷ 두 자리 수
⑤ 분수의 가분수와 대분수 전환

각 내용에 대한 속도, 정확성, 원리 설명이 정확한지 확인해야 한다. ①과 ②는 암산이 가능해야 한다. "48 × 6은?"이라고 질문하면 답을 할 수 있을 정도로 익혀야 한다. 나눗셈도 마찬가지다. ①과 ②가 부족하면 '두 자리 수 × 두 자리 수'(③)가 느려지거나 오답이 생길 가능성이 높고, '세 자리 수 ÷ 두 자리 수'(④)의 몫을 일일이 쓰면서 계산해야 한다. 마찬가지로 '분수의 가분수와 대분수 전환'(⑤)에서도 '두 자리 수 ÷ 한 자리 수'(②) 암산이 되지 않으면 나눗셈으로 고쳐 계산한 뒤 대분수로 나타내게 된다. 그러면 속도에서 한 번 뒤처지고, 실수가 생겨 정확성에서 한 번 더 뒤처진다. 오답 수정을 한다고 해도 한두 번 만에 정확하게 이루어지지 않아 여러모로 손해를 보게 된다는 뜻이다.

이는 당장의 초등 과정에만 해당되는 게 아니다. 중고등 과정에서 연산의 속도와 정확성이 확신되지 않으면 수학에서 절대 높은 점수를 받을 수 없다. 앞서 언급한 연산을 할 때 챙겨야 하는 3가지 사항이나 내용 면에서 체크해야 하는 5가지 사항이 만족스럽지 못하다면 다음 로드맵을 참고해 보충하고 병행하길 추천한다. 주요 교재는 《기적의 계산법》, 《소마셈》, 《원리셈》으로 다양한 연산 교재들 중에서 내가 비교해본 후 가장 많이 추천하는 교재들이다.

### 연산의 정확성이 부족한 경우

연산 정확성이 부족하다면 이전 연산 내용을 복습하는 것이 필요하다. 정확성이 부족하다는 것은 '실수가 잦다.'는 뜻이고, 이는 이전 연산 내용에 대한 학습이 충분히 이뤄지지 않았다고 판단하면 된다.

예를 들어 두 자리 수 × 한 자리 수(①) 계산에서 실수를 많이 하는 경우 곱셈구구의 문제가 아니라 대부분 덧셈의 학습량이 부족한 경우가 많다. 먼저 덧셈구구 부분을 복습하고 실수가 없는지 구두로 확인해보라. 혹시 반복적으로 틀리는 곱셈구구가 있다면 그 부분에 대해서는 연산 문제집을 한 권 정도 복습하는 것이 좋다. 《기적의 계산법 2권》, 《기적의 계산법 4권》, 《최상위 연산 2B》중 한 권 정도 선택해 복습하면 된다. 구구단을 외우긴 했지만 순서에 상관없이 곱셈 구구가 나오지 않고 순서대로 외워야만 답이 나온다면 하루라도 빨리 보완해야 한다.

### 연산 속도가 부족한 경우

연산 속도가 부족하다면 체크한 내용의 학습량을 채워주는 것이 필요하다. 연산이 어려워지는 만큼 학습량을 늘려야 한다는 뜻이다. 연산도 학년이 올라갈수록 어려워지는데, 기존 양만큼만 진행한다면 많은 문제를 풀지 못하게 되고 결국 연산에 구멍이 날 수 있다.

연산에서 빠른 속도가 되려면 일정하면서 충분한 학습량이 반드시 필요하다. 아이들마다 필요한 연산 학습량은 다를 수 있으니 연산 교재를 진행하면서 일주일에 1회, 1페이지 정도는 시간을 측정하면서 속도감을 확인해보는 것이 필요하다.

두 자리 수가 들어가는 사칙연산에 대해서는 3초 이내, 두 자리 수 × 두 자리 수 이후부터는 5초 정도 소요를 기준으로 생각하면 된다. 이 정도의 속도를 보이면 연산 처리를 할 경우 학년이 올라갈수록 수학 문제 풀이 속도에 큰 영향을 주지 않는다. 이때 연산 속도가 느리면 자릿값이 많아질수록 '약간'의 시간이 더 걸리는 것이 아니다. 예를 들어 세 자리 수 × 두 자리 수를 하면 약간이 아니라 2배 이상의 시간이 걸린다. 따라서 중고등 과정까지 감안할 때 두 자리 수 × 두 자리 수는 지속적으로 나오는 연산이므로 속도와 정확성을 잘 다져놓는 것이 중요하다.

## 연산 원리 이해가 부족한 경우

연산 원리 이해가 부족한 경우는 학습지로 연산 학습을 진행하는 아이들에게 자주 나타나는 현상이다. 분명 학습지 선생님이 원리를 설명해주긴 했지만 원리 설명은 한 번뿐, 이후에는 같은 유형의 문제만 계속 풀다 보니 기계적으로 문제를 풀기 때문이다. 이런 경우 원리를 설명하면서 연산 문제가 수록되어 있는《소마셈》이나《원리셈》 등의 교재를 추천한다.

연산 원리 이해가 안 된 아이가 단순 연산 문제만 반복적으로 수록되어 있는 드릴 문제집을 푸는 것은 비효율적이다. 원리 이해가 부족한데 속도와 정확성도 보완이 필요하다면 원리 이해를 보충하기 위한 교재와 정확성을 보완해주는 교재를 동시에 진행해야 한다. 이후 원리가 충분히 이해되었다고 생각되면 속도 보완 교재를 이어서 진행하면 된다.

《소마셈》이나《원리셈》 등의 교재는 연산 원리를 잘 설명하고 있는 반면 연산 학습을 충분히 다지기에는 문제양이 많지 않기 때문에 한 권만으로 원리 이해와 속도까지 잡기에는 무리가 있다. 연산 속도를 보완하려면 반드시 적당한 연산 학습량이 필요하다는 것을 잊지 말아야 할 것이다. 좀 더 자세한 설명은 다음의 표를 참고하면서 아이의 수준을 살펴본 후 교재를 선택하면 된다.

| 연산 체크 내용 | 연산 체크 사항 | 교재 |
|---|---|---|
| ① 두 자리 수 × 한 자리 수 | 정확성 보완 | 《기적의 계산법 2권》<br>《기적의 계산법 4권》<br>《최상위 연산 2B》 |
| | 속도 보완 | 《기적의 계산법 5권》<br>《최상위 연산 3A》 |
| | 원리 이해 보완 | 《소마셈 C1호》<br>《원리셈 초등3단계 2권》 |
| ② 두 자리 수 ÷ 한 자리 수 | 정확성 보완 | 《소마셈 B7호》<br>《원리셈 초등2단계 6권》 |
| | 속도 보완 | 《기적의 계산법 6권》<br>《최상위 연산 3B》 |
| | 원리 이해 보완 | 《소마셈 C3호》<br>《원리셈 초등3단계 3권》 |
| ③ 두 자리 수 × 두 자리 수 | 정확성 보완 | 《기적의 계산법 5권》<br>《최상위 연산 3A》 |
| | 속도 보완 | 《기적의 계산법 6권》<br>《최상위 연산 3B》 |
| | 원리 이해 보완 | 《소마셈 C2호》<br>《원리셈 초등3단계 3권》 |

## 분수 개념에 대한 보완

분수 개념은 교과 문제집을 풀어보는 것만으로 개념 정리가 쉽지 않다. 분수 단원이 수학 교과 과정에서 이후에 어떻게 이어지는지 정리해주는 것을 추천한다. 그러면 단위분수, 크기가 같은 분수, 약분과 통분이 필요한 이유, 분수의 사칙연산 원리를 정확하게 이해할 수 있다.

그렇다면 단위분수부터 분수의 사칙연산 원리까지 어떻게 이어지는지 차례대로 한번 살펴보자. 3학년 1학기에는 분수와 소수의 기본적인 개념을 배우고, 3학년 2학기에는 이산량에 대한 분수 적용을 배우게 된다. 4학년 2학기 분수의 덧셈과 뺄셈은 분모가 같은 분수의 덧셈과 뺄셈을, 5학년 1학기에는 분모가 다른 분수의 덧셈과 뺄셈, 5학년 2학기에는 분수의 곱셈, 6학년에는 1학기와 2학기에 나눠 분수의 나눗셈을 다루게 된다.

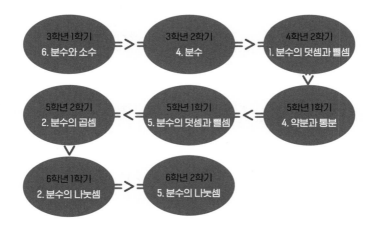

### 단위분수

단위분수는 3학년 1학기 6단원 분수와 소수에서 배우게 된다. 단위분수는 분자가 1인 분수다. 전체를 일정하게 등분하고 그중 하나를 의미하는 것으로 분수에서 단위처럼 사용된다고 이해하면 쉽다. 예를 들어 1/2과 1/3은 등분을 다르게 한 조각이기 때문에 그대로 더하거나 뺄 수 없다. '등분을 다르게 했다.'라는 것은 분수에서 '단위가 다르다.'라는 것으로 이야기해주면 아이들이 단위분수에 대한 개념과 이후에 배우는 통분의 의미를 잘 이해할 수 있다.

단위분수 개념을 바탕으로 분모가 같은 분수의 덧셈과 뺄셈을 이해할 때는 이렇게 설명할 수 있다.

$\frac{3}{7} + \frac{2}{7}$ 를 계산해보자.

$\frac{3}{7}$ 은 $\frac{1}{7}$ 이 3개 있고 $\frac{2}{7}$ 는 $\frac{1}{7}$ 이 2개 있다는 것을 의미한다.

따라서 $\frac{1}{7}$ 이 3개와 $\frac{1}{7}$ 이 2개를 합치면 $\frac{1}{7}$ 이 5개가 되어 $\frac{3}{7} + \frac{2}{7} = \frac{5}{7}$ 가 된다.

뺄셈도 비슷한 방법으로 접근하면 된다. 뺄셈을 하기 위해 대분수를 가분수로 고치는 개념을 설명할 때도 이렇게 말할 수 있다.

- $1\frac{2}{7}$ 는 $\frac{1}{7}$ 이 몇 개 있을까?

  → 2개

- 1은 $\frac{1}{7}$ 이 몇 개 있을까?

  → $\frac{1}{7}$ 이 7개 있는 거야.

  그렇다면 $\frac{2}{7}$ 는 $\frac{1}{7}$ 이 2개 있고, 거기에 $\frac{1}{7}$ 이 7개 더 있는 거야. 그러면 총 $\frac{1}{7}$ 이 9개가 있어서 $\frac{9}{7}$ 가 되는 거야.

이런 식으로 '대분수 - 대분수'에서 진분수끼리 뺄셈을 할 수 없을 때 자연수의 1을 주어진 단위분수가 몇 개 있는 것인지에 대해 설명해주면 아이들은 쉽게 이해한다.

## 크기가 같은 분수

자연수는 2와 3의 크기가 다르다. 하지만 분수는 분모와 분자에 나타낸 숫자가 달라도 크기가 같을 수 있다. 이 내용을 아이들은 이해하기 어려워하거나 제대로 알지 못한 채 크기가 같은 분수를 구하

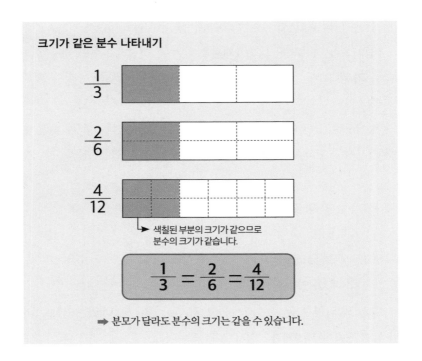

는 방법만 알고 있는 경우가 많다.

크기가 같은 분수를 만드는 방법을 익히기 전에 그림처럼 크기가 같은 분수를 직접 등분하고 부분을 나타내보는 연습이 필요하다. 3등분으로 나눈 것을 6등분으로 하려면 3등분에서의 한 조각에서 각각 2등분을 더 해야 한다. 그래서 1/3과 크기가 같은 분수인 2/6는 분모와 분자에 같은 수를 곱하거나 나눠서 구할 수 있다. 크기가 같은 분수를 그림으로 나타내지 못하는 경우 연산을 통해 답을 구할 수 있더라도 정확하게 이해했다고 보기 어렵다.

### 약분과 통분이 필요한 이유

분모가 같은 분수의 덧셈과 뺄셈의 원리를 정확하게 이해했다면 약분이나 통분이 왜 필요한지도 쉽게 이해할 수 있다. 분수는 단위분수가 같은 것끼리 더해야 한다. 분모가 다르면 단위가 달라서 서로 더하거나 뺄 수 없다. 분모를 동일하게 맞춰줘야 하는데, 이때 크기가 같은 분수의 개념이 필요하다.

예를 들어 $\frac{1}{4} + \frac{1}{3}$ 을 계산하려면 분모를 같게 만들어주어야 한다. 이 경우 $\frac{1}{4}$ 은 크기가 같은 $\frac{3}{12}$ 로 바꿀 수 있고, $\frac{1}{3}$ 은 크기가 같은 분수 중 $\frac{4}{12}$ 로 바꿀 수 있다. 그러면 분모가 같아져서 두 분수를 더할 수 있게 되는데, 결국 분모가 다른 경우 분모를 똑같이 하는 통분의 과정이 필요하다는 것이다.

# 분수의 사칙연산 원리

● **받아올림이 없는 분모가 다른 (진분수) + (진분수)**

・ 분모의 곱을 이용하여 통분한 후 계산하기
→ 분모끼리 곱하면 되므로 공통분모를 구하기 쉽습니다.

$$\frac{1}{4} + \frac{2}{6} = \frac{1 \times 6}{4 \times 6} + \frac{2 \times 4}{6 \times 4}$$

$$= \frac{6}{24} + \frac{8}{24} = \frac{14}{24} = \frac{7}{12}$$

약분

・ 분모의 최소공배수를 이용하여 통분한 후 계산하기
→ 계산 결과를 약분할 필요가 없거나 간단합니다.

$$\frac{1}{4} + \frac{2}{6} = \frac{1 \times 3}{4 \times 3} + \frac{2 \times 2}{6 \times 2}$$

최소공배수
: 12
$$= \frac{3}{12} + \frac{4}{12} = \frac{7}{12}$$

● **받아올림이 있는 분모가 다른 (진분수) + (진분수)**

・ 분모의 곱을 이용하여 통분한 후 계산하기

$$\frac{5}{6} + \frac{2}{9} = \frac{5 \times 9}{6 \times 9} + \frac{2 \times 6}{9 \times 6} = \frac{45}{54} + \frac{12}{54}$$

$$= \frac{57}{54} = 1\frac{3}{54} = 1\frac{1}{18}$$

가분수→대분수    약분

・ 분모의 최소공배수를 이용하여 통분한 후 계산하기

$$\frac{5}{6} + \frac{2}{9} = \frac{5 \times 3}{6 \times 3} + \frac{2 \times 2}{9 \times 2} = \frac{15}{18} + \frac{4}{18}$$

$$= \frac{19}{18} = 1\frac{1}{18}$$

가분수→대분수

분모가 다른 분수의 사칙연산은 연산의 원리와 분수의 개념을 잘 익혀두었다면 쉽게 배울 수 있다. 분수의 덧셈과 뺄셈은 더하거나 빼기 전에 분모를 어떻게 고쳐야 하는지가 중요한데, 이 부분은 분수의 통분이 필요한 이유를 잘 이해하고 있다면 쉽게 할 수 있다. 통분을 해서 분수를 더하거나 뺄 수 있도록 단위분수를 맞춰주고 연산하면 된다. 그리고 분수의 곱셈과 나눗셈은 곱셈과 나눗셈의 원리와 분수의 개념이 잘되어 있어야 한다. 곱셈은 같은 수를 여러 번 더하는 것으로 이해할 수 있고, 나눗셈은 같은 수를 여러 번 빼는 것으로 계산할 수 있다. 자연수의 사칙연산에서 이해한 연산의 원리를 분수에도 동일하게 적용하면 된다.

분수 개념은 아이들이 가장 헷갈려하고 어려워하는 부분이다. 개념을 이해하는 데 도움이 되는 수학동화, 연산 문제집, 보드게임을 소개한다. 3가지 중에서는 가장 먼저 수학동화를 반복적으로 읽어보기를 추천한다. 이후 개념이 어느 정도 이해되었다면 보드게임을 통

**분수 개념을 이해하기 위한 도구들**

| 수학동화 | 보드게임 | 연산 문제집 | 교구+교재 |
|---|---|---|---|
| ·《신통방통 분수》<br>·《소원이 이루어지는 분수》<br>·《견우와 직녀가 분수 때문에 싸웠대》 | · Make a pie<br>· 분수빙고게임<br>· Free-range fractions game | ·《상위권연산 960》 C4호<br>·《사고셈》 초등 3, 4호<br>·《초등분수, 개념이 먼저다》<br>·《강미선의 분수비법 시리즈》 | · 슈필마테 B1호<br>· 슈필마테 C1호 |

해 개념을 확인해보고, 분수 관련 연산 문제집을 풀어보면서 마무리
하면 분수에 대한 개념을 확실히 잡을 수 있다.

# 초등 3~4학년 교과 수학

초등 3~4학년 시기 교과 학습을 할 때는 반드시 기억해야 할 2가지가 있다.

첫째, 심화 학습을 시작하거나 익숙해져야 한다. 학년이 올라갈수록 심화 문제집을 학습시키기가 상당히 어렵다. 기본 문제집도 만만치 않다고 느껴진다면 더 그렇다. 아이들은 학교에서 진행하는 단원평가에는 어려운 문제가 나오지 않는다며 심화 문제집을 꼭 풀어야 하냐고 투덜댄다. 왜 지금 심화 문제집을 풀어야 하는지 아무리 설명해주어도 설득하기 어렵다. 그렇다고 심화 문제집 풀기를 포기해서는 안 된다.

초등 3~4학년 교과 심화 문제집은 이전 학년 문제집에 비해 난이도가 높다. 5~6학년 문제집의 난이도는 여기에서 또 올라간다. 어려운 문제를 풀어보자고 아무리 꼬드겨도 단번에 그러자고 이야기하는 아이는 절대 없다는 것을 기억하라. 그동안 교과 심화 문제집을 전혀 풀지 않았다면 학년을 낮춰서라도 풀 수 있는 심화 문제집으로 시작해야 한다. 그래야 이후 더 높은 난이도에도 접근할 수 있다.

둘째, 풀이 과정 쓰기 연습을 조금씩 시작해야 한다. 초등 1~2학년 교과 문제집을 풀 때는 서술형 문제에 풀이 과정을 못 쓰는 데 연연하지 말라고 이야기한 바 있다. 아이들이 말로 설명할 수 있으면 그것만으로도 충분하다. 하지만 초등 3~4학년 과정에서는 머릿속으로 생각하고 말로 설명할 수 있는 내용은 글로도 쓸 수 있어야 한다. 풀이 과정을 쓸 수 있는 학년이기도 하다. 다만 처음부터 완벽한 풀이를 기대할 수는 없다. 서툴지만 풀이 과정을 기록하고 쓰는 습관을 들이는 것만으로도 이후 과정을 진행할 때 훨씬 수월해진다. 미리 습관화하다 보면 초등 고학년 때는 좀 더 정교하게 다듬으며 자세한 풀이 과정을 쓸 수 있게 된다.

## 기본 문제집과 심화 문제집 진행 방법

교과 문제집을 선택하는 것은 다른 연산이나 사고력 수학 문제집을 선택하는 데 비해 까다롭지 않은 편이다. 학년과 학기별 구분이 정확하며, 각 교재의 문제 유형 편차가 크지 않기 때문이다. 초등 수학에서는 좋은 문제와 나쁜 문제의 편차가 그리 크지 않으며 실력 향상에도 절대적인 영향을 끼치지 않는다. 그러다 보니 교과 문제집을 추천해달라는 요청을 받을 때면 답하기가 모호하다.

반면 중등이나 고등이 되면 문제집 선택은 중요하다. 그렇기 때문에 초등 수학 문제집, 특히 교과 문제집을 고를 때는 아이와 같이 구입하려는 단계의 문제집을 서로 비교하면서 선택해야 한다. 학습을 하는 주체는 아이이기 때문에 자신의 눈에 개념이 쉽게 설명되어 있는 교재, 자신이 풀 수 있는 문제양이 어느 정도인지 가늠해보는 것이다. 간혹 아이가 자신의 수준에 맞지 않는 문제집을 선택할 수도 있으니 기본, 응용, 심화 난이도 범주는 미리 설정해주는 것이 좋다. 교과 문제집의 난이도에 따른 분류 및 추천 교재는 앞의 내용(99쪽)을 참고하기 바란다. 참고로 아이에게 맞는 교과 문제집 난이도를 결정하는 3가지 기준은 다음과 같다.

① 연산 학습에 구멍이 없는가?
② 이전 학년까지의 심화 학습이 이뤄졌는가?
③ 사고력 수학 학습의 경험이 어느 정도 있는가?

3가지 기준에 따라 차례대로 살펴보자.

첫째, 연산 학습이 어느 정도인지 점검해본다. 많은 부모들이 연산 문제집을 단계별로 풀어나가면 연산 실력은 저절로 향상된다고 생각한다. 하지만 사실은 그렇지 않다. 자연수나 분수 체계의 이해 정도는 아이마다 다르다. 자연수는 무리 없이 이해했지만 분수는 개념조차 어려워하는 아이가 있고, 자연수를 알려주는 데는 오래 걸렸지만 이후 나오는 개념은 잘 이해하는 아이도 있다. 아이마다 개념을 이해하는 정도가 다르다면 속도와 정확성은 물론 학습량도 현저히 다를 수밖에 없다. 따라서 한 번도 연산 테스트를 해본 적 없다면 아이 학년이나 교과 진도에 맞춰 연산 테스트를 진행해보아야 한다.

초등 2학년 6월경에 예습 진도는 초등 3학년 1학기를 진행하고 있다고 해보자. 그러면 초등 2학년 1학기에서 중요한 두 자리 수의 받아올림·받아내림이 있는 덧셈과 뺄셈, 곱셈구구를 테스트하고 초등 3~4학년에서 중요한 두 자리 수 × 한 자리 수를 테스트한다. 세 자리 수 덧셈과 뺄셈도 있지만, 두 자리 수 부분을 점검하기 때문에 중복해서 진행하지 않아도 된다. 연산 테스트는 앞서 소개한 일일수

| 학년/학기 | 연산 테스트 내용 | 학년/학기 | 연산 테스트 내용 |
|---|---|---|---|
| 1학년 1학기 | • 10 이내의 덧셈 / 뺄셈 | 1학년 2학기 | • 덧셈구구<br>• 뺄셈구구 |
| 2학년 1학기 | • 받아올림/받아내림이 있는 두 자리 덧셈과 뺄셈 | 2학년 2학기 | • 곱셈구구 |
| 3학년 1학기 | • 세 자리 수의 덧셈과 뺄셈<br>• 나눗셈구구<br>• 두 자리 수 × 한 자리 수 | 3학년 2학기 | • 두 자리 수 × 두 자리 수<br>• 두 자리 수 ÷ 한 자리 수<br>• 가분수와 대분수의 변환 |
| 4학년 1학기 | • 세 자리 수 ÷ 두 자리 수 | 4학년 2학기 | • 자연수의 혼합계산 |
| 5학년 1학기 | • 최대공약수와 최소공배수<br>• 이분모(분모가 서로 다른 분수) 덧셈과 뺄셈 | 5학년 2학기 | • 분수의 곱셈<br>• 소수의 곱셈 |
| 6학년 1학기 | • 분수의 나눗셈(6학년 2학기 내용까지 포함한 부분)<br>• 비와 비율 | 6학년 2학기 | • 소수의 나눗셈<br>• 비례식과 비례배분 |

학에서 학년별로 아래에 소개한 부분을 출력해서 점검해보면 된다.

3학년 2학기의 두 자리 수 × 두 자리 수를 제외하고는 초등 3학년 내용까지의 연산 테스트를 진행할 때는 ① 가로셈으로 ② 문제당 한 자리 수 덧셈과 뺄셈은 2초 이내 ③ 두 자리 수가 들어간 사칙연산에 대해서는 3초 이내 ④ 두 자리 수 × 두 자리 수 이후부터는 5초 정도 소요를 기준으로 생각하면 된다. 이후 학년이 올라갈수록 한 문제당 10초 이내로 풀기를 기준으로 한다. 기준 시간보다 1.5배 정도 소요되는 것은 괜찮다. 하지만 2배 이상 시간이 걸릴 때는 연산 진도는 천천히 나가면서 시간 소비가 많은 부분에 대해서 복습하는 것이 좋다. ⑤ 정확성은 초등 저학년까지 100% 정답률을, 초등 고학년은 90% 정답률을 기준으로 한다.

연산 실력을 점검한 후 문제집을 선택할 때는 학년별 이전 학기의 연산 테스트 결과가 기준을 충족하지 못하면 1단계 교과 문제집을 먼저 풀게 한 후 3단계 응용 문제집으로 복습한다. 그리고 교과 문제집을 진행하는 동안 연산 학습에서 충족하지 못했던 부분을 빠르게 보완해야 한다. 교과 문제집 한 권을 3개월 동안 진행한다고 할 때 연산이 빠르게 진행된다면 4단원 시작할 때쯤 응용 문제집을 시작해 복습을 병행한다. 하지만 연산 실력이 늘지 않는다면 1단계 교과 문제집을 모두 마무리한 후 3단계 응용 문제집을 진행하는 것이 좋다. 그러면 한 학기(6개월) 동안 해당 학기의 학습을 할 수 있게 된다. 하지만 연산 실력이 빠르지 못하면 예습이나 선행학습을 원활하게 진행하는 데는 어려움이 따르는 게 사실이다(단계별 문제집은 99쪽 참조).

이런 경우도 있다. 3학년 2학기 교과 문제집을 선택하려고 하는데, 연산 진도는 3학년 2학기를 잘하고 있다면 3학년 2학기 교과 문제집은 2단계를 선택하면 된다. 2단계 문제집을 진행하면서 정답률이 70~80% 정도 나오는 단원은 3단계 교과 문제집으로 복습한 후 4단계 심화 문제집을 학습하는 것이다. 진행하려고 하는 교과 문제집보다 연산 진도가 조금 앞서 있어야 교과 문제집을 3개월 동안 진행하는 데 큰 어려움이 없다. 교과 문제집에서 비슷한 패턴의 연산에서 계속 실수한다면 해당 부분에 대한 연산 문제집을 병행하면 된다.

**둘째, 이전 학년까지의 심화 학습 여부에 따라 교과 문제집 선택이 달라진다.** 기본 문제집만 풀면 상위 학년에 올라가서 어떤 부분을 어려워할지 예상하기 어렵다. 그만큼 기본 문제집만으로는 개념 이해도를 판단하기 어렵기에 반드시 심화 문제집의 문제 유형을 경험하는 것이 중요하다. 예를 들어 4학년 1학기 문제집을 고른다고 할 때 이전 학년의 심화 학습을 한 번도 하지 않은 상태에서 해당 학기 1단계 또는 2단계 기본 문제집을 한 후 이어서 4단계 심화 문제집을 하는 것은 거의 불가능하다. 1단계, 2단계 문제집의 정답률도 80%를 넘기 어려울 것으로 예상된다.

그렇다면 4학년 1학기 기본 문제집을 진행할 때 어느 학년의 심화 문제집부터 시작하는 것이 좋을까? 만약 연산이 약하다면(덧셈과 뺄셈의 실수가 많거나 수 체계에 대한 이해가 약한 경우) 2학년 1학기 심화 문제집부터 차근차근 진행해야 한다. 일주일에 한 단원을 해결한다는 계획으로 진행하는 것이다. 그러면 6개월 만에 2~3학년 심화 문제

246

집을 모두 소화할 수 있다. 3학년 심화 문제집은 2학년 심화 문제집에 비해 난이도가 많이 올라가기 때문에 한 번에 소화하지 못하는 경우도 있다. 하지만 심화 문제집 진도가 기본 문제집의 예습이나 선행 진도와 차이가 난다고 해서 더 높은 학년의 기본 문제집을 못하는 것은 아니기에 심화 학습에 대해서는 조급하게 생각하지 말고 꾸준히 다지는 것이 좋다.

심화 학습을 진행할 때 4학년인데 2학년 1학기 《디딤돌 최상위 수학》을 선택했다면 전체 단원의 모든 문제를 풀지 않아도 된다. 《디딤돌 최상위 수학》의 경우 단원별로 난이도가 4단계로 구성되어 있는데, 1단계가 가장 쉽고 4단계(하이레벨)가 가장 어려운 문제들이다. 자기 학년보다 2학년 낮춘 심화 문제를 푸는 것이므로 모든 단원의 문제를 풀지 않고 어려운 단계의 심화 문제 위주로 풀면 된다.

**4학년 심화 문제집과 교과 문제집 병행 과정**

| | 6주 | 6주 | 6주 | 6주 |
|---|---|---|---|---|
| 심화 문제집 | 2학년 1학기 4단계 심화 | 2학년 2학기 4단계 심화 | 3학년 1학기 4단계 심화 | 3학년 2학기 4단계 심화 |
| 교과 문제집 | 4학년 1학기 1단계 또는 2단계 기본 | | 4학년 1학기 3단계 응용 | |

3학년 심화 문제집까지 끝냈다면 이후에는 4학년 1학기 심화 문제집과 4학년 2학기 기본 문제집을 동시에 진행하면서 진도를 나가면 된다. 5~6학년 아이의 경우 심화 문제집을 한 번도 풀지 않았다면 3학년 1학기 또는 1년 내용으로 구성된 3학년 심화 문제집으로

시작하는 것이 적당하다.

셋째, 사고력 수학의 학습 경험에 따라 교과 문제집 선택이 달라질 수 있다. 초등 저학년 과정에서 교과 심화 문제집을 풀지 않았지만 사고력 수학 학습을 꾸준히 한 경우 문제 이해력이 나쁘지 않을 것이다. 이런 아이들의 경우 이전의 교과 심화 문제집을 전부 할 필요는 없고, 수와 연산 영역 등의 일부분만 학습하고 넘어가도 된다. 사고력 수학 문제집에서 경험할 수 없는 교과 심화 문제 유형에 대해서만 학습하는 것이다. 하지만 초등 2학년 2학기 심화 문제집부터는 사고력 수학 경험의 유무와 상관없이 가능한 진행하는 것이 좋다. 이 시기 내용부터는 유사하게 겹치는 개념이나 문제 유형이 적기 때문이다.

초등 3~4학년 교과에서 가장 중요한 것은 개념을 잘 다지면서 심화 학습 경험을 늘려가는 것이다. 상위 학년으로 갈수록 수학을 잘하려면 추상적인 개념의 이해도가 높아야 하며, 심화 학습을 통해 수학 문제의 독해력도 쌓고, 논리적인 사고, 풀이 과정 쓰는 습관 등을 조금씩 길러나갈 것을 추천한다.

# 초등 3~4학년
# 사고력 수학

초등 3~4학년이 되면 가장 많이 고민하는 것이 '사고력 수학 학습을 계속 해야 할까?' 하는 점이다. 초등 3~4학년 시기가 되면 과목도 추가되고 학습적으로 해야 할 것이 많아지기 때문이다. 수학의 경우만 봐도 교과, 사고력, 연산을 엄마표로 진행한다고 하면 최소 3~4권의 문제집을 풀어내야 한다. 거기에 연산이나 교과 문제집에서 실수가 많거나 어려워하는 영역이 있으면 문제집이 추가된다.

이 시기에 사고력 수학 학습을 유지할지 말지 결정하기 위해서는 앞으로의 수학 학습 방향이나 계획을 정리하고 현재 아이의 수학 학습 상황을 먼저 점검해봐야 한다. 다시 말해 아이의 진로에 대해 큰 그림을 고민해야 하고, 그에 따라 어떤 방향으로 학습을 진행해나갈지 생각해야 한다는 뜻이다. 사고력 수학 학습을 지속하면 좋은 경우와 그만두어야 하는 경우로 구분해보았다. 그중에서 먼저 사고력 수학 학습을 지속하라고 권하는 2가지 경우다.

첫째, 영재원 준비를 하고 싶거나 최상위 이공계 진로를 생각하는 경우다. 진로의 방향이 이러하다면 사고력 수학 학습은 계속 유지하는 것이 좋다. 사고력 수학에서 다루는 수학의 주제는 교과와 겹치는 부분도 있고 그 수준 이상을 다루는 내용도 있다. 교과와 연결되는 부분은 초등 고학년 이후부터 중등, 고등 교과에서 배우는 수학 개념을 미리 접할 수 있어서 선행학습을 나갈 때 도움이 된다. 또 교과에서 배우는 것보다 원리를 이해하기 쉽고 재밌게 접근하기 때문에 효과적이고, 교과서에서 다루지 않는 수학 주제들을 폭넓게 배울 수 있어 심도 있는 학습을 할 수 있다.

영재원을 준비하는 아이들은 사고력 수학 학습을 통해 영재원에서 다루는 주제들을 미리 경험해볼 수 있고, 창의적 문제해결력 평가를 준비하는 데도 도움된다. 이공계 진로 준비 측면에서 보면 중고등 시기에 수학 비교과를 관리할 때, 수학 관련 동아리 활동이나 수행평가 시 수학동화 선택이나 보고서 준비 등을 미리 해볼 수 있다는 이점도 있다. 따라서 교과 영역뿐 아니라 다양한 영역을 접해볼 수 있다는 점에서 영재원이나 이공계 진로를 고민하는 아이들은 사고력 수학을 유지하는 것을 추천한다.

둘째, 수학을 싫어하는 경우다. 초등 3~4학년이 되면 수학에 이미 흥미를 잃은 아이들이 속출한다. 수학이 너무 싫어서 학원에 가고 싶지 않고 억지로 공부하는 아이들이 의외로 사고력 수학에 대해서는 거부감이 적다. 이런 아이들에게 초등 중학년이 되었으니 교과 수학을 해야 한다고 하면 수학에 대한 재미와 흥미를 잃을 게 뻔하다. 그럴 때 수학에 대한 생각을 전환시키고 흥미를 붙일 수 있는 계기가 필요한데, 그런 면에서 사고력 수학 학습은 매우 유의미하다. 엄마표로 사고력 수학 문제집을 풀면 되지 않느냐고 하지만, 엄마표로는 그런 효과를 기대하기 어려운 게 사실이다. 사고력 수학 학원에서 아이들은 그룹으로 활동하면서 함께 탐구하고 토론하는데, 그 과정을 즐겁고 재미있다고 느끼기 때문이다. 따라서 수학 공부에 대한 거부감이 있는 아이라면 사고력 수학은 계속 유지하는 편이 낫다.

교과 수학도 해야 하는데 중학년이 되었는데도 사고력 수학을 하는 게 사교육 지출 면에서 합리적인지 묻는 분들이 있다. 사고력 수학 학원을 다닌다고 눈에 띄는 학습 발전도 보이지 않는데 교육비 지출이 부담스러울 수 있다는 점은 이해한다. 하지만 아이가 수학 공부에 대한 끈을 놓지 않고, 무엇보다 수학에 대한 인식이 달라질 수 있다면 그보다 더 큰 아웃풋은 없을 것이라는 게 내 생각이다.

사고력을 지속해야 하는 2가지 경우와 반대로 사고력 수학을 지속하면 안 되는 경우도 있다. 다양한 영역을 많이 접해주는 게 좋은 것 아니냐고 반문할 수 있겠지만 그렇지 않다. 왜 그런지 사고력 수학을 그만두는 것을 권하는 경우를 살펴보자.

첫째, 학년을 낮춰 교과 심화 학습을 진행하는데도 어려워하는 경우다. 부모 입장에서는 초등 수학 과정은 쉽다고 생각해 자칫 기본 정도만 해도 된다고 생각하는데 상당히 위험한 발상이다. 내용이 쉽다고 심화 문제집을 할 필요가 없다고 생각해서는 절대 안 된다. 중고등 과정에서 배우는 개념 난이도에 비해 초등 과정에서 배우는 내용이 쉬운 것은 사실이다. 그렇다면 이렇게 반문할 수 있다. 그렇게 쉬운 개념이라면 어떤 난이도의 문제든 해결해야 되지 않을까?

초등 1~2학년 과정은 쉽다고 한 번도 문제집을 풀어보지 않은 아이가 있다. 이 아이가 초등 3~4학년이 되어 교과 문제집을 기본과 심화를 같이 푼다면 과연 점수가 잘 나올까? 1~2학년 과정의 완전학습에 따라 기본 문제집은 풀 수 있을지 모르겠지만 심화 문제집에서는 절대 좋은 결과를 얻지 못할 것이다. 어려워서도 그렇지만 어떻게 문제에 접근해야 하는지조차 모를 수 있기 때문이다. 아무리 쉬운 초등 과정의 심화 학습이라 해도 체계적인 학습 경험이 필요한 이유다.

초등 3~4학년 시기에 자기 학년 이전 학기의 심화 학습이 진행되지 않았다면 사고력 수학을 지속하는 것은 효과적이지 않다. 교과 심화 학습을 보충한 뒤에 다시 시작해도 되므로 교과 학습부터 먼저 챙겨야 한다.

둘째, 자기 학년 학기의 연산 과정에서 속도와 정확성이 완전학습되지 않은 경우다. 연산 학습을 빠르게 진행하기 어려운 이유는 2가지다. ① 시간이 오래 걸리거나 ② 실수를 많이 하는 경우다.

더 이상 새로운 연산 내용을 배우지 않는데도(분수와 소수 관련된 부분은 제외해서 생각한다) 속도가 나지 않는 것은 해당 학년의 연산이 부족하기 때문이 아니다. 초등 3~4학년 시기의 연산은 초등 저학년 때 배운 내용을 바탕으로 자릿값만 늘어난 경우라 할 수 있다. 저학년 과정의 연산 내용이 완전학습 되었다면 3~4학년 과정의 연산도 빠르게 진행할 수 있지만, 그게 아니라면 초등 3~4학년 연산 학습을 반복하는 것이 해결 방법은 아니다. 1~2학년 때의 연산 학습 중 구멍이 있거나 완전학습 되지 않은 부분을 찾아 복습하는 것이 선행되어야 한다. 이런 경우 사고력 수학은 그만두고 연산에 집중하는 시간이 필요하다.

초등 3~4학년 시기 사고력 수학을 지속할지 그만둘지 고민만 하지 말고 빠른 결정을 통해 선택과 집중을 해야 한다. 사고력 수학을 지속하지 않는다고 수학을 못하는 것도 아니고, 계속한다고 수학을 잘하는 아이로 성장할 것이라고 보장되지도 않음을 기억하자.

# 초등 3~4학년
# 최상위권 준비

영재교육진흥법에 따르면 '영재'란 '재능이 뛰어난 사람으로서 타고난 잠재력을 계발하기 위하여 특별한 교육이 필요한 사람'을 말한다. 영재교육원이나 영재고에서 의미하는 영재는 통상적으로 지적 호기심을 가지고 어려운 수학, 물리학 등의 논리적인 사고 과정을 끈기 있게 해나가는 것을 즐기며 또래에 비해 그런 문제들을 잘 풀어내는 아이를 뜻한다. 그런데 여기서 언급되는 타고난 잠재력, 지적 호기심, 논리적인 사고 과정을 좋아하는 특징들은 단기간에 형성할 수 있거나 만들어지는 부분이 아니다. 잠재되어 있지 않지만 환경적인 요소에 의해 꾸준한 경험을 통해 오랜 기간 동안 형성된다. 시험 3개월 전에 경시대회를 준비한다고 좋은 성적을 거둘 수 있는 게 아니란 말이다.

| 영재학급 | 각급 학교 운영 | 지역공동 영재학급<br>단위학교 영재학급 |
|---|---|---|
| 교육청 영재원 | 연간 70~150시간 수업 | 11~12월 중 선발<br>수학, 과학, 예체능 등 |
| 대학 부설 영재원 | 전국 80여 개 대학 부설 | 대학교수 지도<br>수학, 과학 중점 |

영재 관련 교육은 영재학급, 교육청 영재원, 대학 부설 영재원으로 구분할 수 있다. 그렇다면 영재학급부터 하나씩 살펴보도록 하자.

## 영재학급

영재학급은 각 학교에서 이루어지는 지역공동 영재학급과 단위학교 영재학급으로 나눌 수 있다. 지역공동 영재학급은 일정한 지역의 학교들을 묶어서 영재 학습을 구성하고, 단위학교 영재학급은 각 학교의 학생들만을 대상으로 영재 학습을 구성한다. 지역에 따라 약간의 차이는 있지만 단위학교에 영재학급을 많이 설치해 많은 학생들에게 영재교육을 제공하려는 추세다.

영재학급을 담당하는 선생님들은 일정 시간 동안 영재교육 관련 연수를 받은 교사들로 구성된다. 영재학급은 지역에 따라 진행 여부가 다르기 때문에 살고 있는 지역에 영재학급 여부를 확인해서 계획을 세워야 한다. 영재학급에서 다루는 내용은 대체적으로 교육청 영재원에서 다루는 주제와 비슷하다. 예를 들어 테셀레이션, 프랙탈 등 사고력 수학에서 익숙하게 만날 수 있는 주제들을 경험하게 된다.

## 교육청 영재원

교육청 영재원은 주로 11~12월 중에 수학, 과학, 예체능 등 다양한 분야에서 영재교육 대상자를 선발한다. 서울시 교육청 영재원의 경우 초등 3학년부터 수, 과학 융합 분야에 지원할 수 있다. 초등 4학년부터는 수학과 과학이 나뉘고 다양한 분야가 있으므로 아이가 속한 교육청 영재원의 작년도 모집요강을 확인해봐야 한다. 지역에 따라 다르긴 하지만 대구 지역의 교육청 영재원은 초등 3학년 선발이 없다. 초등 3학년의 경우 대부분 수, 과학 융합 분야에 지원하기 때문에 수학과 과학을 모두 준비하지 않으면 특히 과학에서 어려워할 수 있다. 최근에는 문제가 쉬워지는 추세인데, 평소 꾸준히 과학책이나 과학잡지를 보고 과학 실험활동을 하면 많은 도움이 된다.

### 교육청 영재원의 창의적 문제해결력 평가

교육청 영재원의 경우 최근 1~2년 기출문제를 살펴보면 소문항이 포함된 4문제가 출제되었다. 초등 3학년은 수학 관련 2문제, 과학 관련 2문제가 출제되었다. 2020학년도에는 과학 관련으로는 동물을 기준에 맞춰 분류하는 문제, 자석을 이용한 문제가 출제되었고, 수학 관련으로는 규칙 관련 사고력 문제, 수 퍼즐 문제가 나왔다. 초등 4학년은 공통 문제 2개, 분야별 문제 2개로 공통 문제는 측정, 논리퍼즐 문제가 출제되었다.

초등 3학년은 창의적 문제해결력 평가(80점), 교사 체크리스트(20점)로 선발하고, 초등 4학년은 창의적 문제해결력 평가(70점), 교사 체크리스트(20점), 면접평가(10점)로 선발한다.

### 교육청 영재원의 면접 평가

교육청 영재원의 면접은 창의적 문제해결력 평가 이후에 진행된다. 대체적으로 3개의 질문을 받고, 공통 질문 성격의 창의성 질문과 인성 질문, 분야별 질문으로 면접이 진행된다. 2020학년도 전형에서 공통적인 질문은 '생활 속의 무게단위를 이용한 문장을 만들어보라.'는 것이었다. '단어를 이용한 문장 만들기'도 있었는데, 그 외의 질문들은 다음에 나오는 내용을 참고하길 바란다.

### 교육청 영재원 준비 방법

다음 페이지에 나오는 예시 문제를 보면 알겠지만 교육청 영재원 문제는 지식을 확인하는 질문이 아니라 열린 사고를 유도하는 질문이 많다. '크기가 비슷한 사과 2개가 있을 때 어떤 방법으로 무게를 비교할 수 있을지 3가지만 생각해보세요.'와 같은 질문이다. 이런 문제에 익숙해지려면 일상생활에서 아이가 관찰을 많이 할 수 있도록 유도하면서 질문하는 가족 문화가 필요하다.

정해진 답이 있는 질문이 아니라 여러 가지 답을 낼 수 있는 질문

- ① 바둑돌, 컵, 지우개, 막대, 동전 중 1개를 골라 칠판의 길이를 재어 보시오.
  ② 만약 단위길이가 통일되지 않는다면 어떻게 될지 설명해 보시오.

- 생활 속에서 원이 쓰이는 용도를 3가지 이상 설명해 보시오.

- 다음 4가지 물질이 섞여 있는 혼합물을 분리하는 방법 3가지를 쓰시오.

  콩, 소금, 철가루, 모래

- 영하인데도 한강이 얼지 않는 이유를 3가지 말하시오.

- 역사를 바꾼 최고의 발명품은 무엇이라고 생각하는지 이야기해 보시오.

- 인공지능(AI) 등장으로 좋은 점과 좋지 않은 점은 무엇이 있는지 이야기해 보시오.

- 팀워크가 좋지 않은 친구가 있다면 어떻게 할지 말하시오.

교육청 영재원의 문제 예시

을 하고, 아이가 과학적으로 답하지 못해도 다양하게 생각해보게 하면 된다. 교육청 영재원 기출문제 중에 '아이가 창밖을 보고 깜짝 놀랐어요. 무슨 일이 있어났는지 10가지를 써보세요.'와 같은 문제도 있었다. 반드시 상식적인 내용을 알아야 답할 수 있는 게 아니라 상상력과 논리적으로 설득할 만한 답안이면 충분하다. 평소 아이에게 어떤 질문을 해야 할지 막막하다면 영재원 기출 문제를 참고해 아이디어를 얻는 것도 하나의 방법이다.

영재원을 대비할 때 참고할 만한 시중 문제집은 '안쌤 영재교육연구소'에 출판된 다양한 영재원 대비 문제집이 활용도가 좋다. 시험을 앞두고 벼락치기로 풀리기보다 교재에 나온 주제에 대한 영상이나 도서를 보면서 지식을 배우고 문제를 해결해보면 면접 질문은 그리 어렵지 않을 것이다.

## 대학 부설 영재원

대학 부설 영재원은 전국에 80여 개 정도 있는데, 대학교에 영재원을 설치해 운영하는 곳을 말한다. 영재원에 관심을 갖는 경우 대학 부설 영재원 준비를 많이 하는 편인데, 대학에서 교수님들의 지도를 받을 수 있기 때문이다.

대학 부설 영재원은 전형 일정과 선발 방법이 영재원이나 교육청 영재원과 다른데, 최근 경향을 보면 시험보다 과정 평가로 선발하는 추세를 보이고 있다. 몇 개월 동안 과정 평가가 진행되는데, 온라인 강의를 보고 과제를 제출하면 면접 평가를 통해 선발하는 방식이다. 과제 수행을 여러 차례 해야 하므로 물리적인 시간 확보도 중요하다. 평소 아이의 학습 패턴에 영향을 줄 수 있기에 신중하게 계획을 세우고 준비해야 한다.

고려대 영재원의 경우 초등 4학년은 기초 과정, 초등 5학년은 심화 과정에 지원할 수 있다. 3~8월에 1차 교육을 진행한 후 정원의 60% 선발, 6~11월에 2차 교육 후 정원의 40% 선발한다.

서울교대 영재원도 2020학년도까지는 지필 평가가 있었는데, 2021학년 선발 과정부터는 지필 평가가 사라지고 교육 후 과제 출제, 면접 평가 순으로 진행되었다. 이전의 지필 평가에서 출제되었던 문제를 살펴보면 교육청 영재원에 비해 창의적 문제해결력 평가의 난이도가 높은 것을 확인할 수 있다. 하지만 수학 문제는 평소 수, 도형, 경우의 수 등 해당 주제를 탐구해본 경험이 많으면 수월하게 접근할 수 있다. 과학 문제는 동물의 생김새, 자연현상의 원인과 결과에 대해 자신의 생각을 서술하는 문제 등이 출제되었다. 과학 잡지나 책을 통해 하나의 주제에 대해 깊이 있게 탐구해보았거나 인터넷을 통해 평소 궁금한 내용을 찾아보며 해결한 경험이 많다면 좀 더 수월할 것이다.

### 대학 부설 영재원의 면접 평가

대학 부설 영재원의 면접 평가도 달라지고 있다. 자기소개서 내용에 대한 질문이나 인성에 대한 질문은 줄고, 과제 수행 부분을 질문하거나 면접 문항지에서 골라 질문하는 경우가 늘고 있다. 온라인 제출 과제에서 보여준 영재성을 실제로 갖추고 있는지 확인하는 과정이라 할 수 있다.

대학 부설 영재원을 준비하려면 수학 개념을 단편적으로 이해하고 많은 문제를 해결하기보다 직접 조작하고 탐구해보는 경험을 바탕으로 여러 가지 방법으로 문제를 해결하는 학습법이 필요하다. 예를 들면 새로운 문제를 직접 만들어보는 등 하나의 문제에 대해 깊이 있는 생각과 활동을 해보는 것이 좋다. 수학의 경우 대수의 성질, 도형의 기본 성질, 경우의 수 등이 공통적으로 중요한 내용이다.

과학의 경우에는 과학 관련 독서가 가장 중요하다. 단순히 책만 읽기보다 독서 후 기억에 남는 것, 더 알고 싶은 내용 등을 스스로 찾아보고 자신의 생각을 기록해본다. 온라인 교육 과정에서 과제를 제출할 때 부모의 도움이 가능한 부분이 많은데, 가능하면 내용적인 도움보다는 인터넷이나 책을 통해 정보를 찾아보는 방법 등을 알려주는 선에서 아이가 스스로 고민하고 탐구할 수 있도록 이끌어주는 것이 중요하다. 정보를 찾는 데 어려움을 느낀다면 과학이나 수학 잡지를 활용하는 것도 좋은 방법이다. 과학 잡지의 경우《어린이 과학 동아》,《과학 동아》,《뉴턴》등을 추천할 수 있고, 수학 잡지의 경우《수학 동아》를 추천한다. 잡지를 통해 현재 이슈화되는 주제를 경험하고, 관심 있는 주제를 선택해 그 주제를 확장시킬 수 있는 시작점으로 활용하면 좋다.

5장

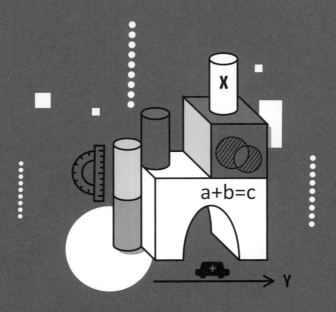

# 5학년
# 필수 개념 익히기

초등 수학에서 5학년 과정은 정말 중요하다! 5학년 수학이 아이의 수학 실력을 결정하고, 5학년부터 수포자가 생긴다는 이야기도 심심찮게 들었을 것이다. 그런데 그 말이 사실일까? 단순히 5학년 수학 실력만으로 아이의 실력을 가늠하는 것은 어렵고, 수포자는 좀 더 빨리 혹은 좀 더 늦게 시작되기도 한다. 어찌되었건 초등 5학년 과정에서 배우는 수학은 모든 단원이 매우 중요하다는 점은 분명하다.

문제는 5학년 과정부터 열심히 하겠다고 수학을 잘하게 되는 것은 아니라는 점이다. 5학년 과정을 잘하려면 1~4학년 과정에서 배우는 개념과 원리가 탄탄해야 한다. 빠르게 해결할 수 있는 문제 풀이 속도감과 충분한 수학 학습량이 필수적이다.

5학년 과정에서는 전반적으로 다 중요하다고 해도 과언이 아니다. 특히 5학년 1학기 내용은 어느 단원 하나 중등과 연결되지 않는 단원이 없다. 그중 분모가 다른 분수의 연산을 위해 필요한 2단원 약수와 배수, 4단원 약분과 통분, 5단원 분수의 덧셈과 뺄셈은 상당히 중요하다. 약수와 배수 단원은 심화 문제를 많이 경험하면 나중에 중등 1-1 과정을 수월하게 진행할 수 있다

5학년 2학기에서는 초등에서만 배우는 1단원 수의 범위와 어림하기의 중요도가 높다. 반면 5학년 과정에서 너무 힘을 빼지 않아도 되는 단원은 5학년 2학기 4단원 소수의 곱셈이다. 중등에서는 소수로 연산 처리하는 경우가 없고, 분수로 바꿔서 연산을 처리하는 경우가 대부분이라 소수의 개념만 잘 익혔다면 소수의 곱셈을 반복적으로 복습할 필요는 없다.

| 학년/학기 | 단원 내용 | 학년/학기 | 단원 내용 |
|---|---|---|---|
| 5학년 1학기 | 1. 자연수의 혼합계산: 연산의 원리와 순서<br>2. 약수와 배수: 최대공약수와 최소공배수 문제 유형 구분<br>3. 규칙과 대응: 대응식 세우기<br>4. 약분과 통분: 크기가 같은 분수, 통분을 해야 하는 이유<br>5. 분수의 덧셈과 뺄셈: 빠른 연산 속도<br>6. 다각형의 둘레와 넓이: 다각형 넓이 공식 유도 방법 | 5학년 2학기 | 1. 수의 범위와 어림하기: 이상, 이하, 초과, 미만, 올림, 버림, 반올림<br>2. 분수의 곱셈: 분수의 개념<br>3. 합동과 대칭: 합동, 선대칭, 점대칭<br>4. 소수의 곱셈: 소수 자릿값 처리<br>5. 직육면체: 전개도, 만나는 꼭짓점과 모서리<br>6. 평균과 가능성: 평균의 의미, 구하는 방법 |

# 5학년 필수개념 ① 분수의 사칙연산
## : 중등(대수) 선행의 기본

중등 1학년 1학기 정수와 유리수 단원에서 아이들이 유리수의 혼합 계산을 푸는 모습을 보면 안타까울 때가 많다. 초등학교 단원평가를 치를 때 시간이 모자란다고 하는 아이는 그리 많지 않다. 아주 복잡한 연산을 하지도 않고 분수의 사칙연산도 기본적인 것만 다루기 때문에 연산은 이제 무리 없다고 생각한다. 그런데 중등 선행을 나가보면 한 문제당 풀이 시간이 너무 오래 걸리고 오답 수도 예상보다 훨씬 많아 충격받는 아이들이 종종 있다.

사실 초등 수학에서 분수의 개념과 연산이 완전학습 되어 속도와 정확성이 높은 아이들은 중등 1학년 1학기 과정을 그리 힘들어하지 않는다. 중등 수학이라서 어렵지 않을까 걱정했던 마음이 풀리면서 수학 자신감이 상승하기도 한다. 반대로 초등 시절 단원평가에서 항상 90점 이상을 받았는데도 중등 1학년 1학기 과정에서 한참을 헤매는 아이들도 있다. 이런 아이들의 경우 초등 수학에서 분수의 개념이 완전학습 되지 않은 경우다.

초등 과정에서 분수의 개념은 3학년 때부터 시작된다. 앞서도 초등 3학년 과정에서 '분수의 개념'은 중요하다고 언급한 바 있다. 구체적인 숫자가 아닌 추상적인 개념이기 때문에 3학년 때 개념을 명확히 이해하고 넘어가야 하며, 이후 학년에서 어떻게 연결되는지 한번은 짚어야 한다고 설명했다.

만약 초등 3학년 과정에서 분수 개념이 충분히 학습되지 않았다면 초등 5학년 학습을 본격적으로 시작하기 전에 개념을 정리하고, 5학년에서 배우는 약분, 통분, 분수의 사칙연산으로 연결되는 '주제별 학습'이 필요하다. 초등 5학년 과정을 살펴보면 1학기에는 2단원 약수와 배수, 4단원 약분과 통분, 5단원 분수의 덧셈을 배운 후 2학기에는 2단원 분수의 곱셈까지 분수 관련 단원의 양이 상당하다. 이때 분수를 다루는 단원에서 한 단원이라도 아이가 힘들어한다면 반드시 초등 3학년 때 배운 분수 단원들과 연결해서 정리해보아야 한다. 예를 들면 아래와 같은 문제를 말한다.

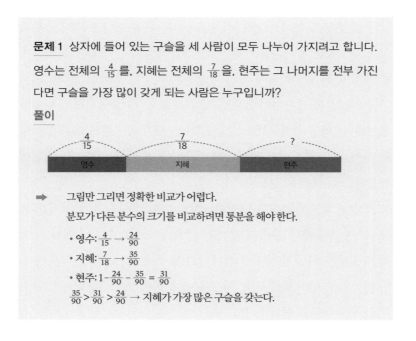

**문제 1** 상자에 들어 있는 구슬을 세 사람이 모두 나누어 가지려고 합니다. 영수는 전체의 $\frac{4}{15}$ 를, 지혜는 전체의 $\frac{7}{18}$ 을, 현주는 그 나머지를 전부 가진다면 구슬을 가장 많이 갖게 되는 사람은 누구입니까?

**풀이**

➡ 그림만 그리면 정확한 비교가 어렵다.
분모가 다른 분수의 크기를 비교하려면 통분을 해야 한다.

- 영수: $\frac{4}{15} \rightarrow \frac{24}{90}$
- 지혜: $\frac{7}{18} \rightarrow \frac{35}{90}$
- 현주: $1 - \frac{24}{90} - \frac{35}{90} = \frac{31}{90}$

$\frac{35}{90} > \frac{31}{90} > \frac{24}{90}$ → 지혜가 가장 많은 구슬을 갖는다.

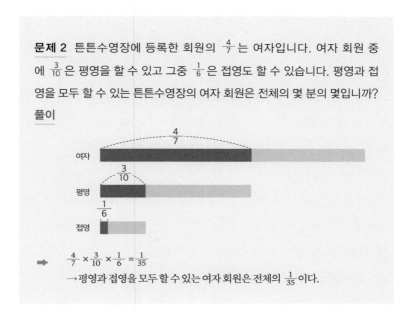

**문제 2** 튼튼수영장에 등록한 회원의 $\frac{4}{7}$ 는 여자입니다. 여자 회원 중에 $\frac{3}{10}$ 은 평영을 할 수 있고 그중 $\frac{1}{6}$ 은 접영도 할 수 있습니다. 평영과 접영을 모두 할 수 있는 튼튼수영장의 여자 회원은 전체의 몇 분의 몇입니까?

풀이

여자

평영

접영

$$\frac{4}{7} \times \frac{3}{10} \times \frac{1}{6} = \frac{1}{35}$$

→평영과 접영을 모두 할 수 있는 여자 회원은 전체의 $\frac{1}{35}$ 이다.

1번 문제에서는 전체의 4/15와 전체의 7/18에서 전체를 등분한 것이 달라서 분수의 개념이 정확하지 않은 경우, 분모를 잘못 보거나 통분하는 것을 고려하지 않아 틀리는 경우가 많다. 2번 문제에서는 전체에 대한 부분이 얼만큼인지를 나타내면서 문제를 풀어야 한다. 하지만 이 문제를 어려워하는 아이들은 전체 회원 수가 언급되지 않아서 어렵다고 느낀다. 1번과 2번 모두 그림을 그려 해결하면 쉽게 풀 수 있다.

5학년이 되었는데 이런 문제를 어려워하거나 실수한다면 분수 개념이 약하다고 판단할 수 있다. 분수 개념이 완전학습 되었다면 분수의 연산 속도와 정확성을 체크해야 한다. 초등 수학에서는 연산 속도를 민감하게 생각하지 않는 경우가 있다. 하지만 연산 속도는 초등 수학부터 반드시 신경 써야 할 부분이다. 문제의 정답을 맞히는 데 목표를 두기보다 중등 이후 많은 수학 학습량을 어렵지 않게 소화하려면 초등 5~6학년 과정에서 문제 풀이 속도감을 반드시 끌어올려 두어야 한다.

분수의 덧셈이나 뺄셈은 한 문제당 평균 7초 정도, 정확성은 95% 기준으로 연산의 복습 여부를 고려하면 된다. 완벽하게 도달하지 못하는 경우 적어도 한 문제당 10초, 정확성은 90%가 기준이다. 이 기준 이상으로 걸리거나 많이 틀리는 경우라면 중등 과정에 가서도 상당한 어려움을 보이거나 평균 이상의 학습량이 필요할 수 있다.

## 5학년 필수 개념 ② 다각형의 둘레와 넓이 : 공식이 나온 이유 알아보기

초등 5학년 과정에서 중요한 개념 중 또 다른 하나는 '6단원 다각형의 둘레와 넓이'다. 이 단원 역시 중등 1학년 2학기에서 다시 배우는 내용이라 단원 성취도 기준을 90% 이상으로 두고 학습해야 한다. 이 단원에서는 다각형의 둘레와 넓이의 공식을 다양한 방법으로 배우는데, 공식을 외우는 것도 중요하지만 그러한 공식이 나오게 된 이유를 설명할 수 있어야 한다.

다음 그림과 같이 사다리꼴 2개를 평행사변형으로 만들었을 때

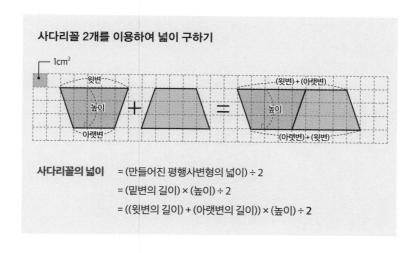

**사다리꼴 2개를 이용하여 넓이 구하기**

사다리꼴의 넓이 = (만들어진 평행사변형의 넓이) ÷ 2
= (밑변의 길이) × (높이) ÷ 2
= ((윗변의 길이) + (아랫변의 길이)) × (높이) ÷ 2

사다리꼴의 넓이를 구하는 문제를 예로 들어보자. 교과 진도에 따르면 평행사변형 넓이를 구한 후 사다리꼴 넓이를 구하는 순서로 나오는데, 이미 평행사변형 넓이를 어떻게 구하는지 알고 있다면 사다리꼴 넓이 구하는 공식을 몰라도 구할 수 있다.

먼저 사다리꼴 2개를 위아래로 뒤집어 합치면 평행사변형이 된다. 그러면 평행사변형의 윗변과 아랫변은 각각 사다리꼴의 윗변과 아랫변이 더해진 길이가 된다. 여기에서 평행사변형의 넓이(밑변의 길이 × 높이)를 구한 다음 2로 나누면 사다리꼴 1개의 넓이가 되는 것이다. 이처럼 사다리꼴뿐 아니라 단원에서 언급하는 모든 다각형의 넓이 공식은 어떻게 공식이 완성되었는지 설명할 수 있어야 한다.

둘레를 구할 때도 마찬가지다. 둘레를 구하는 경우 변의 길이를 모두 더한다는 개념만으로 둘레의 공식을 모른 채 단원을 마무리하는 경우가 있는데, 그러면 쉬운 문제를 어렵게 풀게 된다. 다음 문제를 한번 풀어보자.

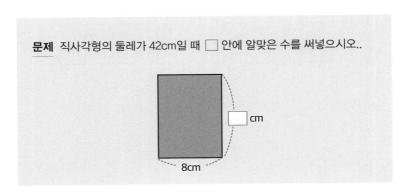

**문제** 직사각형의 둘레가 42cm일 때 ☐ 안에 알맞은 수를 써넣으시오..

둘레 공식을 모르면 아이들은 보통 직사각형 네 변의 길이를 모두 구해야 둘레를 구할 수 있다고 생각해 42cm에서 8cm을 뺀 다음 일일이 수를 가르기 하면서 실수를 한다. 그런데 직사각형의 둘레는 가로와 세로의 길이를 더해 2배를 하면 되는 간단한 공식을 적용할 수 있다.

이 문제에서는 직사각형 둘레를 구하는 공식을 거꾸로 풀어나가면 된다. 직사각형 둘레가 42cm라고 나와 있으니 2로 나누면 21cm가 되고, 문제에 표시되어 있는 가로와 세로의 길이를 합치면 21cm가 되는 것이다. 여기에서 21cm – 8cm를 하면 세로 길이는 13cm가 된다. 또 다른 방법으로는 직사각형의 둘레가 가로와 세로를 2번씩 더한 것이니 42cm에서 두 개의 가로 변을 합친 16cm를 빼면 두 개의 세로 변(26cm)만 남게 된다. 문제에서는 하나의 세로 변만 구하면 되니 26cm ÷ 2를 하면 된다. 이처럼 둘레의 공식은 나중에 직육면체 겉넓이 공식에서 옆넓이를 구할 때와 연결된다.

## 5학년 필수 개념 ③ 수의 범위와 어림하기 : 한 번 배우고 조건으로 계속 나오는 개념

5학년 과정에서는 수의 범위를 나타내는 말을 배우게 된다. 그중에서 이상, 이하, 초과, 미만을 배우는데, 각 용어들의 개념을 정확히 이해하면서 중등 과정과 연결해서 알아두면 좋다. 예를 들면 이상은 '크거나 같다' 또는 '작지 않다'로 표현할 수 있고, 이하는 '작거나 같다' 또는 '크지 않다'로 표현할 수 있다. 초과는 '크다'로, 미만은 '작다'로 나타낼 수 있다.

중등 과정을 보면 부등호를 사용해 다양한 표현으로 개념을 물어보는 문제들이 있다. 예를 들어 'a는 b보다 크거나 같고, c보다 크다.'와 같이 세 수의 크기를 비교하라고 하면 'c < a ≥ b'와 같이 쓰는데, 크기에 대해 정확히 이해하지 못해 부등호를 잘못 사용한 경우다. 정확한 답은 'a ≥ b, a > c'와 같이 2개의 식으로 나타내야 한다. 초등 5학년 2학기 1단원을 배울 때 이 정도는 이해하지 않을까 짐작하지 말

**수의 범위를 나타내는 용어**

| 이상 | 이하 | 초과 | 미만 |
|---|---|---|---|
| 크거나 같다.<br>작지 않다. | 작거나 같다.<br>크지 않다. | 크다. | 작다. |

고 아이에게 직접 질문하면서 확인해보기를 추천한다.

초등 5학년 과정에서는 수의 범위를 배우면서 수를 어림하는 방법으로 올림, 버림, 반올림도 배운다. 올림은 구하려는 자리 아래 수를 올려서 나타내는 방법, 버림은 구하려는 자리 아래 수를 버려서 나타내는 방법, 반올림은 바로 아래 자리의 숫자가 0, 1, 2, 3, 4이면 버림으로 처리하고 5, 6, 7, 8, 9이면 올림으로 처리하는 방법이다.

아이들이 첫 번째로 어려워하는 부분은 '~째 자리까지' 또는 '~째 자리에서' 표현이다. '~째 자리까지'는 해당 자리까지 나타내야 하므로 그 아래의 자리에서 어림하기를 처리하면 되고, '~째 자리에서'는 해당 자리에서 어림하기를 처리하면 된다.

**문제** 어떤 자연수를 반올림하여 백의 자리까지 나타내었더니 6300이 되었습니다. 어떤 자연수가 될 수 있는 수의 범위를 초과와 미만을 이용하여 나타내어 보시오.

(정답은 6249 초과 6350 미만)

두 번째는 반올림이 되는 수의 범위를 구하거나 그중에서 가장 큰 수와 가장 작은 수를 찾는 문제다. 위의 문제를 보면 반올림해서 6300이 되려면 6250부터 올림할 수 있고, 6349에서 버림할 수 있음을 찾는 것이다. 수를 보고 어림하기를 처리하는 것은 그나마 쉽게 해결하지만 어림하기 값을 보고 거꾸로 어림하기 가능한 수의 범위를 찾는 것은 개념이 정확하지 않다면 어렵고 헷갈릴 만한 문제다.

세 번째는 주어진 문제 상황이 어떤 어림하기를 적용할 수 있는지를 묻는 문제다. 다음 문제를 한번 살펴보자.

---

**문제 1** 학생 64명에게 연필을 1자루씩 나누어 주려고 합니다. 연필은 한 묶음에 10자루씩 묶어서만 판다면 연필은 최소 몇 묶음을 사야 합니까?

➡ 64명에게 연필을 1자루씩 나누어주려면 70자루가 있어야 하므로
　정답은 7묶음이다.

**문제 2** 희연이는 미술 시간에 사용할 색종이 128장을 사려고 합니다. 문구점에서 색종이를 10장씩 묶어서 팔고 한 묶음에 500원이라고 할 때 색종이 값으로 최소 얼마가 필요합니까?

➡ 색종이 128장이 필요하므로 130장을 사야 한다.
　즉 13묶음이 필요하므로 13 × 500 = 6500원이 필요하다.

---

1번, 2번 문제 모두 올림을 적용해야 하는 문제다. 1번 문제에서 64명 학생에게 연필을 나눠주려고 한다면 모든 학생이 받을 수 있도록 해야 하기 때문에 연필은 넉넉히 있어야 한다. 테이프가 있고 그 테이프로 선물 포장을 한다고 가정할 때 몇 개의 선물을 포장할 수 있는지 묻는 유형의 문제 역시 테이프가 부족하면 선물 포장을 할 수 없기 때문에 테이프가 넉넉하거나 테이프가 모자라면 남은 길이를

버려야 한다. 어찌 보면 당연한데도 여러 가지 문제 상황이 나오면 아이들은 정확하게 판단하지 못하는 경우가 있다.

초등 6학년 2학기 2단원 소수의 나눗셈에서는 '나누어 떨어지지 않을 때 몫을 소수 둘째 자리까지 나타내라.'라는 문제가 나온다. 이 문제에서 '반올림'이라는 용어가 나오지는 않지만, 소수 셋째 자리까지 구하고 반올림하여 소수 둘째 자리까지 구하는 것을 배운다.

수를 어림하는 방법도 초등 과정에서 한번 배우고 이후에는 실전 문제에서 조건으로 적용되어 나오는 경우가 많다. 따라서 해당 단원을 배우고 나면 다시 만날 수 없는 단원이니 확실히 익히고 잊어버리지 않도록 해야 한다. 수의 범위와 어림하기 단원의 성취도가 아쉬웠다면 응용 학습과 심화 학습을 통해 복습이 반드시 필요한 부분이다.

# 6학년
# 필수 개념 익히기

초등 5학년 과정에 비해 6학년 과정은 쉽다고 하지만, 아이에 따라 여러 번 복습을 해야 하는 경우도 있다. 6학년 과정이 수월하게 진행되어 마무리되었다면 중등 선행으로 넘어가면 되고, 6학년 과정에서 힘들어한다면 반드시 이전 학년에서 개념 이해와 문제 풀이가 제대로 되었는지 체크해야 한다. 분명 예습과 선행도 필요하지만, 초등 과정을 마무리하는 단계인 만큼 놓치고 지나치는 개념이나 유형은 없는지 확인하는 것이 가장 중요하다.

6학년 과정의 경우 6학년에만 나오지만 이후 문제에서 활용되는 개념 단원들이 있다. 6학년 1학기 4단원 비와 비율과 6학년 2학기 4단원 비례식과 비례배분인데 반드시 기억해두어야 한다. 분수의 개념을 제대로 이해하고 있는지 확인하는 단원도 있는데, 6학년 1학기

1단원 분수의 나눗셈과 6학년 2학기 1단원 분수의 나눗셈이다. 연결되는 단원이라 한번에 개념을 배우고 문제를 풀 수 있으므로 1학기와 2학기 교재를 함께 진행하는 것이 효율적이다. 도형 단원으로 6학년 1학기 2단원 각기둥과 각뿔, 6단원 직육면체, 6학년 2학기 3단원 공간과 입체, 5단원 원의 넓이, 6단원 원기둥, 원뿔, 구가 있다. 이 단원들은 중등 과정에 다시 나오므로 용어와 정의를 잘 정리하고 익혀두어야 한다.

| 학년/학기 | 단원 내용 | 학년/학기 | 단원 내용 |
|---|---|---|---|
| 6학년 1학기 | 1. 분수의 나눗셈: 나눗셈의 개념 체크하기<br>2. 각기둥과 각뿔: 밑면의 도형을 기준으로 면, 모서리, 꼭짓점의 개수 구하는 원리 이해하기<br>3. 소수의 나눗셈: 소수의 개념 체크하기<br>4. 비와 비율: 비율이 적용되는 상황에 대한 이해<br>5. 여러 가지 그래프: 상황별 사용하는 그래프의 종류 이해하기<br>6. 직육면체 부피와 겉넓이: 부피와 겉넓이의 개념 이해 | 6학년 2학기 | 1. 분수의 나눗셈: 분수의 나눗셈 방법을 설명할 수 있는지 체크하기<br>2. 소수의 나눗셈: 소수의 자릿값 이동 원리를 이해하는지 체크하기<br>3. 공간과 입체: 위, 앞, 옆 그림을 보고 쌓기나무 전체 개수 파악 가능한지 확인하기<br>4. 비례식과 비례배분: 비례식의 원리와 비례식을 활용하는 문제 유형 이해하기<br>5. 원의 넓이: 원주율 개념, 넓이 공식을 유도하는 방법 이해하기<br>6. 원기둥, 원뿔, 구: 원기둥, 원뿔, 구의 같은 점과 다른 점 비교해서 이해하기 |

# 6학년 필수 개념 ① 분수의 나눗셈
## : 개념과 원리를 정확하게

3학년 때부터 배운 분수의 개념을 잘 이해하고 있다고 생각했다가 뒷목 잡게 하는 부분이 바로 6학년 분수의 나눗셈 단원이다. 여기에 나눗셈 개념까지 완전학습이 안 되어 있다면 나눗셈 식을 뒤집어 쓰면서 두 번째 뒷목잡기가 이어진다. 분수의 나눗셈 개념을 설명할 때 엄마들은 "분수의 나눗셈은 뒤에 있는 분수를 뒤집어서 곱하는 거야."라고 말하는데, 이런 설명은 정말 말리고 싶다. 답을 구하는 방법만 설명하는 것은 분수의 개념에 대해 고민해볼 수 있는 여지까지 없애는 것이다. 분수의 나눗셈 개념을 설명할 때는 철저하게 분수의 개념에 기반하여 설명해주어야 한다.

다음 그림은 분수의 나눗셈을 이해하기 쉽게 하는 데 도움이 되는 설명이다. 교과 문제집에서 단원별 개념 설명을 빠뜨리지 않고 전부 읽고 이해하는 것은 쉽지 않다. 엄마가 중요한 부분만 골라서 아이에게 먼저 설명해주는 것이 좋다. 엄마도 설명하기 어렵다면 아이가 없는 시간을 활용해 먼저 읽어보고 이해하며 공부하는 준비 자세가 필요하다. 그림을 한번 살펴보자.

첫 번째 그림은 전체 2를 3으로 등분하는 것을 묻는 문제다. 먼저 전체 1씩 3으로 각각 등분한 후 전체 1씩에서 한 조각씩이 몫에 해당하기 때문에 2 나누기 3은 2/3가 되는 것이다. 나누기 3을 곱하기 1/3으로 바꾸어 계산한다는 설명보다 전체 그림을 보여주고 등분해서 이해시키는 것이 좋다.

두 번째 그림은 분모가 같은 분수끼리 나눗셈을 하는 방법이다. 앞서 설명한 나눗셈에서 포함제의 의미를 적용하여 4/5에서 1/5을 몇 번 덜어내어야 0이 되는지를 생각할 수 있도록 설명해준다. 분모가 다른 분수도 분모를 통분해서 단위를 맞춘 다음 덜어내기로 생각해서 나눗셈의 몫 찾기를 보여주면 된다. 단, 나머지가 있으면 아이들이 더 헷갈릴 수 있으므로 몫이 딱 떨어지는 분수에 적용해서 설명

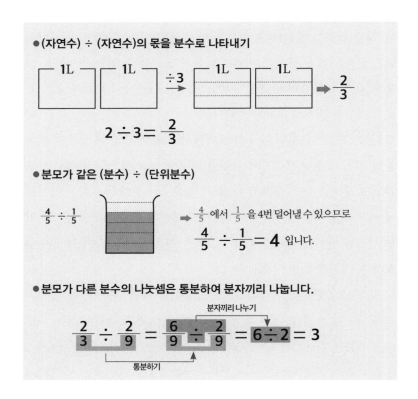

해주어야 한다.

## 6학년 필수 개념 ② 비와 비율, 비례식, 비례배분 : 6학년 과정에서 중요

초등 5학년 때만 배우는 수의 범위와 어림하기처럼 6학년 과정에 나오는 '비와 비례, 비례식, 비례배분'도 초등 과정에서만 배우고 이후에는 나오지 않는다. 이 부분 역시 6학년 과정에서만 배우지만, 중고등 과정에서 수시로 등장하기 때문에 매우 중요하면서 동시에 아이들이 어려워하는 부분이다. 중고등 과정에서 이와 관련한 문장제 문제들은 많은 아이들이 특히 힘들어한다. 단순히 수학 개념을 알고 이해하는 것을 넘어 이자율, 할인율, 인구밀도, 소금물의 농도 등 과학, 사회 과목과 연결해서 이해해야 하는 개념까지 포함되어 있기 때문이다. 중등 과정에서 방정식 활용 부분에 자주 등장하는 만큼 초등 수학에서 배울 때 정확하게 알고 넘어가야 한다.

비는 두 수를 나눗셈으로 비교하기 위해 기호 :를 사용하여 나타낸 것이다. 예를 들어 7:10 이라고 비를 표현한다면 기준량 10에 대한 비교하는 양 7의 비를 의미한다. 여기서 기준량에 대한 비교하는 양의 크기를 비율이라 한다. 기준량에 비해 비교하는 양이 크면 1배 이상의 관계가 있는 것이다.

비율을 이용한 개념으로 인구밀도를 예로 들 수 있다. 인구밀도는 정해진 땅에 얼마나 많은 인구가 있는지, 즉 넓이에 대한 인구의 비율이다. 넓이가 6km²인 도시에 인구가 8700명이라면 이 도시의 인구밀도는 8700(인구) : 6(넓이)으로 비를 나타낼 수 있고, 8700 ÷ 6을 계산해서 인구밀도를 구할 수 있다.

2학기 때 배우는 비례식은 비율이 같은 두 비를 기호 =를 사용하여 나타낸 식을 말한다. 중등 과정에서 방정식으로 나타내지 않고 비례식으로 해를 구하는 경우도 종종 있기 때문에 비례식을 세우는 방법은 잘 알아두어야 한다.

비례배분은 전체를 주어진 비로 배분하는 것이다. 예를 들어 소정이와 원지가 연필 36자루를 4:5으로 나누어 가지려고 한다면 비례배분이 적용되는 상황이다. 전체 36자루의 4/9를 소정이에게, 5/9를 원지에게 나누어주는 것을 의미한다. 이렇듯 비와 비율, 비례배분 등의 개념은 실생활에서 적용할 수 있는 상황이 많기 때문에 다양한 문제 상황을 해결해보는 것이 개념을 정확하게 이해하는 데 도움된다.

## 6학년 필수 개념 ③ 입체도형 : 초등 6학년 과정의 포인트

초등 6학년 과정에서 가장 중요한 부분은 입체도형 영역이다. 5학년 2학기 직육면체 단원을 시작으로, 각기둥과 각뿔, 직육면체의 부피와 겉넓이, 공간과 입체, 원기둥, 원뿔, 구 등 입체도형 관련 단원은 6학년 과정 중 상당히 많은 부분을 차지한다.

입체도형의 겉넓이와 부피를 구하는 방법은 원리를 이해하면 모두 똑같다. 직육면체 관련 단원에서 부피와 겉넓이 공식을 정확히 이해했다면 원기둥에서도 똑같이 적용할 수 있다. 물론 원의 둘레와 넓이 공식을 이해했다는 것이 전제가 된다. 모든 단원은 중등 1학년 2학기 과정에서 다시 한 번 배우기 때문에 기본 개념을 계속 반복해주는 것이 필요하다.

이처럼 초등 5~6학년 과정에서 배우는 단원들은 한번에 연결해서 학습할 수 있다. 5학년 과정에서 순서대로 개념 학습이 정확히 이루어지면 6학년 과정을 배울 때 개념 설명을 많이 해주지 않아도 해당 단원을 쉽게 해결할 수 있다. 다시 말해 5학년 과정에서 6학년 과정을 이어서 배울 수 있다면 이전 학년의 교과 예습이나 선행 기간보다 빠르게 학습을 마무리할 수 있다. 다만 연산 학습에서 자주 틀리거나 이전 학년에서 개념 학습이 부족하다면 연결해서 진행하기가 어렵다는 점을 잊지 말자.

다른 영역도 마찬가지다. 각 개념들이 다음 학년에서 어떻게 연결되는지 확인하고, 이전 학년의 학습을 진행할 때 개념 이해를 중요하게 생각하면서 진행하도록 하자. 다음 표를 보면 5학년 1학기 2단원에서 약수와 배수를 배운 후, 4단원 약분과 통분, 5단원 분수의 덧셈과 뺄셈으로 연결된다. 따라서 연산 문제집에서 분수의 덧셈과 뺄셈을 풀려면 앞선 개념을 충분히 익힌 후 해당 단원을 풀지 않으면 오개념이 형성되어 잦은 실수가 생길 수 있다.

## 순서대로 연결되는 수학 개념들

약수와 배수 → 약분과 통분 → 분수의 덧셈과 뺄셈

분수의 곱셈 → 분수의 나눗셈 1, 2

소수의 곱셈 → 소수의 나눗셈 1, 2

비와 비율 → 비례식과 비례배분

다각형의 둘레와 넓이 → 직육면체 → 각기둥과 각뿔 → 직육면체의 부피와 겉넓이 → 원의 넓이 → 원기둥, 원뿔, 구

# 초등 5~6학년
# 수업 관리

초등 5~6학년 과정을 소화하는 시기에 따라 수학 학습을 어떤 방법으로 진행하는 것이 효율적인지 달라질 수 있다. 수학 학습 진행이 빠르게 이루어져서 초등 3~4학년 시기에 5~6학년 과정을 마무리하는 경우가 있다. 또는 초등 5~6학년 시기에 해당 과정을 마무리하는 경우도 있다. 어느 쪽이 좋은가에 대해서는 의미가 없다.

빠르게 선행을 나갔다가 구멍 난 부분이 많아서 복습량이 늘어나고 중등 과정 진행이 순조롭지 않은 경우가 있다. 또는 6학년 1학기에 초등 수학을 마무리하고, 6학년 여름부터 중등 예습 및 선행을 시작하는데도 이후 중등 과정을 1년 반 만에 마무리하는 경우도 있다. 이 경우 초등 수학 기본기가 탄탄하고 심화 학습도 적절하게 이루어졌기에 가능한 일이다.

빠른 선행을 진행하는 다른 아이를 보며 조급함을 갖는 순간 우리 아이에게도 악영향을 미칠 수 있음을 잊지 말자. 뭐니뭐니해도 정확하고 탄탄하게 다지면서 가는 것이 가장 중요하다.

## 엄마표 학습으로 진행한다면

초등 5~6학년 과정은 단원 자체의 중요도가 상당히 높은 시기다. 그만큼 매 단원 개념부터 꼼꼼히 공부해야 한다. 언제까지 엄마표로 할 수 있냐는 질문을 받으면 "초등 수학까지 가능하다."라고 답하는 편인데, 전제 조건이 있다. 반드시 엄마가 미리 공부해야 한다는 것이다. 초등 5~6학년 과정에서는 더 그렇다.

초등 5~6학년 과정을 1~4학년 과정과 마찬가지로 문제 풀고 틀린 것 고치기 식으로 반복하는 것만으로 각 단원 성취도를 판단하기는 어렵다. 초등 5~6학년 시기에 엄마표 학습으로 진행한다면 중요 개념들에 대한 설명이 정확하게 이루어져야 하므로 엄마가 먼저 단원의 기본 개념을 살펴본 다음 어떻게 설명해줄지 연습해보아야 한다. 아이가 "왜?"라고 물어본다면 망설임 없이 설명할 수 있을지 판단해본 후 이유를 명확하게 설명하기 어려운 부분이 있다면 EBS나 유튜브에서 관련 영상을 참고하는 것도 좋다.

아이가 정확하게 이해했는지 잘 판단되지 않는다면 교과 수학을 진행하는 학원에서 테스트를 해보는 방법도 있다. 당장에 학원을 보내지 않더라도 테스트 후 상담을 통해 부족한 부분이나 학습 팁을 얻을 수 있다. 무엇보다 초등 5~6학년 과정의 심화 문제집은 이전 학년들에 비해 난이도가 꽤 높기 때문에 이에 대한 준비가 필요하다.

## 아이와 갈등이 생긴다면

엄마표로 초등 5~6학년 과정을 진행할 때는 이상하게 이전 때와 다른 분위기가 연출된다. 저학년 때는 쉬운 문제를 틀려도 실수라고 생각하고 넘어갔고, 3~4학년 때도 많이 틀려도 그렇게 조바심을 내지 않았다. 그런데 5~6학년 과정을 진행하는데 여전히 아이가 실수를 하거나 쉬운 문제를 틀리면 부모는 화를 내고 자신도 모르게 아이의 수학 실력을 비난하게 된다. 초등 과정을 잘 마무리한 후 중등으로 넘어가야 할 시기에 수학 때문에 아이와 갈등이 생기는 것은 바람직하지 않다.

엄마표 수학은 아이의 연령과 상관없이 반드시 지켜야 하는 선이 있다. 아이가 얼마나 틀렸는지 결과에 대해 야단치기보다 틀린 이유를 살펴보고 복습이 필요한 부분이 있는지 찾는 것이 중요하다. 개념 이해가 부족한지, 개념은 이해했는데 단순 계산 실수인지, 문제의 맥락을 이해하지 못했는지 등 여러 가지 경우의 수를 두고 판단해야 한다. 오답은 반드시 그 이유에 대한 분석 과정이 필요하다. 그런 다음 오답노트를 활용해야 한다. (오답노트 활용법은 121쪽을 참고하면 된다.)

# 학원의 도움을 받아야 할 때

자기 학년에 비해 수학 학습 진행이 빠른 경우 계속 엄마표로 하기 쉽지 않다. 아이 입장에서도 초등 3학년인데 엄마와 초등 6학년 과정을 한다고 해도 대단한 의미나 동기부여가 이루어지지 않는다. 아무리 열심히 해도 어느 순간 긴장감이 떨어질 수 있다. 따라서 자기 학년에 비해 수학 학습 진행이 빠른 아이라면 학원에서 그룹 수업을 진행하는 것을 추천한다.

아이들은 목적이나 목표가 있어야 집중력을 발휘한다. 비슷한 실력의 아이들이 구성된 그룹에 들어가면 적당한 경쟁 분위기 속에서 혼자만 열심히 하고 있다는 억울한 생각도 하지 않게 된다. 긴장감 있는 환경이 아이들의 수학 실력을 이끌어내는 데 훨씬 도움이 된다는 것은 실제 수업 현장에서 많이 느끼는 부분이다.

또 엄마표 학습 중 아이와 반복적으로 갈등이 발생하거나 엄마표로 설명하기 어려운 부분이 있다면 학원의 도움을 받는 것이 좋다. 단, 학원에 보낸 이후에도 수학 학습을 학원에 100% 믿고 맡길 수 있겠다는 확신이 설 때까지는 적당한 엄마표 관리가 필요하다. 아이가 학교 갔을 때 학원의 숙제 완성도나 오답 수 등을 확인해본다거나, 아이와 이야기하다가 학원에서 지난 수업 시간에는 무엇을 배웠는지 넌지시 물어보는 것이다. 엄마가 학원에서 자기가 얼마나 잘하고 있는지 체크한다는 느낌이 들지 않게 하라는 의미다.

학원의 학습 과정을 살펴보다가 아이가 반복적으로 틀리는 문제가 있다면 가정에서 어떤 부분을 도와주면 좋을지 담당 선생님과 상의해보는 것도 좋다. 엄마의 주관적인 판단으로 엄마표 복습을 추가로 진행하는 경우 자칫 학원에서의 학습 소화가 원활하게 이루어지지 않을 수 있다. 무조건 많은 양을 학습하는 것이 아이의 수학 실력을 올리는 방법은 아니기에 필요한 부분과 아이가 수용 가능한 범위에 대해 지속적으로 상의해야 한다.

# 초등 5 ~ 6학년
# 중등 과정 준비

^^^
. . . . . . . . .

    초등 5~6학년 아이들의 경우 예습이나 선행학습의 진도가 천차
만별이다. 혹시 진도를 많이 앞선 아이들을 보고 불안감이나 초조함
이 생긴다면 그러지 않아도 된다. 수학은 시기적절한 학습의 효과가
훨씬 크기 때문이다. 오히려 준비되지 않은 상태에서 성급하게 선행
을 시작하면 구멍이 생기거나 진도가 더 느려지는 상황이 생길 수 있
다. 자기 학년 내용을 완전학습한 후에 진도 진행을 해나가는 방법이
훨씬 수월하다. 개념 이해나 심화 학습이 제대로 되지 않아 나중에
그 부분을 다시 익히느라 시간을 소비하는 것보다 제 학년 학습을 확
실하게 마무리하고 시작하는 것이 시간을 더 벌 수 있는 방법이라는
의미다.

    아이가 6학년이 되면 갑자기 발등에 불 떨어진 것처럼 중등 예습

을 속도감 있게 나가길 원하는 부모들이 있다. 그러다 보니 이전 학년에서 힘들어하는 심화 학습을 반드시 해야 하는지 많이 궁금해한다. 물론 초등 과정에서 남아 있는 진도를 빠르게 진행하고 중등 과정의 진도를 나갔으면 하는 마음은 백분 이해된다. 하지만 대부분의 수학 전문가들이 말하지만 심화는 꼭 필요하다. 초등 심화 문제를 풀어내는 추론 능력은 중등 심화를 학습할 때 상당한 도움이 되기 때문이다. 반대로 심화 문제가 힘들다고 한번 피하기 시작하면 이후 어려운 문제를 만나면 풀어볼 시도조차 하지 않게 될 수 있으니 명심해야 한다.

간혹 자기 학년보다 상위 학년의 개념이나 중등 과정의 내용을 이해하면 초등 심화 문제를 쉽게 해결할 수 있지 않느냐고 반문하는 경우도 있다. 물론 그럴 수 있다. 다만 그렇게 문제를 푸는 것은 단순히 스킬을 이용해 정답을 찾아내는 것일 뿐 수학 개념을 이용해 문제를 어떻게 풀지 접근하는 방식과는 사고 훈련에 차이가 있다. 고등 과정에서 배우는 수학은 문제를 이해하고 어떻게 접근해서 해결할지를 고민하는 문제들이기 때문에 그 훈련을 초등과 중등 과정에서 미리 해봐야 한다. 따라서 단순히 선행 진도에 초점을 맞출 게 아니라면 심화 학습은 꼭 필요하다는 것이 내 생각이다.

## 자기 학년 진도를 하고 있다면

5~6학년 시기에 자기 학년 진도를 진행 중인 아이들을 위한

교과 진도 로드맵을 소개한다. 다만 이 로드맵의 전제 조건은 이전 학년 연산에 구멍이 없고 개념 학습에 대해 완전학습이 되어 있어야 한다는 것이다. 혹시 이전 학년 연산이나 개념 학습에서 부족한 부분이 있다면 3개월가량 이전 학년의 개념 학습을 복습할 필요가 있다.

| | 교과 진도 로드맵 |
|---|---|
| 5학년 1학기 자기 학년 진도를 하고 있다면 | • 5학년 1학기 여름방학(7~8월): 5학년 2학기 예습, 5학년 1학기 심화 복습<br>• 5학년 2학기(9~10월): 6학년 1학기 예습, 5학년 2학기 심화 복습<br>• 5학년 2학기(11~12월): 6학년 2학기 예습, 6학년 1학기 심화 복습<br>• 5학년 2학기(1~3월): 중등 1-1 예습, 6학년 2학기 심화 복습<br>• 6학년 1학기(4~6월): 중등 1-1 응용 복습, 중등 1-1 유형 학습 |
| 5학년 2학기 자기 학년 진도 | • 5학년 2학기 겨울방학(1~2월): 6학년 1학기 예습, 5학년 2학기 심화 복습<br>• 6학년 1학기(3~4월): 6학년 2학기 예습, 6학년 1학기 심화 복습<br>• 6학년 1학기(5~7월): 중등 1-1 예습, 6학년 2학기 심화 복습<br>• 6학년 1학기(8~10월): 중등 1-1 응용 복습, 중등 1-1 유형 학습 |
| 6학년 1학기 자기 학년 진도 | • 6학년 1학기(7~8월) : 6학년 2학기 예습, 6학년 1학기 심화 복습<br>• 6학년 2학기(9~11월): 중등 1-1 예습, 중등 1-1 응용 복습<br>• 6학년 2학기(12~2월): 중등 1-1 유형 학습, 중등 1-2 기본 예습 |
| 6학년 2학기 자기 학년 진도 | • 6학년 2학기 10월까지: 자기 학년 진도 마무리<br>• 6학년 2학기(11~12월): 중등 1-1 기본 예습<br>• 6학년 2학기(1~2월) : 중등 1-2 기본 예습, 중등 1-1 응용 복습 |

전제 조건을 충족했다는 조건하에 우선 각 학기의 기본 및 응용 학습은 정확하게 마무리하고 방학 기간부터 다음 학기의 예습을 2개월 간격으로 진행하는 것을 목표로 둔다. 2개월 동안 다음

학기 예습과 이전 학기 심화 학습을 진행하는데, 심화 학습을 할 수 있는 준비가 안 되었다면 교재 단계를 더 낮출 수도 있다.

이런 과정으로 2개월 동안 각 학기 진도를 마무리하고, 이후 중등 진도를 진행하면 된다. 중등 진도에서 1학년 1학기 과정은 시간이 오래 걸려도 확실하게 이해하고 가는 것이 좋다. 따라서 3개월 예습 이후 바로 1학년 2학기 과정을 진행하지 말고 3개월 기본 예습 후, 3개월 응용 및 문제 유형을 복습할 것을 추천한다. 경우에 따라 연산력과 초등 심화 문제 경험이 잘 갖춰졌다면 3개월 기본 예습 후, 3개월 응용 및 심화 유형 복습을 하면 된다.

수학 학습에 많은 시간을 투자할 수 있다면 중등 1-1 기본 예습을 2개월 동안 진행하고, 중등 1-1 응용 및 심화를 복습하면서 중등 1-2 기본 예습을 3개월 동안 같이 진행할 수도 있다. 5~6학년 시기에 수학에 많은 시간을 투자할 수 있다는 것은 매일 수학 공부를 2~3시간 정도 할 수 있는 시간이 확보된 경우를 말한다.

6학년 1학기에 자기 학년 진도를 하고 있다면 앞서 소개한 대로 6학년 겨울방학 때 중등 1-1 응용 복습과 중등 1-2 기본 예습을 할 수 있다. 그러면 중학교 1학년으로 진학해서 1년 동안 중등 2~3학년 예습을 충분히 할 수 있고, 중등 2학년 시기에 내신을 준비할 때 부담스럽지 않다. 이후 중등 2학년 때 방학 기간을 이용해서 중등 과정의 심화 학습 보충과 고등 수학을 예습하면 된다.

수학 선행의 길은 일찍 선택하지 않았다고 이후 수학 학습에 큰 걸림돌이 되는 것은 아니다. 일찍 시작했다고 수학 학습에서

대단한 성과를 내지 못할 수도 있다. 조급한 마음은 접고 시작 시점에 제대로 진행할 수 있도록 연산, 개념 학습, 심화 학습 경험들을 차근차근 쌓아나가는 것이 가장 중요하다.

# 초등 5~6학년
# 최상위권 준비

요즘 주위를 둘러보면 지역이나 아이에 따라 극심한 선행이 이루어지는 경우가 있다. 예전 같으면 선행에 대한 강도 높은 비난이나 반대 의견도 있었지만, 요즘은 정말 뛰어나게 잘하는 아이들도 있고 그 모습을 보며 부러워하는 마음 또한 만만치 않은 게 현실이다. 하지만 잘못된 따라하기 선행은 나중에 아이가 수학에 너무 질려버리거나 선행을 했는데도 자기 학년 단원평가조차 제대로 풀지 못하는 등 안타까운 일들도 많아서 엄마들의 소신 있는 수학 학습 진행 계획이 필요하다.

초등 5~6학년 시기가 되면 선행에 대해 더 이상 왈가왈부하지 않는다. 중등 입학이 눈앞에 닥쳤고 중등 수학은 초등 수학에 비해 훨씬 어렵기 때문일 것이다. 내 견해로도 수학 진도는 아무리 늦어도

초등 6학년 여름, 좀 더 빠르게는 5학년 여름에는 중등 과정에 들어
갈 수 있도록 계획을 세우는 것을 추천한다.

중등 수학의 경우 미리 한번 경험해본 아이와 중등에 들어가서 몇
개월 예습한 아이의 수학 실력 차이는 분명 있다. 그나마 중등 1학년
때는 지필 시험이 치러지지 않지만, 2학년부터는 본격적으로 내신
준비와 수학에 대한 불안감 때문에 수학 실력을 한번에 올리기가 쉽
지 않다.

## 선행의 필수 조건

중등 과정을 보면 한 학기 예습이나 선행은 평균적으로 3개월 정
도 소요된다. 학기별로 6개의 단원을 진행한다고 치면, 2주에 1단원
씩 나가면 가능한 속도다. 빠르면 2개월 안에 마무리하는 것도 가능
하지만, 이 속도는 아이마다 다르니 참고만 하자. 단원별 개념 이해
가 잘 이루어지면 일주일에 1단원씩 진행하는 데도 어려움이 없는
경우도 있다.

문제는 학습량이다. 선행에 대한 계획이 있다면 일주일에 확보되
는 물리적인 시간이 반드시 필요하다. 아이가 문제 풀이 속도가 느리
다면 이를 감안해 더 많은 시간이 확보되어 있어야 한다. 선행을 진
행하는 아이들의 학습 속도나 소화할 수 있는 학습량을 살펴보면,
한 페이지에 7문제 정도 있는 교과 기본 문제집을 10쪽 정도 하는 데
30~40분 정도 걸린다. 교과 심화 문제집은 이보다 1.5배 정도 더 걸

린다. (아이들마다 약간의 오차는 있음을 감안하자.)

　선행을 진행하는 데 어려움 없을 정도로 수학 학습 속도와 학습량 소화는 준비되어 있는데, 오답이 많다면 이 또한 어려움이 따른다. 보통 오답을 고치는 것이 문제를 푸는 것보다 2배 가까운 시간이 더 소요된다. 그렇다면 교과 기본 문제집을 10쪽 풀고 오답까지 해결하는 데 걸리는 시간은 1시간 이내가 되어야 한다. 만약 정답률이 70% 미만이라면 총 학습 시간은 평균적으로 예상되는 학습 시간보다 1.5배 더 걸린다. 그러면 학습 시간과 학습량이 계속 추가되어야 하므로 선행을 나가는 데 무리가 따른다.

## 중등 수학 과정의 선행

　수학을 잘하는 아이 중에서는 중등 과정을 빠르면 1년 내에 마무리하는 경우가 있다. 말이 쉽지 중등 과정을 1년 내에 마무리하려면 엄청난 학습량을 소화해야 하고, 초등 수학의 기본기나 심화 학습이 잘되어 있어야 한다. 이런 기준은 잘하는 아이의 경우이고, 중등 3년 과정을 1년 6개월 정도에서 마무리하는 것이 적당하다. 사실 18개월 내에 마무리하는 것도 상당히 잘하는 편이며, 적어도 2년 정도를 목표로 진행하는 것이 좋다.

　한 학기를 끝내는 데 6개월 걸린다면 선행이라고 하기엔 사실 애매하다. 선행은 속도감이 중요하기 때문이다. 그렇다고 아이가 이해했는지는 따지지 않고 진행 계획을 세우라는 것은 아니다. 중등 선행을 언제까지 끝내겠다는 목표를 세운다면 초등 수학의 기본기와 심화 학습 준비가 얼마나 잘되어 있어야 하는지의 의미로 이해하고 준비하라는 뜻이다.

중등 수학은 대부분 엄마표로 하기보다 선생님과의 수업(과외, 학원, 온라인 강의 등)으로 진행된다. 이때 선행 진행 기간, 사용하는 문제집의 난이도, 학기별 소화하는 문제집 권수 등에 대해 파악하는 것이 수업 커리큘럼을 이해하는 데 도움이 될 것이다.

**중등 수학 문제집**

| 중등 | 1단계<br>(개념서) | 2단계<br>(내신 대비) | 3단계<br>(심화) | 4단계<br>(특목 대비) | 1~4단계 |
|---|---|---|---|---|---|
| 비상교육 | • 개념+유형<br>중학수학<br>기초탄탄 라<br>이트<br>• 교과서 개념<br>잡기 | • 개념+유형<br>중학수학 실<br>력 향상 파워<br>• 만렙 AM 유<br>형 | | • 개념+유형<br>최고수준 중<br>등수학<br>• 최고득점 수<br>학 중등 | • 내공의 힘 |
| 좋은책<br>신사고 | • 개념 쎈 | • 라이트 쎈<br>• 우공비 Q | | • 일품 중학 수<br>학 | • 쎈 수학 |
| 개념원리 | • 개념원리 | • 개념원리<br>RPM | | | |
| 천재교육 | • 체크체크 중<br>학수학<br>• 해결의 법칙<br>개념 | • 해결의 법칙<br>유형 | | • 최고수준 중<br>학수학 | • 유형 체크 N<br>제 |
| 디딤돌 | • 투탑 수학 | | • 최상위 수학<br>라이트 | • 최상위 수학 | |
| 에이급 | | | • 에이급 원리<br>해설 수학 | • 에이급 수학 | • 에이급 유형<br>콕 |

중등 수학 문제집에 관한 다음의 표를 참고해 우리 동네 중학 수학 학원들이 어느 정도의 깊이감으로 선행학습을 나가는지, 심화 학습은 어느 정도 진행되는지 등을 확인해보자. 예를 들어 학원에서 《개념유형 중학수학》과 《개념원리RPM》을 하고 학기를 끝낸다면 개념과 내신대비(응용) 정도만 한다고 생각하면 된다. 그런데 학기 마무리를 《최상위 수학》이나 《일품 중학수학》 등을 진행한다면 학원에서 심화까지 해준다고 생각하면 된다.

### 영재원을 준비하는 경우

다음의 표는 대학 부설 영재원 등을 목표로 하는 아이들의 실제 로드맵이다. 표를 보면 알겠지만 상당히 빠르게 진도를 진행했다. 대학 부설 영재원의 경우 합격하고 수업을 듣게 되면 정수론 등의 중등 과정 내용도 다루기 때문에 진도 진행이 중요한 부분을 차지한다. 코로나 이전 시험에서 출제되었던 문제들을 살펴보면 중등 과정을 익히면 빠르고 쉽게 해결할 수 있는 문제들도 있다.

1학년 겨울방학부터 다음 학기 예습을 시작으로 3개월 단위로 기본과정 1학기 + 심화과정 1학기를 진행하면 2학년 겨울방학 이전에 3학년 과정을 모두 마무리할 수 있다. 그 이후에는 5학년, 6학년 과정을 3개월 동안 진행하면 3학년 여름방학 이전에 초등 과정까지 마스터할 수 있다. 초등 4~5학년에 대학 부설 영재원 합격을 목표로 한다면 이 정도의 학습 스케줄이 진행되어야 가능하다고 할 수 있다.

하지만 다음과 같은 샘플 로드맵이 정답은 아닐뿐더러 반드시 이

## 대학 부설 영재원 목표 로드맵

| | 3월 | 4월 | 5월 | 6월 | 7월 | 8월 | 9월 | 10월 | 11월 | 12월 | 1월 | 2월 |
|---|---|---|---|---|---|---|---|---|---|---|---|---|
| 초등 1학년 | (교과) 디딤돌 최상위 1학년 1학기 문제집<br>(연산)곱셈 진행 가능<br>(사고력) 1030 pre | | | | | (교과) 디딤돌 최상위 1학년 2학기 문제집<br>(연산) 두자리/세자리 덧셈&뺄셈 가능, 곱셈구구&나눗셈 원리<br>(사고력) 성대 경시 기출/최강 TOT/문제해결의 길잡이 심화편 | | | | | 2학년 1학기 예습 Start! | |
| 초등 2학년 | 기본 2학년 2학기<br>최상위 2학년 1학기 | | 기본 3학년 1학기<br>최상위 2학년 2학기 | | 기본 3학년 2학기<br>최상위 3학년 1학기 | | | 기본 4학년 1학기, 2학기<br>최상위 3학년 2학기 | | | | |
| | (연산) 두 자리 곱하기 한 자리/나눗셈까지 분수 소수 개념<br>(사고력) 1031 입문 | | | | | (연산) 두 자리 곱하기 두 자리/나눗셈 크기가 같은 분수/이분모 연산<br>(사고력) 안쌤 1~2학년 교재 or 성대 경시/최강TOT | | | | | | |
| 초등 3학년 | 기본 5학년 1학기, 2학기<br>최상위 4학년 1학기 | | 기본 6학년 1학기, 2학기<br>최상위 4학년 2학기 | | 중등 1학년 1학기 기본&심화<br>최상위 5학년 1학기 | | | | 중등 1학년 2학기 기본 | | | |
| | (연산) 초등 연산 마무리<br>(사고력) 1031 초급 | | | | | (연산) 중등 연산<br>(사고력) 안쌤 3~4학년 교재/대학 부설 영재원 대비 교재 등 | | | | | | |

런 식으로 해야 한다는 의미는 아님을 잘 알 것이다. 또래 아이들 중에는 이보다 훨씬 빠르게 진행하는 아이도 있고, 비슷하게 또는 훨씬 더 느리게 진행하는 아이도 있다. 아이의 목표를 대략 정했다면 긴 시간 동안 다른 과목과 어떻게 시간 배분을 해서 진행할지 계획하는 데 참고하기 바란다. 현재 수학 학습 속도가 느리다면 수학 학습에 집중적으로 몰입할 수 있는 시간을 어느 시기에 마련할 수 있을지 미리 생각해보아야 한다.

## 초등 고학년에 중등 과정을 진행하는 경우

초등 5학년 1학기 때 초등 과정을 마무리한다면 이후에는 아래의 진도대로 해볼 수 있다. 초등 5학년 시기에 중등 선행을 시작할 수 있다는 것만으로도 수학 학습에 상당한 우위를 가져갈 수 있다. (단, 진행이 순조롭게 이뤄지지 않는다면 이야기는 달라진다.)

표에서 보는 것과 같이 5학년 2학기 9~12월까지 중등 1학년 1학기 기본, 심화를 함께 진행하고, 겨울방학 때 중등 1학년 2학기 기본을 진행하면 된다. 이후 6학년이 되면 2~3학년 과정까지 진도 진행이 가능하기 때문에 중학교 입학 전에 중등 3년 과정을 기본 또는 응용 범위 안에서는 충분히 예습할 수 있다.

예로 제시한 로드맵을 보면서 너무 조급해하지 않기를 바란다. 언제든 선행을 시작하려고 마음먹었을 때, 순조롭게 잘 따라올 수 있도록 초등 수학의 기본기를 탄탄하게 완성하면 된다. 조급하게 진도 위주의 학습을 진행했다가 나중에 후회하지 않기를 진심으로 바란다.

### 5학년 2학기 중등 과정 시작 로드맵

| | 9월 | 10월 | 11월 | 12월 | 1월 | 2월 | 3월 | 4월 | 5월 | 6월 | 7월 | 8월 |
|---|---|---|---|---|---|---|---|---|---|---|---|---|
| 초등 5학년 | 중등 1학년 1학기 기본&심화 | | | | 중등 1학년 2학기 기본 | | 중등 2학년 1학기 기본&심화 | | | | 중등 2학년 2학기 기본 | |
| | 9월 | 10월 | 11월 | 12월 | 1월 | 2월 | 중학생 | | | | | |
| 초등 6학년 | 중등 3학년 1학기 기본&심화 | | | | 중등 3학년 2학기 기본 | | 고등 수학(상) 기본&심화 | | | | | |

# 초등 수학 로드맵에서
## 놓치지 말아야 할 것들

6장

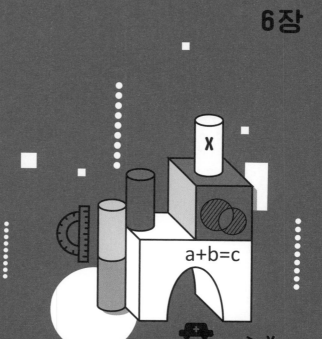

# 무조건적인 엄마표도,
# 무조건적인 사교육도 없다

코로나19로 인해 학교 수업은 물론 학원 수업도 온라인으로 진행되고 있는 실정이다. 저학년 아이들의 경우 온라인 수업은 전달력이 약하고 집중력도 떨어진다. 그러다 보니 학원을 보내기보다 엄마표 학습으로 진행하는 게 낫지 않을까 고민하는 부모들이 많아졌다.

사실 엄마표 학습과 사교육 중 어느 쪽이 더 좋다는 정답은 없다. 엄마표로 진행하려고 했는데 아이와 계속 트러블이 생기고 개념을 정확히 잡아줄 수 없다면 사교육을 선택하는 것이 현명한 선택이다. 반대로 학원에 보냈는데 아이가 적응하지 못하고 체크도 꼼꼼하지 않아 원하는 결과가 나오지 않으면 교육비를 아끼는 차원에서라도 엄마표 학습이 더 효과적일 수 있다. 그래서 정답이 없다는 뜻이다.

엄마표 학습이냐 사교육이냐를 선택할 때 체크해보아야 할 몇 가지가 있다. 엄마와 아이의 학습 코드가 얼마나 잘 맞는지, 엄마가 최대한 객관적으로 아이를 바라볼 수 있는지, 엄마가 부지런하고 꼼꼼하게 체크해줄 수 있는지 등을 고려해야 한다. 나는 수학을 가르치는 일을 하지만, 우리 아이들의 경우 내가 수학 학습을 주도적으로 진행하지 않는다. 내가 직접 가르치는 아이들과 비교하는 마음이 생기는 것을 컨트롤하기 쉽지 않으리라고 스스로 판단했기 때문이다. 또 우리 아이들 역시 나중에는 다른 선생님, 다른 학원에서 수업을 해야 할 텐데 엄마인 내가 설명해주는 방식에 길들여지는 것을 원하지 않은 이유도 있다. 엄마가 아닌 진짜 선생님이나 타인과 신뢰 관계를 형성하고, 그들의 설명을 집중해서 듣고 공부하는 연습이 필요하다는 게 내 생각이다. 그래서 나는 우리 아이들에게 완벽한 보조자 역할만 해주고 있다.

하지만 엄마표 수학을 완벽하게 소화하는 부모들도 많다. 그들은 엄마표 수학을 위해 다양한 강의를 들으며 스스로 공부하고, 꼼꼼하게 계획을 세우면서 목표한 바를 반드시 실천한다. 아이와 학습하는 동안 감정 조절에도 탁월하다. 아이의 성향을 누구보다 잘 파악하고 있고, 아이에게 맞는 학습 유형을 찾고, 다양한 교육 정보 속에서 아이를 위한 정보를 적절하게 골라내어 적용한다. 이런 경우 학원에 다니는 것보다 엄마표로 학습하는 것이 여러모로 효율적이다.

그렇다면 엄마표 학습과 사교육의 장점과 단점을 한번 살펴보자. 엄마표 학습의 경우 아이의 이해도에 따라 진도 진행 속도를 빠르게 또는 느리게 조절할 수 있다. 학원에 다니면 정해진 속도에 맞춰 학습이 진행된다. 학원의 과정에 맞춰 아이가 잘 따라간다면 다행이지만 받아들이기 버거운 상황이 되면 학습 효과가 떨어지는 것은 당연하다. 엄마표 학습의 경우 아이에 맞춰 학습 진행 속도를 조절 가능하다는 것이 가장 큰 장점이다. 반면 아이를 객관적으로 판단하는 것이 어렵다는 단점도 있다. 엄마표 학습을 할 때는 객관적인 판단을 할 만한 기준이 모호하기 때문이다. 아이가 잘하는데도 못한다고 느낄 수 있고, 아쉬운 부분이 있는데 이 정도면 충분하다고 잘못 판단할 수도 있다. 따라서 엄마표 학습을 진행한다면 아이의 학습 정도를 정확히 판단할 수 있는 테스트 등을 경험해보는 것이 좋다.

사교육의 장점은 체계적인 커리큘럼과 정확한 수학 개념, 풀이에 대한 상세한 설명을 들을 수 있다는 것이다. 학원의 커리큘럼은 학생들의 난이도를 고려해 구성하기 때문에 그 과정을 배우는 아이들의 학습 이해도가 높은 편이다. 하지만 각 단계에 따라 이해되지 못한 채 다음 과정으로 넘어가는 경우 소위 말하는 '구멍'이 생길 수 있다. 따라서 레벨 테스트를 치른 후 아이에게 맞는 학원에 보낸다고 하더라도 아이가 학원 수업에 어려움은 없는지, 제대로 과정을 따라가는지 항상 관심을 갖고 확인하는 태도가 필요하다.

다음의 표는 엄마표 학습과 사교육의 장점과 단점에 대해 여러 측면에서 정리한 것이다. 엄마와 아이의 학습 성향, 학습 코드, 성격 등을 객관적으로 고려한 후 아이에게 맞는 학습 방법이 무엇일지 현명한 선택을 하길 바란다.

## 엄마표 학습과 사교육의 장단점

| | 엄마표 학습 | 사교육 |
|---|---|---|
| 장점 | • 엄마와 아이의 학습 코드가 맞다면 학원보다 더 많은 학습량을 소화하거나 진행할 수 있다.<br>• 아이의 학습 성향에 맞춰 문제집을 선택할 수 있다.<br>• 아이의 이해도에 따라 빠른 진도를 진행할 수도 있고 충분한 복습도 가능하다.<br>• 교육비를 줄일 수 있다. | • 커리큘럼에 따라 수업이 진행되기 때문에 나중에 부족한 부분만 채워주면 효율적이다.<br>• 친구들과의 적당한 경쟁심, 긴장감이 생겨 목표의식이 발휘될 수 있다.<br>• 자기주도 습관이 형성될 수 있다.<br>• 정확한 수학 개념과 문제 풀이에 대해 피드백을 받을 수 있다. |
| 단점 | • 부모가 아이를 객관적으로 평가하지 못한 경우 엄마표를 진행한 이후 외부의 평가가 좋지 않을 수 있다.<br>• 부모와 아이의 관계가 나빠질 수 있다.<br>• 부모 주도의 공부로 아이가 스스로 하는 힘이 약해질 수 있다. | • 학원만 믿고 있다가 아쉬운 결과를 받을 수 있다.<br>• 비싼 교육비를 아깝게 소비할 수 있다.<br>• 아이가 학업 스트레스를 받을 수 있다.<br>• 학원 수업에 집중력 있게 참여하지 않을 수 있다. |

# 수학을 통해 경험하는 모든 것들이 수학 자신감을 결정한다

어려운 문제를 많이 풀면 수학을 잘하게 될 것이라는 막연한 기대감을 갖는 경우가 많다. 하지만 아쉽게도 이는 잘못된 생각이다. 사고력은 어려운 문제를 풀 수 있는 실력이 갖춰졌을 때 문제를 고민하는 과정에서 향상되는 것이다. 다시 말해 어느 정도의 실력이 있어야 문제도 풀 수 있다.

기본기가 약하고 문제를 정확하게 이해하는 능력이 부족한데 어려운 문제만 푼다고 실력이 향상되는 것은 아니다. 오히려 문제가 잘 이해되지 않고 어떻게 풀어야 할지 막막한 감정을 수시로 경험하면 수학에 대한 자신감만 떨어질 뿐이다. 이런 태도가 장기적으로 지속되면 습관이 되고, 결국 실력으로 굳어져 버린다. 따라서 부모의 기준이나 그 기준을 만족시켜 주기 위한 선생님의 기준으로 아이의 학습 난이도를 결정해서는 안 된다.

아이들은 해결하기 쉬운 문제만 경험하면 어려운 문제에 도전하고 싶은 마음이 잘 생기지 않는다. 또는 어려운 문제를 경험하고 나면 가볍게 해결할 수 있거나 재미있는 문제도 풀어보면서 수학에 대한 흥미를 잃지 않도록 해주어야 한다. 문제의 난이도에도 비율이 있다. ① 쉽게 풀 수 있는 문제 ② 조금 어렵지만 해볼 만한 문제 ③ 꽤 어려워서 적절한 도움을 받아야 하는 문제의 경우 6:3:1 정도의 비율이 적당하다. 총 10문제가 있다면 아이가 쉽게 풀어낼 수 있는 문제가 6문제, 어렵지만 고민해보면 풀 수 있는 문제가 3문제, 아무리 풀이 방법을 고민해도 풀기 어려워서 도움이 필요한 문제가 1문제 정도 있으면 된다. 과제 집착력과 끈기가 있는 아이라면 쉬운 문제의 비율을 줄이는 대신 난이도 있는 문제를 늘려 4:4:2 또는 3:4:3 정도로 해보는 것을 추천한다.

학년별로 문제 난이도에 따라 학습하기 좋은 유형의 문제집을 정리해보았다. 여기에서 중요한 것은 조금 어렵지만 해볼 만한 문제집의 정답률이 80% 정도 나와야 한다는 점이다. 정답률이 80%보다 낮을 경우 전체 난이도를 낮추고 무리하지 않는 선에서 학습량을 계획해야 한다. 쉽게 풀 수 있는 문제, 조금 어렵지만 해볼 만한 문제, 꽤 어려워서 적절한 도움을 받아야 하는 문제를 기본, 응용, 심화 정도로 생각하면 된다.

초등 1~2학년의 경우 연산 실력을 쌓기 위해 교구와 보드게임을 기본으로 하고, 사고력 문제집을 주로 추천한다. 조금 어렵지만 해볼

|  | 쉽게 풀 수 있는 문제 | 조금 어렵지만<br>해볼 만한 문제 | 꽤 어려워서 적절한<br>도움을 받아야 하는 문제 |
|---|---|---|---|
| 초등<br>1~2학년 | • 교구, 보드게임<br>• 자신의 연산 실력보다<br>  쉬운 사고력 문제집 | • 자신의 실력에 맞는 연<br>  산 문제집이나 사고력<br>  문제집 | • 교과 심화 문제집 |
| 초등<br>3~4학년 | • 수학동화, 퍼즐<br>• 연산 문제집 | • 교과 기본 문제집<br>• 교과 심화 문제집 | • 사고력 수학 문제집 |
| 초등<br>5~6학년 | • 교과 기본 문제집<br>• 수학동화, 수학 잡지 | • 중등 교과 문제집<br>• 교과 심화 문제집 | • 중등 심화 문제집 |

만한 문제집으로는 실력에 맞는 연산이나 사고력 문제집을 선택하고, 도움이 필요한 어려운 문제의 경우 각 학년 교과 심화 문제집을 고르면 된다.

초등 3~4학년의 경우 수학동화나 퍼즐을 이용해 쉽게 풀 수 있는 문제를 해결하고, 교과의 기본과 심화 문제집을 풀어본 후 사고력 수학 문제집까지 도전해본다. 초등 5~6학년의 경우 수학동화, 수학 잡지를 보면서 수학에 대한 흥미를 잃지 않도록 해주면서 난이도 있는 문제로는 중등 문제집을 선택한다. 도움을 받아야 하는 문제의 경우 중등 심화 문제집을 골라 진행하면 된다.

공부는 굉장히 긴 여정이다. 어쩌면 이제 시작 지점인 초등 수학을 하면서 너무 많은 에너지를 써버리면 마지막까지 버틸 힘이 그만큼 줄어든다. 아무리 공부해도 수학을 못할 것 같다거나 수학은 자신 없다는 생각이 들게 해서는 안 된다. 어렵지만 노력하면 할 수 있고, 다음에는 더 잘할 수 있다는 맹랑한 자신감을 장착한 채 중등 과정으

로 올라가야 한다. 그렇지 않으면 어느 순간 수포자가 될 수 있음을
간과해서는 안 된다.

# 남보다 빠르고 느린 것은
# 중요하지 않다

∧
∧
∧
·
·
·
·
·
·
·
·
·

    아이가 공부할 때 어제나 일주일 전 혹은 3개월 전과 달라진 모습을 보이는 경우가 있다. 부모가 먼저 이야기하지 않아도 스스로 숙제를 끝내거나 단원평가에 대비해 문제집을 풀어보거나 틀린 문제를 다시 풀어보는 등의 변화를 보이는 경우 말이다. 이런 긍정적인 변화는 단순히 학습 태도에서 변화한 것만은 아닐 것이다. 아이의 수학 실력이 향상되어 가고 있는 모습이다.

    수학을 잘하는 아이들 중 수동적인 아이는 별로 없다. 수학을 잘하는 아이들은 스스로 자신의 학습을 챙기고, 스스로 무엇을 알고 모르는지에 대한 판단도 빠르다. 모르는 것을 정확하게 판단하는 것, 즉 메타인지는 공부의 효율을 높이는 데 필요한 능력이다. 아이의 수학 실력은 진도나 정답률 기준으로만 평가할 수는 없다. 궁극적으로 장기간의 학습이 누적되면 실력으로 나타나겠지만, 초등 수학에서 가장 중요한 것은 남들보다 빠른 진도가 아니다. 수학 공부를 하는 '바른 태도'다.

수학 공부를 하는 바른 태도란 모르던 내용을 알게 되고 지금의 위치보다 점점 더 많은 것을 배우고 알아가는 데 대한 희열을 느끼는 것이다. 공부는 흔히 '자신과의 싸움'이라고 한다. 특히 수학은 다른 과목에 비해 마음이 움직이지 않으면 실력이 늘기 힘들다. 영어 단어처럼 무작정 외운다고 해결되지 않는다. 강조했지만 수학을 잘하기 위해 반드시 필요한 태도부터 갖춘 후 문제집을 풀고, 학원을 가고, 학습 시간을 늘려야 좋은 결과로 이어진다. 그런데 요즘 유아나 초등 저학년들을 보면 수학에 대한 학습 태도가 갖춰지기도 전에 수동적으로 공부하는 아이들이 많다. 일주일 만에 수업하러 온 아이에게 "지난주에 선생님이 내준 숙제 했나요?"라고 물어보면 어떤 대답이 돌아오는지 아는가.

"……잘 모르겠어요."

"네가 숙제하는 건데 했는지 안 했는지 모를 리가. 잘 생각해보렴."

"잠시만요, 엄마한테 물어볼게요."

숙제가 있었는지, 자기가 숙제를 다 했는지도 모르는 경우가 너무 많다. 숙제를 하긴 했는데 그 숙제가 이 숙제인지도 모른다. 이런 식으로 수학 공부를 하면서 빠른 진도를 나가는 아이가 과연 마지막까지 수학을 잘할 수 있을지는 다시 한 번 생각해봐야 한다.

아이가 학습에 대한 바른 태도를 가지고 있는지 알아볼 수 있는 질문지를 준비해보았다. 다음의 질문들에 답하면서 그동안 어떻게 수학 공부를 이끌어왔는지 점검해보자.

① 선생님이나 엄마가 내준 숙제를 하는 룰이 정해져 있는가?
② 아이는 자기가 공부하는 문제집 이름, 배우는 단원명, 배우는 학년 학기 등을 정확하게 알고 있는가?
③ 수학 문제집이 어디에 있는지 찾을 수 있는가?
④ 학원에 가져갈 문제집을 스스로 챙길 수 있는가?
⑤ 모르는 개념이나 문제를 구체적으로 질문할 수 있는가?
⑥ 부모는 아이가 모른다고 생각해서 먼저 알려주려고 한 적이 있는가?
⑦ 아이가 정확하게 이해했다고 말하는 데 대해 확신할 수 있는가?

수학을 잘하는 아이들을 보면 이 질문에 모두 "예."라고 답한다. 자신이 지금 풀고 있는 문제집의 단계를 알고 있고, 숙제가 무엇인지, 숙제를 했는지 안 했는지, 수업 중에 이해가 안 된 부분이 무엇인지 등을 정확하게 알고 있다. 하지만 수학에 관심이 낮은 아이들의 경우 알고 모르는 것을 정확하게 판단하지 않는 습관이 있다. 무엇을 배우고 있는지, 숙제가 있었는지, 다 했는지도 모른다. 틀린 문제를 보고 왜 틀렸는지 물으면 기억이 나지 않는다고 답한다. 이 중에서 2~3개 정도에서 "예."라는 대답을 하는 아이라면 공부는 열심히 하지만 수학에 대한 관심도는 낮을 가능성이 높다.

수학을 잘하려면 문제집을 부지런히 푸는 것 이상으로 학습에 대한 깊은 관심과 정확히 해내겠다는 꼼꼼한 태도가 필요하다. 태도는 개인의 역량과 노력으로 만들 수 있다. 이 질문들을 통해 아이가 공부에 대한 자신의 태도를 점검하고 더 많은 항목에서 "예."라는 대답을 할 수 있도록 도와주어야 한다.

# 아이의 학습 결과가
# 엄마의 성적표는 아니다

현재 4학년인 첫째아들이 5세 때의 일이다. 아이는 말이 늦은 편이라 또래 친구들보다 말투가 어눌했다. 가까이 있는 선생님조차 아이의 표현을 정확하게 이해하기를 어려워했고, 자신의 생각이 잘 전달되지 않자 아이는 낯선 사람 앞에서 자신의 생각을 점차 표현하지 않았다. 그러다 그해 가을쯤 웩슬러 검사를 받았는데 충격을 받았다. 아이의 아이큐가 110 정도가 나왔는데 굉장히 부족하다는 반응을 보였다. 이후 6세 때는 소마 사고력 학원에서 테스트를 보았고, 레벨이 C반으로 제일 낮은 반이 나왔다.

첫째아이에게 일어난 일은 부끄러운 일이 아니었다. 화가 나지도 않았다. 그때부터 아이에게 엄청난 학습을 시키려고 하지도 않았다. 아이가 점차 잘할 것이라고 막연하게 믿었을 뿐이다. 아이의 부족한 부분을 알게 되었으니 엄마가 도와주면 된다고 생각했다. 내가 수학을 가르치고 있었기 때문에 그런 믿음을 가진 것은 아니다. 다른 학습에서 같은 피드백을 받아도 똑같이 생각했을 것이다. 남들이 부러워할 만한 아웃풋을 내야만 하는 것은 아니니까 말이다.

아이들은 각자 자신만의 장점이 있고 잘하는 능력도 있다. 부모는 그것을 발견하고 잘하는 부분은 더 잘할 수 있게 지지해주고, 부족한 부분은 채워주려고 노력하면 된다. 아이들이 학습 과정에서 보여주는 다양한 모습들은 실력을 향상해가는 과정 중 하나일 뿐이다. 엄마의 욕심으로 지금 수학을 못한다고 수학을 잘할 수 있는 기회조차 빼앗으면 안 된다.

내가 첫째아이에게 무작정 연산 문제집을 풀리고 화를 내면서 엄마표 학습을 진행했다면 아이와의 관계는 나빠졌을 뿐 아니라 수학을 잘할 수 있는 기회조차 사라졌을 것이다. 엄마라면 누구나 우리 아이가 공부를 잘했으면 하고 바란다. 그 마음은 나도 충분히 이해한다. 하지만 최선을 다해 도와주고 있는데 기대만큼의 실력이 나오지 않아도 아직 단정 짓기는 이르다. 또한 아이가 공부하는 과정에서 보여주는 모습을 엄마의 성적표처럼 생각하면 안 된다. 아이를 믿고 지지해주는 것만으로도 분명 좋은 엄마다.

많은 초등생들은 오늘도 고군분투하며 공부를 하고 있다. 공부에 대한 다양한 피드백에 아이들이 무너지지 않게 격려해주어야 한다. 그런 격려와 믿음이 아이가 결국 잘할 수 있는 힘이 될 것이다.

# 수학 선생님이지만
# 저 역시 엄마는 처음입니다

나는 수학을 잘하는 아이였다. 초등학교 때 엄마표 수업으로 수학을 배웠는데 엄마에게 칭찬 받는 것이 너무 행복했다. 그래서 수학이 좋았고 재미있었다. 하지만 내게도 사춘기 시절이 있었고, 모의고사에서 수학 만점이 나오지 않아 엄청 스트레스를 받기도 했다. 한 문제를 하루 종일 물고 늘어지느라 다른 과목 공부를 못 할 지경인 적도 있었다. 그럴 때면 개념을 다시 읽고, 다시 정리하고, 비슷한 문제를 어떻게 풀었는지 찾아보느라 많은 시간을 수학 공부를 하는 데 쏟아부었다. 어쩌면 그런 노력에 대한 보답이었을까. 나는 결국 원하는 수학 전공자가 되었다.

대학생이 되어 중, 고등학생 과외를 하면서는 그 아이들에게 수학 과목을 가르치는 데만 목적을 두지 않았다. 입시 관문을 먼저 지나온 선배로서 멘탈이 흔들릴 때 어떻게 해야 하는지, 성적이 오르지 않을 때 슬럼프가 오지 않도록 미리 차단하는 방법 등 다양한 이야기를 들려주었다. 당시 내가 도움을 주었던 아이들은 대부분 이과 학생들이라 내 이야기에 충분히 공감해주었고 이야기도 잘 통했다.

그런데 첫 직장에서 나는 큰 충격을 받았다. 당시 나는 인턴 교사로 초등학생들을 가르쳤는데, 대부분의 사람들이 수학을 싫어한다는 사실을 그때 처음 알았다. 수학을 달가워하지 않는 사람이 열에 아홉이 넘을 정도로 수학을 좋아하는 사람을 찾기 힘들었다. 학창 시절 수학을 잘했던 사람들조차 수학에 대한 기억이 좋지 않았다. 그때까지 내가 갖고 있던 수학에 대한 이미지가 다른 사람들과 다를 수 있음을 그제야 알게 된 것이다.

무엇보다 중, 고등학생을 가르치는 것보다 유아나 초등학생을 가르치는 것은 훨씬 힘들고 어려운 일이었다. 아이들은 10분조차 제대로 앉아 있지 못하는 경우가 많았다. 생각지도 못한 일들이라 당황스러웠고 힘들었지만, 다양한 연령대의 아이들과 학부모들을 만나면서 학습을 어떻게 시작하고 진행해야 하는지, 그 연령대의 학부모들이 무엇에 관심을 갖고 있으며, 걱정하는 부분이 무엇인지 등을 배우는 소중한 경험이었다.

이후 나는 결혼을 하고 세 아이의 엄마가 되면서 유아, 초등 아이들의 수학 공부법과 학부모들의 마음을 전보다 훨씬 더 잘 이해하게 되었다. 유아 시절 '잘함'이라는 평가를 한 번도 받아본 적 없는 첫째 아이(아들)에 대해 나는 조급해하지 않았다. 같은 또래 다른 아이들의 성취도보다 훨씬 낮았지만 수학에 대한 흥미를 유지하는 데만 집중했고, 아이는 지금도 수학을 재미있게 받아들이며 공부하고 있다. 성취도 역시 훌륭한 편이다. 반면 어렸을 때부터 도형 퍼즐에 관심이 없고 물건의 위치를 설명해도 잘 찾지 못하는 둘째아이(딸)는 자신이 수학을 못한다고 생각하지 않는 정도로만 학습을 시키고 있다.

수학에 흥미가 많지 않은 아이들 중 어떤 방법으로도 수학에 관심을 보이지 않는 경우가 있다. 그렇다고 아예 수학을 안 시키거나 놓아서는 안 된다. 한번 놓아버리면 수학 자체를 포기하고 싶은 마음이 들 수 있기 때문이다. 초등 고학년이 되어 마음먹고 노력하면 결과를 낼 수 있는 정도의 기본 실력은 만들어두어야 한다.

아이들은 작은 성취감을 느낄 때 공부를 하고 싶어 한다. 수학을 싫어하는 가장 큰 이유는 수학 문제를 풀었는데 안 풀리니까, 해도 해도 안 되니까 지치고 재미가 없는 것이다. 그렇다면 수학이 재미있어지려면 어떻게 해야 할까? 개념을 이해하고 개념을 적용해 풀 수 있는 문제부터 편하게 다 풀어본 후 '어라, 풀리네.' 하는 재미를 알게 해주면 된다. 그 정도의 재미를 알 수 있는 정도가 되도록 포기하지 않는 것이 가장 중요하다.


첫째아이와 둘째아이의 수학 공부법이 다르듯 아이들에겐 각자의 공부 로드맵이 있어야 한다. 내가 수학 선생님이라서 두 아이의 수학 공부에 대해 초조해하지 않고 느긋하게 기다려주며 공부 방법을 현명하게 선택했다고 생각하지 않았으면 한다. 나 또한 선생님이지만 엄마가 처음인 보통의 엄마일 뿐이다. 초등에서 시작해 중고등까지 이어지는 수학 로드맵을 알고 있을 뿐이다. 따라서 이 책을 읽는 당신이 수학을 어려워했거나 좋아하지 않았던 학부모라면 초등수학부터 큰 그림을 이해하면서 아이의 수학 로드맵을 세우면 된다.

아무리 명문대학을 나오고 수학이나 이공 계열을 전공했다고 해도 아이에게 수학을 가르치는 것은 별개의 문제다. 오히려 쉬운 수학 개념을 아이가 왜 이해하지 못하는지 부모가 이해하지 못하는 아이러니한 상황이 발생한다. 반면 수학이 어려웠던 부모가 아이 입장에서 함께 고민해보는 자세가 아이가 수학을 대하는 태도에 더 긍정적인 영향을 미친다.

사실 유아나 초등 시기에 배우는 수학은 엄청난 지식을 필요로 하지 않는다. 문제를 풀어가기 위해 생각하는 즐거움을 함께 느끼고 전달해주는 것이 훨씬 더 중요하다. 아이가 천천히 가고 있다고 해도 불안해하지 말자. 아이의 공부 속도에 연연해하지 않아도 된다. 무엇보다 아이의 성적이 부모가 수학을 잘 가르치지 못해서라고 생각하지 말자. 지금 이 책을 읽고 있다면 당신은 누구보다 아이를 위해 열심히 노력하고 공부하는 부모다. 그걸로 이미 충분하다.

당신의 자녀도 수학을 잘할 수 있습니다

# 123미니쌤의 초등 수학 로드맵

1판 1쇄 발행 2021년 12월 22일
1판 6쇄 발행 2024년 1월 4일

지은이. 김민희
기획편집. 김은영
마케팅. 이운섭
디자인. 강경신
본문조판. 정희정

펴낸곳. 생각지도
출판등록. 제2015-000165호
전화. 02-547-7425
팩스. 0505-333-7425
이메일. thmap@naver.com
블로그. blog.naver.com/thmap
인스타그램. @thmap_books

ⓒ 김민희, 2021
ISBN 979-11-87875-18-5 (03370)